ISBN 978-1-334-99055-7
PIBN 10587161

This book is a reproduction of an important historical work. Forgotten Books uses
state-of-the-art technology to digitally reconstruct the work, preserving the original format
whilst repairing imperfections present in the aged copy. In rare cases, an imperfection in
the original, such as a blemish or missing page, may be replicated in our edition. We do,
however, repair the vast majority of imperfections successfully; any imperfections that
remain are intentionally left to preserve the state of such historical works.

1 MONTH OF
FREE
READING

at
www.ForgottenBooks.com

By purchasing this book you are eligible for one month membership to ForgottenBooks.com, giving you unlimited access to our entire collection of over 1,000,000 titles via our web site and mobile apps.

To claim your free month visit:
www.forgottenbooks.com/free587161

ŒUVRES COMPLÈTES

D'ALEXANDRE DUMAS

———

THÉATRE

VIII

ŒUVRES COMPLÈTES D'ALEXANDRE DUMAS

PUBLIÉES DANS LA COLLECTION MICHEL LÉVY

THÉATRE COMPLET

DE

ALEX. DUMAS

VIII

HALIFAX
LES DEMOISELLES DE SAINT-CYR
LOUISE BERNARD

NOUVELLE ÉDITION

PARIS

CALMANN LÉVY, ÉDITEUR

ANCIENNE MAISON MICHEL LEVY, FRÈRES

3, RUE AUBER, 3

—

1887

HALIFAX

COMÉDIE EN TROIS ACTES ET UN PROLOGUE

Variétés. — 30 novembre 1842.

DISTRIBUTION

LORD DUDLEY...............................	MM.	Dussert.
HALIFAX.......................................		Lafont.
ARTHUR......		Cachard?
SIR JOHN DUMBAR..........................		Lepeintre ?
TOM RICK		Hyacinthe.
SAMUEL		Domesnil.
SAMPTON.....................................		Renaud.
Un Facteur...................................		Emmanuel.
Un Sergent...................................		Charier.
JENNY	Mmes	Bressant.
ANNA..		Munier.
Une Femme de chambre		Marie.
Garçons de taverne, Buveurs.		

PROLOGUE

...tes latérales, plusieurs tables.

MIÈRE

SAN   MME DE CHAMBI.

os pratiqu
n'aient p
n : un p
et Charl
; là, le s

HALIFAX

COMÉDIE EN TROIS ACTES ET UN PROLOGUE

Variétés. — 30 novembre 1842.

DISTRIBUTION

LORD DUDLEY...............................	MM.	Dussert.
HALIFAX....................................		Lafont.
ARTHUR......	.	Cachardy.
SIR JOHN DUMBAR..........................		Lepeintre aîné.
TOM RICK		Hyacinthe
SAMUEL		Dumesnil.
SAMPTON		Renaud.
Un Facteur................................		Emmanuel.
Un Sergent................................		Charier.
JENNY ....'...........................	Mmes	Bressant.
ANNA.....................................		Munier.
Une Femme de chambre		Marie.
Garçons de taverne, Buveurs.		

PROLOGUE

Une taverne. Porte au fond, portes latérales, plusieurs tables.

—

SCÈNE PREMIÈRE

SAMUEL, deux ou trois Garçons, puis UNE Femme de chambre.

SAMUEL.

Allons, mes enfants, dans un quart d'heure, nos pratiques seront ici ; préparez les tables, et que les habitués n'aient pas même la peine de demander. Ici, Thomas Dickson : un pot d'ale et la *Gazette de Hollande* ; ici, John Burleig et Charles Smith : une bouteille de porter et un jeu de cartes ; là, le seigueur Halifax : une bouteille de claret, des cornets et des dés. Que chacun trouve, en arrivant, ce qui lui convient; c'est le moyen qu'on y revienne. (A la Femme de chambre, qui entre.) Ah! ah! qu'est-ce que cela?

LA FEMME DE CHAMBRE.

Le thé qu'a demandé cette jeune demoiselle arrivée il y a une heure, et qui attend le révérend M. Sampton.

SAMUEL.

C'est juste. Demande-lui si elle passe la nuit ici ou si elle compte toujours repartir ce soir. Va.

UN GARÇON.

Voilà! tout est prêt comme vous l'avez dit.

SAMUEL.

C'est bien. Alors, une bouteille de bière au conducteur, et une botte de foin et un picotin d'avoine au cheval.

LE GARÇON.

On y va.

(Il sort.)

SAMUEL, à la Femme de chambre, qui vient de rentrer.

Eh bien, part-elle ou reste-t-elle?

LA FEMME DE CHAMBRE.

Elle part aussitôt qu'elle aura vu M. Sampton.

(Elle sort, ainsi que les Garçons.)

SCÈNE II

SAMUEL, seul.

Ah! ah! voilà qui est singulier!... une jeune fille qui voyage seule avec un conducteur de voiture... qui arrive à six heures du soir et qui veut repartir à huit... qui ne dit pas son nom... Ah! pour cela, il est vrai que je ne le lui ai pas demandé; mais... Ah! ah! voici autre chose!...

SCÈNE III

SAMUEL, LORD DUDLEY.

DUDLEY, enveloppé d'un manteau et les bottes couvertes de poussière.

Eh! l'ami, est-ce toi le maître de cette auberge?

SAMUEL.

Oui, Excellence, pour vous servir.

DUDLEY.

Alors, écoute-moi, et viens ici.

SAMUEL,

J'écoute.

DUDLEY.

Une jeune fille de dix-sept à dix-huit ans, avec des yeux noirs, des cheveux noirs, belle à ravir, voyageant seule dans une voiture avec une espèce de paysan, n'est-elle point descendue ici?

SAMUEL.

A l'instant même.

DUDLEY.

Où est-elle logée?

SAMUEL.

Là.

DUDLEY, montrant la porte du fond à droite.

Puis-je avoir cette chambre?

SAMUEL.

Elle est occupée depuis quatre jours par un jeune seigneur.

DUDLEY.

Voudrait-il me la céder?

SAMUEL.

J'en doute, attendu que c'est une fort mauvaise tête.

DUDLEY.

Mais peux-tu m'en donner une autre?

SAMUEL, montrant la porte du fond.

Je puis vous en donner une à l'extérieur.

DUDLEY.

Je m'en contenterai. Tiens, voici les arrhes.

(Il lui donne deux guinées.)

SAMUEL.

Deux guinées! Merci, monseigneur. Si monseigneur a besoin de quelque chose, il n'a qu'à commander. Monseigneur peut compter sur moi.

DUDLEY,

Que cette chambre soit prête le plus tôt possible, voilà tout.

SAMUEL.

C'est bien, monseigneur : je vais veiller moi-même à ce
que monseigneur soit obéi.

DUDLEY.

Va.

SCÈNE IV

LORD DUDLEY, seul.

Ah! cette fois, je vous tiens, je l'espère, ma belle inconnue,
et vous ne me glisserez pas entre les doigts comme vous l'avez
déjà fait deux fois. Ah! ma belle enfant, vous voyagez seule,
comme une Angélique ou comme une Herminie, et vous
voulez faire la prude! C'était bon du temps de Cromwell,
cela ; mais, depuis que notre bon roi Charles II est remonté
sur le trône, ces vertus-là ne sont plus de mise... Qu'est-ce que
cela? Tous les manants de l'endroit probablement.

SCÈNE V

LORD DUDLEY, LES HABITUÉS, puis HALIFAX.

LES HABITUÉS.

Samuel, des cartes!... Samuel, de la bière!... Samuel, des
échecs!

HALIFAX, entrant.

Samuel, du vin !... Ah ! ah! nous avons joyeuse compagnie.
Malheureusement, il n'y a ici que des manants. Décidément,
l'hôtellerie de maître Samuel est fort mal composée; je partirai demain. Ah! cela du moins ressemble à une figure
humaine !

(Il va s'asseoir à la table de Dudley.)

DUDLEY, levant la tête.

Pardon, monsieur : mais puis-je savoir à quoi je dois l'honneur que vous voulez bien me faire en prenant place à cette
table?

HALIFAX.

Voici la chose, mon gentilhomme. Je suis en course dans
ce canton pour affaire secrète et d'importance. Il y a trois ou
quatre jours que j'habite cet hôtel. Je viens d'entrer dans

cette salle avec l'intention d'y tuer le temps ; j'en a fait le tour, en regardant si j'y trouverais un visage à qui parler : des faces de croquants, voilà tout. Enfin, j'ai avisé dans un coin un personnage qui sent son gentilhomme d'une lieue, et je suis venu m'asseoir pour vous dire : « Eh bien, mais, puisque nous sommes à peu près les seules gens comme il faut qu'il y ait ici, faisons donc quelque chose. Causons, buvons ou jouons. »

DUDLEY.

Diable ! vous êtes de liaison facile, à ce qu'il paraît.

HALIFAX.

Que vonlez-vous ! quand on s'ennuie au fond d'une misérable province et qu'on a l'habitude de fréquenter la meilleure société de Londres ; quand on se trouve en contact avec de pareilles gens, après avoir eu des rapports journaliers avec les Campbell, les Bolingbroke, les Dumbar...

DUDLEY.

Les Dumbar ! Connaitriez-vous sir John Dumbar ?

HALIFAX.

Ah ! ah ! vous le connaissez donc vous-même ?

DUDLEY.

Si je le connais ! c'est mon intime ami.

HALIFAX.

C'est aussi le mien, et même le meilleur, le plus utile de mes amis. Entre nous, c'est un échange perpétuel de bons procédés. Toute sa vie se passe, ce cher sir John, à me demander des services, et toute ma vie se passe, moi, à les lui rendre. (A part.) Il est vrai qu'il me les paye.

DUDLEY.

Ah ! vous êtes son ami ?...

HALIFAX.

Mon Dieu, oui... quand je suis à Londres, il n'y a pas de jour que nous ne nous voyions.

DUDLEY.

Alors, à la santé de sir John Dumbar.

HALIFAX.

A sa santé, et que Dieu lui conserve son rang, ses faveurs et sa fortune... sa fortune surtout. Maintenant, mon gentilhomme, que nous avons causé, que nous avons bu, si nous jouions un peu... Qu'est-ce que vous en dites ? Voilà justement là des dés et des cornets qui s'ennuient à mourir.

DUDLEY.

Volontiers. Que jouons-nous?

HALIFAX.

Oh ! quelques guinées, voilà tout.

DUDLEY.

Cela va. Aussi bien faut-il que j'attende ici.

HALIFAX.

Alors, cela se rencontre à merveille.

DUDLEY.

Voici mon enjeu.

HALIFAX.

Et moi, voici le mien.

DUDLEY, secouant les dés.

Vous avez raison, et vous devez cruellement vous ennuyer
au fond de cette province. (Jetant les dés.) Sept.

HALIFAX.

Si je m'y ennuie? Je le crois mordieu bien, que je m'y
ennuie! Heureusement, il y a une chose qui me distrait. (Jetant
les dés.) Huit.

(Il prend l'argent et laisse un second enjeu.)

DUDLEY, mettant à son tour son enjeu.

Laquelle?

HALIFAX.

Les gens de ce canton ne sont pas spirituels, c'est vrai;
mais, en revanche, ils sont horriblement bretailleurs... Vous
comprenez, cela frise l'Écosse, et tous ces diables de gentilshommes des Highlands ont une tête...

DUDLEY.

De sorte que vous avez des querelles, et cela vous occupe.
(Il secoue les dés.) Cinq.

HALIFAX.

Oui, j'en ai ordinairement une par jour; cependant, je dois
dire que cette bonne occasion m'a manqué hier et aujour-
d'hui; je suis en retard, comme vous voyez. Heureusement
qu'aujourd'hui n'est pas encore passé. (Amenant les dés.) Huit.

(Il prend l'enjeu.)

DUDLEY.

Et vous vous tirez toujours sain et sauf de ces petites ren-
contres?

HALIFAX.

Ouï, à quelque égratignure près.

DUDLEY.

C'est du bonheur. (Amenant les dés.) Neuf.

HALIFAX.

Non ; c'est de l'adresse. J'ai beaucoup voyagé, et, en Italie, un vieux professeur d'escrime m'a indiqué une petite botte florentine infaillible... Onze.

DUDLEY.

Ah ! ah ! et où avez-vous appris le lansquenet ?

HALIFAX.

En France, cela ; je l'ai joué cinq ou six fois avec le chevalier de Grammont, qui était de première force.

DUDLEY.

Oui... Dix.

HALIFAX.

Ah ! vive-Dieu ! parlez-moi de la France... Voilà un agréable pays !... beau ciel, belles femmes et beaux joueurs... Douze.

DUDLEY.

Pardon.

HALIFAX.

Douze, voyez.

DUDLEY.

Oui, je vois bien... Vous devez être malheureux en amour, monsieur.

HALIFAX.

Pourquoi cela ?

DUDLEY.

Parce que vous avez du bonheur au jeu.

HALIFAX.

Peuh !...

DUDLEY.

Neuf.

HALIFAX.

Dix.

DUDLEY.

Je vous demande bien pardon, monsieur, mais il me semble que vous trichez.

HALIFAX.

C'est peut-être vrai, monsieur... (Il prend les dés et les lui jette à la figure.) Mais je n'aime pas qu'on me le dise.

DUDLEY, se levant.

Monsieur !

HALIFAX.

Quand je vous disais que nous n'étions pas à la fin de la journée, et que j'attraperais mon duel !

DUDLEY.

Oui, monsieur, oui, vous le tenez, soyez tranquille, et vous le tenez bien ; il ne vous échappera pas, je vous en réponds !

HALIFAX, portant la main à son épée.

A vos ordres, mon gentilhomme.

DUDLEY.

Non pas, s'il vous plaît ! vous aurez votre duel, mais avec une variante... Je me défie de la botte florentine.

HALIFAX.

A défaut de celle-là, j'en ai d'autres à votre service ; qu'à cela ne tienne, monsieur.

DUDLEY.

Pardon ; pour cette fois, nous laisserons reposer votre épée ; elle doit être fatiguée du service qu'elle a fait depuis quinze jours, et nous nous battrons...

HALIFAX.

A quoi ?

DUDLEY.

Au pistolet, si vous le voulez bien.

HALIFAX.

Moi, je veux tout ce qu'on veut.

DUDLEY.

Oui, vous êtes beau joueur, je sais cela. Samuel, allez chercher les pistolets que vous trouverez dans la voiture.

SAMUEL.

Mais, monseigneur...

DUDLEY.

Allez... Il y en a justement u   de chargé et l'autre qui ne l'est pas.

HALIFAX.

Tiens, comme cela se trouve !

DUDLEY.

Nous marcherons l'un sur l'autre.

HALIFAX.

Et nous tirerons à volonté ; cela me va.

DUDLEY.

Seulement, je vous préviens que la balle n'est pas pipée.

SAMUEL.

Voici les pistolets demandés, monseigneur.

DUDLEY.

Merci. Maintenant, monsieur, si vous voulez me suivre...

HALIFAX.

Où cela?

DUDLEY.

Dehors... dans la cour, dans le jardin.

HALIFAX.

Vous êtes fou, mon cher! il fait nuit comme dans un four... Pour nous éborgner, non, ma foi! je tiens à ma figure, moi!... Et puis il pleut à verse, et cela empêcherait vos amorces de brûler; sans compter que cela souillerait nos pourpoints.

SCÈNE VI

LES MÊMES, SAMUEL.

DUDLEY.

Eh bien, où nous battrons-nous, alors?

HALIFAX.

Mais ici, si vous voulez; il y fait chaud, on y est à couvert, on y voit comme en plein jour : nous serons à merveille, et nous aurons des témoins qui pourront attester que tout s'est passé dans les règles.

DUDLEY.

Soit.

SAMUEL.

Comment! dans cet appartement? vous voulez vous battre dans cet appartement?

HALIFAX.

Dites donc, il appelle cela un appartement, lui... Sois tranquille, mon brave homme : si l'on te casse tes glaces, tu les mettras sur la carte, et on te les payera.

SAMUEL.

Mais je ne puis pas permettre...

DUDLEY, fouillant à sa poche.

Tu permettras tout ce qui nous plaira.

SAMUEL.

Mais je ne dois pas souffrir...

HALIFAX, fouillant à sa poche.

Tu souffriras tout ce qui nous sera agréable.

DUDLEY et HALIFAX, donnant à Samuel chacun une pièce d'or, qu'il reçoit de chaque main.

Tiens !

SAMUEL.

Allons, vous faites de moi ce que vous voulez.

DUDLEY.

Arrière, messieurs ! (Tous les Habitués se reculent jusqu'au fond du théâtre. Dudley, présentant les pistolets par la crosse à Halifax.) Maintenant, si vous voulez bien choisir...

HALIFAX.

C'est fait, monsieur. Ah ! ah ! vous avez là de jolies armes. Si jamais vous aviez l'idée de vous en défaire, pensez à moi, je vous prie ; je suis amateur.

DUDLEY, qui s'est reculé jusqu'à l'avant-scène à droite.

Je vous attends, monsieur.

HALIFAX.

Pardon, je suis à vous. (Il recule jusqu'à l'angle le plus éloigné à gauche du spectateur ; puis, au milieu du plus profond silence, les deux adversaires marchent l'un sur l'autre ; après avoir fait le tiers du chemin, Dudley tire, son pistolet rate.) Ah ! il paraît que j'ai pris le bon. (Il continue de s'avancer vers Dudley, lui pose le pistolet sur la poitrine, puis, levant tout à coup le pistolet.) Deux mots, s'il vous plaît, mon gentilhomme.

DUDLEY.

Voyons, dites vite et finissons-en.

HALIFAX.

En se pressant, on fait mal les choses. Croyez-en le proverbe italien : *Che va piano, va sano.* Venez ici et causons.

SAMUEL, s'approchant.

Eh bien, qu'y a-t-il donc ?

HALIFAX.

Mon brave homme, laissez-nous tranquilles, je vous prie ; nous parlons d'affaires.

SAMUEL, s'éloignant.

Ah !

HALIFAX, à Dudley.

Monsieur, mon avis est que la balle qui est dans ce pistolet vaut deux cents livres sterling, et même qu'à ce prix elle n'est pas chère.

DUDLEY.

Que voulez-vous dire?

HALIFAX.

Je veux dire que la balle qui est dans ce pistolet est à vendre, que j'en demande deux cents livres sterling, et que je prétends que ce n'est pas trop cher.

DUDLEY.

Ah ! je comprends.

HALIFAX.

Eh bien, que dites-vous du prix?

DUDLEY.

Je dis que, si votre opinion est qu'elle les vaut, ce n'est pas à moi à vous contredire.

HALIFAX.

Ainsi donc, pour deux cents livres sterling...?

DUDLEY.

Je la prends, monsieur; suivez-moi, je vais vous les compter.

HALIFAX, à part.

J'aurais dû lui demander cinq cents guinées... J'ai été trop grand.

DUDLEY, à part.

Eh bien, voilà un effronté coquin !... mais au moins il est brave. (Haut.) Venez, monsieur, venez.

(Ils sortent.)

LES HABITUÉS.

Et nous, suivons-les; bien heureux que la chose se soit passée ainsi.

(Ils sortent à leur tour.)

SAMUEL.

Que diable ont-ils pu se dire tout bas?... et qu'est-ce que cela signifie?... Ils marchent l'un sur l'autre pour s'égorger, et ils s'en vont en se tenant par dessous le bras... Enfin !... Ah ! c'est vous, monsieur Sampton.

SCÈNE VII

SAMUEL, SAMPTON.

SAMPTON.

Oui, mon ami... oui, c'est moi... N'avez-vous pas chez vous...?

SAMUEL.

Je sais ce que vous cherchez... Une jeune fille, n'est-ce pas?... dix-sept ou dix-huit ans?

SAMPTON.

C'est cela.

SAMUEL.

Arrivée il y a vingt minutes?

SAMPTON.

C'est cela.

SAMUEL.

Et qui repart dans une heure?

SAMPTON.

C'est cela.

SAMUEL.

Eh bien, je vais la faire prévenir que vous êtes ici.

SAMPTON.

J'attends.

SAMUEL.

Mary, prévenez la jeune demoiselle que M. Sampton attend son bon plaisir, et demandez-lui si elle le recevra dans sa chambre ou si elle passera ici.

LA FEMME DE CHAMBRE.

J'y vais, monsieur.

SAMUEL.

Dites donc, monsieur Sampton, savez-vous que, si l'on toute une mauvaise langue, on ferait de drôles de conjectures sur une jeune fille de dix-huit ans qui voyage comme cela avait seule?

SAMPTON.

Et l'on aurait tort, mon cher Samuel; car elle se rend à l'invitation que je lui ai faite moi-même.

SAMUEL.

Alors, vous la connaissez done?

SAMPTON.

Je ne la connais pas ; mais j'ai connu sa mère, et sa mère, en mourant, m'a chargé de lui remettre un collier auquel est attaché un secret de famille.

SAMUEL.

Ah !... vraiment... Et ce secret ?...

SAMPTON.

Mon cher Samuel, j'ai dit tout ce que je pouvais dire ; ne m'en demandez pas davantage ; d'abord je ne sais rien de plus.

LA FEMME DE CHAMBRE, rentrant.

La jeune demoiselle attend M. Sampton.

SAMPTON, passant dans la chambre.

C'est bien... Merci.

(Il sort.)

SCÈNE VIII

SAMUEL, seul.

Oh ! il n'en sait pas davantage... il n'en sait pas davantage... Cela lui plaît à dire, et je suis bien certain que, s'il voulait parler...

SCÈNE IX

SAMUEL, DUDLEY.

DUDLEY, entrant et lui frappant sur l'épaule.

Mon cher hôte...

SAMUEL.

Ah ! pardon, milord.

DUDLEY.

Êtes-vous seul ?

SAMUEL.

Oui, pour le moment.

DUDLEY.

Comment, pour le moment ?... Vous attendez donc quelqu'un ici ?...

SAMUEL.

J'attends le révérend père Sampton, qui est entré chez notre jeune voyageuse, et qui va en sortir.

DUDLEY.

Bien... Voulez-vous gagner vingt livres sterling?

SAMUEL.

Ça ne se refuse pas.

DUDLEY.

Eh bien, sortez avec lui, et, quelque bruit que vous entendiez, ne vous dérangez pas.

SAMUEL.

Mais, milord, quelle est votre intention?

DUDLEY.

Oh! vous êtes trop curieux, mon cher Samuel... Tenez, voici vos vingt livres sterling, ou à peu près... Vous vous amuserez à les compter pendant que je resterai ici... Cela vous occupera.

SAMUEL.

Milord, je suis reconnaissant...

DUDLEY.

C'est bien... et moi aussi... Silence !

SAMUEL, à Sampton, qui sort.

Eh bien, monsieur Sampton, avez-vous accompli votre mission ?

SAMPTON.

Oui, mon cher Samuel, et notre jeune demoiselle vous prie de faire mettre le cheval à la voiture, et de faire prévenir le conducteur de se tenir prêt à partir.

SAMUEL.

C'est bien, monsieur Sampton; je vais sortir avec vous pour exécuter ses ordres.

(Ils sortent.)

SCÈNE X

DUDLEY, seul.

Partir?... Oh! pas encore, ma belle enfant! pas encore, s'il vous plaît... Ma foi, ce maraud avait raison : ma vie, estimée à deux cents livres sterling, ce n'était pas cher, et j'en donnerais volontiers le double pour que cette charmante enfant consentît à m'aimer... Allons... on n'entend plus le moindre bruit... (Il éteint la lumière, la scène reste dans l'obscurité.) **Entrons.** (Ouvant la porte.) Pardon, ma belle enfant ! pardon !

(Il entre.)

SCÈNE XI

DUDLEY, ANNA, puis HALIFAX.

ANNA, dans la coulisse.
Au secours ! à l'aide ! à moi !

DUDLEY.
Ah ! vous pouvez crier tant qu'il vous fera plaisir, ma Lucrèce... Personne ne viendra.

HALIFAX, entrant par la porte de sa chambre.
Vous vous trompez, milord !

DUDLEY, lâchant Anna et se retournant.
Hein ?

(Anna se sauve; mais, en se sauvant, elle laisse tomber son collier.)

HALIFAX.
Pardon, pardon, mon enfant, vous laissez tomber quelque chose... Halte-là, milord !... Mademoiselle ! Eh !... ma foi, elle est loin !

SCÈNE XII

DUDLEY, HALIFAX.

DUDLEY.
Laissez-moi passer, monsieur.

HALIFAX.
Pour quoi faire ? pour courir après elle ?... Non, non... non pas, s'il vous plaît... Fi donc ! monseigneur, faire violence à une femme sans protection, sans défense !... Ah ! ce n'est pas d'un gentilhomme !

DUDLEY.
Comment, misérable, c'est toi qui oses me faire de la morale ?

HALIFAX.
Et il y a plus, milord, je vous forcerai de la mettre en action! Oh ! je sais ce que je suis... Je joue peut-être un peu adroitement; mais vous savez bien que cela est reçu, par le temps qui court... D'ailleurs, je suis beau joueur,

vous en conviendrez... Enfin, j'ai tous les défauts que vous
voudrez ; mais je n'ai pas celui d'être un lâche, et je vous
le dis : c'est une lâcheté que d'abuser de la faiblesse d'une
femme.

DUDLEY.

Allons, allons, assez, drôle ! et laisse-moi passer !...

HALIFAX.

Je vous ai déjà dit que vous ne passeriez pas.

DUDLEY.

Mais tu ne sais donc pas à qui tu parles ?

HALIFAX.

Cela m'est pardieu bien égal !

DUDLEY.

Je suis lord Dudley, pair d'Angleterre !... et je t'ordonne
de me laisser passer.

HALIFAX.

Eh bien, moi, je suis Halifax, intendant de sir John Dumbar, et je vous dis que vous ne passerez pas !

DUDLEY, tirant son épée.

Eh bien donc, puisque tu m'y forces...

HALIFAX.

Je n'avais pas eu de duel hier, cela fait mon second d'aujourd'hui ; la balance est rétablie... En garde, monseigneur,
et tenez-vous bien !

ACTE PREMIER

Le jardin de l'hôtellerie de la *Rose blanche.*

—

SCÈNE PREMIÈRE

TOM RICK, un Facteur.

On sonne à la porte.

TOM RICK, allant ouvrir.

On y va, on y va... Ah ! c'est vous, facteur ? Qu'est-ce que
vous apportez ?

LE FACTEUR.

Une lettre !

TOM RICK.

Pour moi ?

LE FACTEUR.

Non, pour mademoiselle Anna.

TOM RICK.

Elle n'est pas ici, elle est à la messe avec sa sœur, miss Jenny... Mais c'est égal, donnez toujours, je la lui remettrai.

LE FACTEUR.

Tenez !

TOM RICK.

Vous doit-on quelque chose ?

LE FACTEUR.

Un schelling, elle vient de Londres.

TOM RICK.

Elle vient de Londres ! comment, cette lettre-là vient de Londres ?... Voilà votre schelling... De Londres !

LE FACTEUR.

Directement... Dites donc, Tom, est-ce que vous connaissez, chez lord Clarendon, au château qui est à un mille d'ici, un certain sir John Dumbar ?

TOM RICK.

Ah ! oui, un vieux marquis, un vieux comte, un vieux baron : il y est depuis quatre jours.

LE FACTEUR.

Ah ! c'est que voilà une lettre qui court après lui, et qui peut se vanter d'avoir fait du chemin : elle vient d'Écosse... Elle a été à Londres, et, de Londres, elle revient ici ; heureusement qu'il y a *pressé* dessus.

TOM RICK.

Comment ! elle vient de Londres aussi, celle-là ?

LE FACTEUR.

Oh ! mon Dieu, oui !... Ainsi, je trouverai sir John Dumbar au château de lord Clarendon, vous en êtes sûr ?

TOM RICK.

Tiens, si j'en suis sûr, je l'y ai vu encore ce matin.

LE FACTEUR.

En ce cas, j'y vais !

SCÈNE II

TOM RICK, puis ANNA et JENNY.

TOM RICK.

Quand on pense que voilà une lettre qui n'est qu'un simple morceau de papier plié en quatre, et qui vient de Londres, tandis que, moi, depuis cinq ans que je dessèche d'envie d'y aller, à Londres, je n'en peux pas venir à bout !... Oh ! mais j'irai un jour, à Londres... Il n'y a que soixante milles d'ici à Londres, et, avec une paire de jambes commes celleslà... mais, entre deux soleils, j'y serai, à Londres !

(Anna et Jenny entrent. Anna donne son livre et sa mante à Jenny, qui les porte dans l'intérieur de l'hôtel, tandis qu'elle s'approche de Tom Rick.)

ANNA.

Et que feras-tu à Londres, imbécile ?

TOM RICK.

Ce que j'y ferai, miss Anna ? ce que j'y ferai ? Ma fortune... D'ailleurs, c'est comme cela, les jolis garçons font toujours fortune à Londres. Tenez, Jack... Vous vous le rappelez bien, Jack ?

ANNA.

Non.

TOM RICK.

C'est possible, attendu qu'il avait quitté le pays avant que vous y vinssiez... Eh bien, Jack, il n'était pas si joli garçon que moi, il s'en faut !... d'abord, il avait trois pouces de plus, et puis des cheveux noirs, ce qui est fort laid.

ANNA.

Merci !

TOM RICK.

Pour un homme... C'est fort joli pour une femme ; et puis un petit nez, ce qui est fort laid encore, et puis, avec tout cela, mal bâti, des épaules larges comme ça... une taille mince comme ça... des petites mains, des petits pieds ! peuh !... Eh bien, ça n'empêche pas qu'il a tourné la tête à une duchesse.

ANNA.

Niais !...

TOM RICK.

Niais tant que vous voudrez, mais c'est la vérité pure, la
vérité du bon Dieu. Il était dans le parc Saint-James ; une
duchesse passait dans sa voiture... Elle l'a regardé du coin
de l'œil, elle s'est informée où il demeurait, elle lui a envoyé
sa femme de chambre... oui, oui, oui, sa femme de chambre,
qui lui a dit de venir le lendemain, qui l'a fait entrer par
une petite porte, qui l'a introduit près de sa maîtresse, et,
après qu'ils ont eu causé un instant en tête-à-tête comme
nous causons là, la duchesse lui a dit : « Mon ami, tu me
conviens ; » et elle l'a logé dans le même hôtel qu'elle, elle lui
a. donné un bel habit galonné, et elle l'a fait monter der-
riére sa voiture !... Ah !

ANNA.

C'est-à-dire qu'elle l'a pris pour son domestique.

TOM RICK.

Pour son domestique, fi donc ! pour son laquais, entendez-vous ?... Oh ! Dieu ! oh ! Dieu ! quand donc pourrai-je
aller à Londres ?... Ah ! tiens, tiens, cela me fait penser que
voilà une lettre pour vous qui en vient, de Londres.

ANNA.

Une lettre pour moi ?

TOM RICK.

Ah ! mon Dieu, oui ; c'est un sche...ing que vous devez.

ANNA.

Oh ! c'est d'Arthur !

TOM RICK.

Paît-il ?...

ANNA.

Rien.

TOM RICK.

C'est que vous avez dit comme ça : « Oh ! c'est d'Arthur ! »

ANNA.

C'est bon ; va-t'en à tes affaires.

TOM RICK, à Jenny, qui se rapproche.

Dites donc, elle a reçu une lettre de M. Arthur.

JENNY.

Vraiment ?...

ANNA, à Jenny.

Oui.

JENNY.

Eh bien, son oncle ?...

ANNA.

Il ne l'a pas trouvé; mais, enfin, il a appris qu'il était ici, chez lord Clarendon.

JENNY.

Oh ! mon Dieu, est-ce que ce serait ce vieux sir John qui me tourmente tant ?

TOM RICK. ·

Sir John Dumbar, c'est bien cela; je lui ai demandé ce matin s'il voulait m'emmener à Londres.

JENNY.

Et a-t-il quelque espoir?

ANNA.

Oui; il me dit qu'il vient de mener à bien plusieurs affaires qui intéressent sa famille, et que, maigré l'antipathie incroyable que son oncle s'acharne à conserver contre lui, il espère le fléchir; aussi, il ajoute qu'il part en même temps que sa lettre pour lui tout avouer, et qu'il sera aussitôt qu'elle ici.

JÉNNY.

Ainsi, il va venir ?

ANNA.

Oui; mais surtout, ma bonne Jenny, qu'il ne sache rien de cette horrible aventuré de l'hôtellerie de Stilton !

JENNY.

Sois tranquille, rien ne troublera votre bonheur; c'est si bon de revoir les gens qu'on aime !

(Elle soupire.)

TOM RICK, à demi-voix et d'un air fin.

Cœur qui soupire
N'a pas ce qu'il désire.

JENNY, tressaillant.

Que voulez-vous dire, Tom Rick?

TOM RICK.

C'est bon, je m'entends!... c'est tout ce qu'il faut.

ANNA.

Allez à votre besogne, Tom Rick.

TOM RICK.

Tiens, c'est aujourd'hui dimanche : je n'en ai pas, de besogne ; je me croise les bras.

ANNA.

Eh bien, alors, tenez-vous assez loin de nous pour ne pas entendre ce que nous disons.

TOM RICK.

Oh ! vos secrets, vos secrets !... on les sait... Vous aimez M. Arthur, quoi ! et mademoiselle Jenny aime un inconnu ; les voilà, vos secrets.

JENNY, d'un ton sévère.

Tom Rick !

TOM RICK.

Oui, mademoiselle, oui, mademoiselle, je m'en vais. Je n'ai pas dit cela pour vous fâcher, mademoiselle Jenny ; mais c'est mademoiselle Anna qui m'appelle toujours imbécile, au lieu de m'appeler par mon nom de baptême, Tom, ou par mon nom de famille, Rick ; mais, du moment que vous me priez de m'en aller, mademoiselle Jenny, je m'en vais !... (Il s'approche de la porte.) Je m'en vais !... Tiens, M. Arthur !... Oh ! il arrive à cheval au grand galop ! (Sortant.) Bonjour, monsieur Arthur, bonjour !... Attendez, attendez, je vais tenir votre cheval... La !...

ANNA,

Ah ! mon Dieu, c'est lui, Jenny !... Arthur ! mon Arthur !

SCÈNE III

LES MÊMES, SIR ARTHUR.

SIR ARTHUR.

Anna, chère Anna !... Bonjour, bonne petite Jenny ; vous m'avez donc gardé mon Anna toujours belle, toujours fraîche, toujours jolie ?... (A Anna.) Eh bien, je vous l'ai dit, Anna, je n'ai pas vu mon oncle. Vous avez reçu ma lettre, n'est-ce pas ?

ANNA.

La voici !

SIR ARTHUR.

Mais je n'en espère pas moins qu'il consentira à notre

union!... (Bas.) Vous n'avez dit à personne que nous étions mariés?

ANNA.

Pas même à Jenny!

SIR ARTHUR.

Bien, bien, chère Anna!

JENNY, les regardant et essuyant une larme.

O James! James!

ANNA.

Et quand parlerez-vous à votre oncle?

SIR ARTHUR.

Aujourd'hui même; il est chez lord Clarendon : or, quoique les principes de mon oncle soient tout différents des siens, comme lord Clarendon est tout-puissant, de temps en temps sir John Dumbar vient lui faire sa cour.

TOM RICK.

Ah! à propos de sir John Dumbar, j'oubliais : il m'a dit, ce matin, de vous prévenir qu'il viendrait déjeuner ici à onze heures précises, et, comme il est midi un quart, je crois qu'il n'y a pas de temps à perdre.

JENNY.

Tom Rick, va chercher le déjeuner; moi, je vais m'occuper de mettre le couvert.

SIR ARTHUR.

Très-bien alors; quand mon oncle déjeune, c'est le bon moment pour le prendre; j'attendrai qu'il soit à table, je me présenterai devant lui.

ANNA.

Et moi?...

JENNY.

Toi?... Toi, Anna, occupe-toi d'être heureuse.

ANNA.

Heureuse!... Ah! j'ai bien peur...

JENNY.

De quoi?...

ANNA.

Que sir John Dumbar ne donne jamais son consentement au mariage de son neveu avec une pauvre petite paysanne.

TOM RICK.

Alerte! alerte! voilà l'oncle!

SIR ARTHUR.

Où cela?

TOM RICK.

Au bout du chemin; il descend la petite colline; dans cinq minutes, il sera ici.

SIR ARTHUR.

Ne te montre pas.

ANNA.

Pourquoi?

SIR ARTHUR.

Mon oncle est un vert galant; il n'aurait qu'à devenir amoureux de toi.

ANNA.

Oh! il n'y a pas de danger, il a eu meilleur goût que son neveu.

SIR ARTHUR.

Comment cela?

ANNA.

C'est à Jenny qu'il fait la cour.

SIR ARTHUR.

Vraiment! qu'elle y prenne garde : pour arriver à ce qu'il désire, sir John est capable de tout.

TOM RICK, qui a regardé à la porte.

Il approche!... il approche, le vieux!

JENNY.

Éloignez-vous! Et toi, Tom, vite à la cave, et monte une bouteille du meilleur vin que nous ayons... à gauche en entrant.

TOM RICK.

Soyez tranquille; je sais où il est, le meilleur vin que nous... que vous ayez.

SCÈNE IV

JENNY, puis SIR JOHN DUMBAR.

JENNY.

Anna m'a dit de me défier de sir John Dumbar; que puis-je avoir à craindre? ne suis-je pas sur les terres et sous la protection de lord Clarendon, le ministre de Charles II,

l'homme le plus vertueux de l'Angleterre?... Et certes lord
Clarendon ne permettrait pas...

SIR JOHN, embrassant Jenny.

Que je t'embrasse?... Eh bien, je t'embrasserai sans sa permission, voilà tout.

JENNY.

Oh! monsieur!

SIR JOHN

Eh bien, quoi! toujours sévère?... Qu'est-ce que c'est donc
que ces principes-là, morbleu?... C'était bon du temps de
l'usurpateur, quand les hommes chantaient vêpres toute la
journée, et que les femmes portaient des robes de religieuse;
maintenant qu'on ne chante plus vêpres que de deux à quatre
heures, tout le reste du temps il faut bien chanter autre chose,
et, du moment que les femmes montrent leur cou et leurs
bras, c'est pour qu'on les embrasse, il me semble.

JENNY.

Quand mon mari me dira ce que vous me dites là, je trouverai qu'il a parfaitement raison, monseigneur.

SIR JOHN.

Petite folle que tu es, de t'enterrer dans une mauvaise
hôtellerie de village, quand je t'offre un hôtel dans le plus
beau quartier de Londres; mais tu détestes donc la capitale,
petite sauvage?

JENNY.

Non, je serais enchantée de voir Londres, au contraire, et,
si jamais je me marie et que mon mari veuille m'y conduire,
je l'y suivrai avec le plus grand plaisir.

SIR JOHN.

Et, en attendant, nous préférons les robes de toile aux robes
de soie, les fleurs anx diamants; en attendant, nous trottons à
pied quand nous pourrions nous faire traîner dans une belle
voiture! Je croyais qu'il n'y avait plus que mon coquin de
neveu qui fût puritain dans toute l'Angleterre... Hein! nous
méprisons donc les robes de soie?... nous méprisons donc
les diamants?... nous méprisons donc les voitures?

JENNY.

Au contraire, monseigneur, et, quand ce sera un mari qui
m'offrira toutes ces belles choses, j'avoue que je les accepterai
avec le plus grand plaisir.

SIR JOHN.

Un mari ! toujours un mari !... Ces petites filles n'out que
ce mot-là à la bouche... Vous croyez donc que c'est bien
amusant, un mari ?... Non, non ; ce qu'il te faut, à toi, petite,
c'est un amant riche, magnifique, qui fasse de toi la femme la
plus élégante de l'Angleterre, comme tu en es déjà la plus jolie.

JENNY, se reculant, faisant la révérence, et lui montrant la table.

Vous êtes servi, monseigneur.

(Elle sort.)

SIR JOHN.

Où diable la vertu va-t-elle se nicher !

(Il s'assied à la table.)

TOM RICK, entrant.

Monseigneur, voilà du vin dont vous me direz des nouvelles ; de plus, voilà une lettre qui a fait un petit peu de
chemin : elle vient d'Écosse, elle a été à Londres, elle est
revenue de Londres ici ; d'ici, elle a été au château ; enfin la
voilà, le facteur vient de me la remettre ; il est passé par un
chemin tandis que vous veniez par l'autre ; il paraît qu'elle
est très-pressée, monseigneur. (A part.) A présent, allons prévenir M. Arthur ; je crois que c'est le bon moment.

SIR JOHN.

L'écriture de Dudley... Comme elle est tremblée ! Qu'est-ce
que cela signifie? Voyons !... « Mon cher Dumbar, dans un
duel sans témoins, j'ai été blessé mortellement par un drôle
nommé Halifax... » Halifax !... « Qui m'a passé au travers du
corps l'épée qu'il n'a pas le droit de porter ; comme cet
homme est à votre service, je m'adresse à vous, mon meilleur
ami, pour obtenir vengeance de Sa Majesté ; et, maintenant,
je meurs plus tranquillement, dans l'espérance que ce drôle
recevra le châtiment qu'il mérite... Je vous supplie donc
de le faire pendre aussitôt qu'il vous tombera sous la main ;
c'est le dernier vœu de votre ami... DUDLEY. » Lui, Dudley,
tué en duel, et par Halifax !... Le faquin se sera permis de
jouer au gentilhomme ; il aura employé à courir les tavernes
l'argent que je lui avais remis pour chercher ma fille... Et
voilà comme je suis entouré : d'un côté ce drôle qui me ruine,
de l'autre un maraud de neveu que je déteste, un hypocrite
qui fait le bon sujet, un insolent qui ne me donne pas une
seule occasion de le chasser ;... un misérable qui a toutes les

vertus, un gueux qui ne fait pas un sou de dettes, et que j'enrage de ne pouvoir déshériter, car tout le monde m'en blâmerait... Pourtant, si ce qu'on m'a dit était vrai, lui aussi aurait eu une rencontre, et avec le fils de lord Bolingbroke même!... Nous verrons comment vous vous laverez de celle-là, sir Arthur! Ah! ah! ah!... Quant à vous, maître Halifax, je vous tiens, et vous n'avez désormais qu'à marcher droit... Mon pauvre Dudley!... A ta mémoire, mon pauvre ami!

(Il boit.)

ARTHUR, qui vient d'entrer sur la fin de cette phrase.

Le voici !

SIR JOHN.

Oh! oh! voilà de fameux vin... Tom Rick !

SCÈNE V

SIR JOHN, SIR ARTHUR.

SIR ARTHUR.

Désirez-vous quelque chose, mon oncle? Je suis à vos ordres.

SIR JOHN.

Ah! c'est vous, monsieur! Et que faites-vous ici, s'il vous plaît ?

SIR ARTHUR.

Je vous cherche, mon oncle !

SIR JOHN.

Ah! vous me cherchez! vous me cherchez dans le Yorkshire quand je vous ai chargé de terminer à Londres les affaires les plus importantes !

SIR ARTHUR.

Elles sont terminées, mon oncle !

SIR JOHN.

En huit jours? Vous avez dû faire de belle besogne !

SIR ARTHUR.

J'ai fait de mon mieux, mon oncle, et j'espère que vous serez content.

SIR JOHN, à part.

Vous verrez que le malheureux aura réussi en tout!... (A sir Arthur.) Vous vous taisez !

SIR ARTHUR.

J'attends que vous m'interrogiez, mon oncle !

SIR JOHN.

Oui, fais le respectueux ! va, je te le conseille !... Eh bien, voyons, monsieur, ce procès avec mon fermier Simon Damby, que je vous avais chargé d'arranger à l'amiable, afin que mon nom ne parût pas devant un tribunal ?

SIR ARTHUR.

J'ai vu moi-même Simon Damby, mon oncle ; je lui ai fait lire toutes les pièces qui constatent votre propriété ; il a reconnu qu'il avait tort, et il vous offre une indemnité.

SIR JOHN.

Ah ! il reconnaît qu'il a tort ! ah ! il m'offre une indemnite !... Et que m'offre-t-il ?... Quelque misère !...

SIR ARTHUR.

Vous m'avez dit de terminer avec lui à trois cents livres sterling, mon oncle.

SIR JOHN.

Certainement que je me le rappelle ; aussi j'espère que vous n'avez pas eu l'audace de terminer avec lui à moins de trois cents livres sterling.

SIR ARTHUR.

J'en ai obtenu six cents, mon oncle.

SIR JOHN.

Oui, qu'il ne payera pas.

SIR ARTHUR.

Elles sont déposées chez votre homme de loi ; voilà son reçu.

SIR JOHN.

Voilà son reçu, voilà son reçu... Eh bien, oui, voilà son reçu... mais après ?...

SIR ARTHUR.

Comment, après, mon oncle ? Mais m'aviez-vous donc chargé d'autre chose ?

SIR JOHN.

Non, non !... mais je sais ce que je veux dire... Qu'est-ce que c'est qu'une rencontre que vous avez eue à Windsor avec le fils de lord Bolingbroke ?

SIR ARTHUR.

Comment ! vous savez, mon oncle... ?

SIR JOHN.

Oui, je sais de vos nouvelles, monsieur le drôle ; quelque querelle de jeu !... quelque rivalité de femme !... quelque dispute de cabaret !

SIR ARTHUR.

Mon oncle, permettez-moi, je vous prie, de garder le silence sur les causes de ce duel.

SIR JOHN.

Oui, quelque cause honteuse que vous n'osez pas dire !

SIR ARTHUR.

La cause est honorable, mon oncle... Cependant, excusez-moi, je dois la taire.

SIR JOHN.

Ah ! vous devez la taire ? Et si je ne veux pas que vous la taisiez, si je vous ordonne de me raconter ce qui s'est passé, si j'exige la vérité tout entière ?

SIR ARTHUR.

Je vous obéirai, mon oncle, car mon devoir, avant tout, est de vous obéir.

SIR JOHN.

Obéissez donc, monsieur !... car je vous ordonne de me dire la cause de cette querelle.

SIR ARTHUR.

Eh bien, mon oncle, lord Bolingbroke vous avait publiquement calomnié... calomnié à la cour... calomnié devant le roi, et, comme je ne pouvais pas demander satisfaction à un vieillard, j'ai été la demander à son fils !

SIR JOHN.

Hum !... Et qu'avait-il dit, monsieur, lord Bolingbroke ?

SIR ARTHUR.

Il avait dit, mon oncle, que, pendant notre fuite avec le roi, quand vous vous cachiez de château en château et de chaumière en chaumière... il avait dit que vous aviez eu une fille... une fille que vous aviez abandonnée depuis... une fille de l'existence de laquelle vous ne vous étiez pas même informé à votre retour, et, moi, j'ai été dire à son fils, sir Henri : « Votre père a essayé d'attaquer l'honneur de notre maison, et votre père en a menti !... » Alors, nous nous sommes battus.

SIR JOHN.

Et vous avez eu tort de vous battre, monsieur. Oui, j'ai

une fille... je le dis hautement... une fille charmante que je
ne connais pas... mais cela ne fait rien... que je n'ai jamais
vue, mais n'importe, monsieur!... une fille que j'adore, entendez-vous?... une fille à la recherche de laquelle je suis
depuis... depuis quinze ans... une fille à qui je laisserai
toute ma fortune!... Ah !

SIR ARTHUR.

Mais c'est trop juste, mon oncle; comment! j'aurais une
cousine... une cousine jeune, jolie, sans doute... bonne certainement?

SIR JOHN.

Oui ; mais qui ne sera pas pour vous, monsieur, entendez-vous?... car c'est déjà bien assez que vous soyez mon
neveu, monsieur le redresseur de torts! monsieur le fier-à-
bras! monsieur le don Quichotte!

SIR ARTHUR.

Mais, mon oncle !

SIR JOHN.

Taisez-vous, tenez, taisez-vous... Aller donner un coup
d'épée à ce pauvre jeune homme, parce que son père, lord
Bolingbroke, mon honorable ami, a dit que j'avais une fille!

SIR ARTHUR.

Non, mon oncle, ce n'est pas parce qu'il a dit que vous
aviez une fille, c'est parce qu'il a ajouté que vous étiez un
mauvais père, parce qu'il a dit que vous aviez renié votre
enfant, parce qu'il a dit...

(Halifax paraît à la porte de la rue, et Jenny à la porte de l'hôtellerie.)

SIR JOHN.

Et vous osez répéter de pareilles calomnies devant moi?...
Allez, monsieur, allez, je vous chasse... et Dieu me damne,
je ne sais à quoi tient que...

SCÈNE VI

Les Mêmes, HALIFAX, JENNY.

JENNY, entrant par la droite.

Quel est ce bruit ?

HALIFAX.

Tout beau, mon gentilhomme, tout beau ! Le jeune homme

a fait des sottises? Eh! qui n'en fait pas?... Il faut bien que notre jeunesse se passe, à nous autres grands seigneurs.

SIR JOHN, se retournant.

Halifax !

JENNY.

Oh! mon Dieu! je ne me trompe pas!

SIR JOHN, arrêtant Halifax.

Ah! je te tiens enfin, drôle!

HALIFAX, cherchant à se dégager.

Pardon, pardon, monseigneur; je vois que j'ai eu tort de vous deranger... Vous éprouvez le besoin d'étrangler quelqu'nn, c'est très-bien; mais, si ça vous était égal de reprendre monsieur votre neveu, ça m'obligerait!

SIR JOHN.

Silence!... (Aux autres.) Et qu'on me laisse.

HALIFAX, s'éloignant.

Je ne demande pas mieux!... Monseigneur, j'ai bien l'honneur de vous saluer.

SIR JOHN.

Veux-tu bien rester!

HALIFAX.

Je croyais que monseigneur avait dit : « Qu'on me laisse! »

SIR JOHN.

Qu'on me laisse avec toi!

HALIFAX.

C'est différent! Je reste; mais, si vous teniez à être seul, il ne faudrait pas vous gêner.

JENNY.

Ah! oui, c'est lui, c'est bien lui; je le revois après cinq ans...

SIR JOHN.

Vous, monsieur mon neveu, retournez à Londres et attendez-y mes ordres.

ARTHUR.

J'obéis, mon oncle!

JENNY.

Pas un mot, pas un regard!... Il ne me reconnaît même pas!

(Sir Arthur et Jenny sortent.)

SCÈNE VII

SIR JOHN, HALIFAX.

SIR JOHN.

A nous deux, maintenant ! Voilà donc à quoi vous dépensez votre temps et mon argent : à courir les cabarets vêtu comme un gentilhomme ! Êtes-vous chevalier pour porter les éperons ? êtes-vous noble pour porter cette épée ?...

HALIFAX.

Pardon, pardon, monseigneur; quant à la chevalerie, je passe condamnation; mais, quant à la noblesse, c'est autre chose, attendu que, comme je n'ai jamais connu ni mon père ni ma mère, j'ai autant de chance pour être gentilhomme que pour ne l'être pas. Or, vous comprenez qu'un individu qui peut être gentilhomme ne doit pas être vêtu comme un faquin.

SIR JOHN.

C'est cela; et l'argent que je t'avais donné pour retrouver ma fille est passé en pourpoints de velours, en cols de dentelle et en aiguillettes d'argent.

HALIFAX.

D'abord, vous ne m'avez donné que cinq cents livres sterling, ce qui est misérable.

SIR JOHN.

Comment, faquin ?

HALIFAX.

Sans doute ! Pour cinq cents livres sterling, on peut retrouver la fille d'un alderman ou d'un schérif; mais la fille d'un lord ? Diable ! c'est plus cher.

SIR JOHN.

C'est bien, c'est bien... Raillez, monsieur le mauvais plaisant, tournez en ridicule les choses les plus saintes, moquez-vous de l'amour d'un père pour sa fille... Rira bien qui rira le dernier.

HALIFAX.

L'amour d'un père pour sa fille ? Peste, vous avez raison, monseigneur; voilà certes qui est bien respectable !... Un jour, Sa Majesté Charles II, après avoir perdu la bataille de Worcester, fuyait avec un gentilhomme de ses amis, noble comme le roi, généreux comme le roi... et libertin comme...

SIR JOHN.

Hein ! tu oses...

HALIFAX.

Tous deux fuyaient donc de forêts en montagnes et de montagnes en ravins, couchant à la belle étoile, quand il y avait des étoiles, lorsqu'ils avisèrent une petite maison isolée dans laquelle ils se présentèrent, le roi sous le nom du fermier Jackson, et son favori sous le nom de sir Jacques Hebert !

SIR JOHN.

Eh bien, nous savons tout cela.

HALIFAX.

Aussi, ce n'est pas à vous que je le dis ; c'est une histoire que je me raconte à moi même. Or, cette maison était habitée par deux charmantes petites paysannes... les deux sœurs, deux orphelines... Les proscrits étaient jeunes et beaux ; on leur ouvrit la porte de la petite maison... et, comme ils étaient tres-fatigués et que personne ne se doutait qu'ils fussent là... ils y restèrent huit jours.

SIR JOHN.

Auras-tu bientôt fini ?

HALIFAX.

Pardon, je me conte une histoire ; elle m'intéresse, et je désire connaître la fin... Ils étaient donc là depuis huit jours, lorsqu'un serviteur dévoué vint leur dire qu'un bâtiment n'attendait plus qu'eux pour partir pour la France. Il fallut quitter la petite maison, il fallut quitter les charmantes hôtesses. Le roi voulait laisser un souvenir à celle des deux sœurs qui s'était particulièrement occupée de lui. Il chercha donc quelle chose il pouvait lui laisser, lui à qui on n'avait pas laissé grand'chose... et il se résolut à lui donner son portrait : c'est assez l'habitude des princes ; mais, comme il n'avait pas là son peintre ordinaire, lequel en ce moment était occupé à faire le portrait en pied du protecteur, il se contenta de promettre à la jeune fille qu'il le lui enverrait de France. Quelque temps après, il apprit que la chose était devenue parfaitement inutile et que sa jolie hôtesse possédait un portrait vivant, une charmante miniature, une adorable petite fille... Le favori, qui était noble comme le roi... généreux comme le roi... libertin comme...

SIR JOHN.

Monsieur !...

HALIFAX.

Le favori suivit en tout point l'exemple de son maître :
il laissa son portrait comme le roi avait laissé le sien... même
format... même exemplaire. Dix ou douze ans se passèrent...
Sa Majesté remonta sur son trône. Pendant les premières
années, elle eut tant de choses à faire, tant d'autres portraits
à donner, qu'elle ne songea plus à celui qu'elle avait laissé
autrefois dans un petit coin de son royaume. Mais, un beau
jour, la mémoire lui revint ; elle fit rechercher la miniature
qui avait grandi, qui avait embelli beaucoup ; puis, quand
elle l'eut retrouvée, elle l'entoura de diamants, et elle la
donna, avec le titre de son gendre, au fils de lord Bucking-
ham ; or, comme chacun sait, quand les rois ont de la mémoire, les favoris se souviennent ; notre favori, qui était
noble comme le roi, généreux comme le roi... libertin
comme...

SIR JOHN.

Encore !...

HALIFAX.

Notre favori se souvint qu'il avait aussi un portrait d'égaré ;
il voulut le ravoir pour faire le pendant du portrait du roi ;
car, vous comprenez, les deux portraits étaient cousins, ou
plutôt cousines... Il envoya donc son serviteur, son intendant,
presque son ami, à la recherche de ce portrait, en lui donnant
cinq cents livres sterling pour le retrouver... un portrait qui
lui vaudra l'ordre du Bain, l'ordre de la Jarretière, que sais-je,
moi ?... Et cinq cents livres sterling pour retrouver un pareil
trésor !... Allons donc, monseigneur, vous n'y pensez pas...
Il faut savoir semer pour recueillir, que diable ! De l'argent,
monseigneur, encore de l'argent, beaucoup d'argent, et on
vous le retrouvera, votre portrait, soyez tranquille.

SIR JOHN.

Point du tout ; je chargerai un autre de ce soin. Ce sont
des intérêts trop nobles et trop sacrés pour être confiés à un
drôle tel que toi.

HALIFAX.

Alors, vous me mettez à la retraite ?

SIR JOHN.

Non ; je compte seulement t'employer à une mission non
moins importante, mais plus en harmonie avec tes habitudes,
tes mœurs et tes goûts.

HALIFAX.

Pardon, mais j'aime mieux que vous me redonniez beaucoup d'argent pour continuer à chercher votre fille.

SIR JOHN.

Oui, je comprends, c'est une existence qui te·convient; malheureusement, elle ne peut pas durer, et je t'en ménage une autre.

HALIFAX.

Agréable?

SIR JOHN.

Très-agréable.

HALIFAX.

Où il n'y aura pas grand'chose à faire?

SIR JOHN.

Rien du tout!

HALIFAX.

Et de l'argent?...

SIR JOHN.

Une fortune!

HALIFAX.

Cela me va. Voyons, de quoi s'agit-il?

SIR JOHN.

Tu as vu la jeune fille qui était là tout à l'heure?

HALIFAX.

Oui, je crois... je l'ai entrevue.

SIR JOHN.

Comment l'as-tu trouvée?

HALIFAX.

Mais gentille!

SIR JOHN.

Charmante, mon cher, charmante!

HALIFAX.

Eh bien?

SIR JOHN.

Eh bien, j'en suis amoureux!

HALIFAX.

Ah! ah!

SIR JOHN.

Amoureux fou!

HALIFAX.

Eh bien; quel rapport cela a-t-il avec cette existence agréable que vous me promettez?

SIR JOHN.

Attends donc!

HALIFAX.

Où il n'y a rien à faire?

SIR JOHN.

Attends donc, te dis-je!

HALIFAX.

Et une fortune à manger?

SIR JOHN.

Nous y voilà!

HALIFAX.

J'écoute!

SIR JOHN.

La petite fille est sage!

HALIFAX.

Voyez-vous la petite sotte!

SIR JOHN.

De plus, elle habite sur les terres de lord Clarendon. Or, tu comprends, tant qu'elle sera sur ses terres...

HALIFAX.

Il n'y a pas moyen de tenter le plus petit rapt. Je partage votre haine pour ce lord Clarendon.

SIR JOHN.

Et puis la petite, comme je te l'ai dit, est d'une sévérité de principes... Elle ne pense qu'à un mari, ne parle que d'un mari.

HALIFAX.

Ces petites sont incroyables pour se mettre comme cela un tas de mauvaises pensées en tête.

SIR JOHN.

De sorte que je crois qu'il n'y a qu'un bon mariage...

HALIFAX.

Comment! vous l'épouseriez?...

SIR JOHN.

Non, pas moi... mais toi!

HALIFAX.

Moi? Eh bien, à quoi cela vous servira-t-il que je l'épouse?

SIR JOHN.

Comment! tu ne comprends pas, imbécilc?

HALIFAX.

Je ne comprends pas.

SIR JOHN.

Aussitôt ton mariage, **tu** viens te fixer dans **le** comté de Dumbar.

HALIFAX.

Eh bien?

SIR JOHN.

Eh bien, si je n'ai pas la permission de chasser sur les terres de lord Clarendon, personne ne me contestera le droit... tu comprends?

HALIFAX.

Parfaitement!... et...

SIR JOHN.

Tu acceptes?

HALIFAX.

Je refuse!

SIR JOHN.

Ah! tu refuses?

HALIFAX.

Positivement!

SIR JOHN. •

Alors, mon drôle, **je te** chasse; tu es ruiné, et peut-être pis encore, attendu que tu as bien, en fouillant dans ton existence passée, quelques petites peccadilles à te reprocher, n'est-ce pas?... quelques petits démêlés à régler avec la justice, hein? Mon crédit effaçait tout cela; un homme à moi était inviolable, tandis qu'un maraud que je chasse appartient de droit au premier recors qui le rencontre. Ainsi donc, tu comprends... d'un côté la misère, la prison, et peut-être pis... de l'autre, mon amitié, rien à faire, de l'argent, de beaux habits, une jolie femme, une table splendide, des amis à foison... Je te donne dix minutes pour réfléchir.

(Il sort.)

SCÈNE VIII

HALIFAX, seul.

Dix minutes! c'est neuf de trop, monseigneur. Oui, vous

me connaissez bien ; oui, j'aimerais fort tout ce que vous me proposez, j'étais né pour cette existence aristocratique ; mais la fortune est aveugle, et elle s'est trompée de porte, elle a passé devant la mienne, et elle est entrée chez mon voisin. Vous voulez corriger ses erreurs à mon égard, monseigneur, très-bien ; mais alors demandez-moi de ces services qu'un honnête homme puisse avouer. Dites-moi de jouer adroitement pour vous dans un tripot, je jouerai ! dites-moi d'aller chercher querelle à un de vos ennemis, j'irai de grand cœur ! dites-moi d'enlever la femme d'un de vos amis, je l'enlèverai !... Mais vous céder la mienne, monseigneur ? Allons donc !... Jouer le rôle de mari complaisant ? Jamais ! c'est bon pour plus grand que moi, cela, monseigneur. Oh ! tout ce qui se lave avec un bon coup d'épée, j'en suis, à votre service... et avec le plus grand plaisir... Mais l'honneur d'un mari, c'est autre chose : plus on donne de coups d'épée dedans, plus il y a de trous ; cependant, je voudrais bien trouver un biais, une espèce de subterfuge, une manière de faux-fuyant pour ne pas me brouiller avec lui, le vieux démon... surtout après ma fatale affaire avec lord Dudley... Heureusement que je l'ai tué sur le coup... je l'espère, du moins, et, comme nous étions seuls, à moins qu'il ne revienne comme Banquo pour me dénoncer, ce qui n'est pas probable, je puis être assez tranquille de ce côté-là... Mais des autres côtés, comme l'a dit sir John, je suis malheureusement fort vulnérable... Tu as eu une vie agitée, mon ami, une jeunesse orageuse, mon cher Halifax !... Qu'est-ce que c'est que la jeune fille ? Tâchons toujours d'avoir des renseignements... (A Tom qui entre.) Avance ici, toi !

SCÈNE IX

HALIFAX, TOM RICK.

TOM RICK.

Me voilà, monseigneur !

HALIFAX.

Comment t'appelles-tu ?

TOM RICK.

Tom Rick, pour vous servir.

HALIFAX.

Un fort joli nom, ma foi !

TOM RICK.

Oui, c'est doux à prononcer, n'est-ce pas?... Tom Rick.

HALIFAX.

Eh bien, mon cher Tom Rick, je voulais te demander une chose.

TOM RICK.

Deux, monseigneur !

HALIFAX.

Non, une seule !

TOM RICK.

Une seule, comme il vous fera plaisir.

HALIFAX.

Tu connais la jeune maîtresse de cet hôtel?

TOM RICK.

Laquelle ?

HALIFAX.

Comment, laquelle ?

TOM RICK.

Oui, elles sont deux !

HALIFAX.

Celle qui était là quand je suis entré.

TOM RICK.

Ah ! mademoiselle Jenny !

HALIFAX.

Enfin, celle à qui sir John Dumbar fait la cour.

TOM RICK.

C'est cela même. Oh ! il peut bien lui faire la cour tant qu'il voudra, par exemple, ce n'est pas lui qui tournera la tête à la belle amoureuse !

HALIFAX.

A la belle amoureuse?

TOM RICK.

A ! oui, c'est un nom qu'on lui donne comme cela... parce que, depuis cinq ans, pauvre jeunesse !... elle a un amour dans le cœur.

HALIFAX.

Ah bah ! vraiment, elle a un amour dans le cœur?

TOM RICK.

C'est comme je vous le dis.

HALIFAX.

Tu en es sûr?

TOM RICK.

Sûr et certain !

HALIFAX.

Dieu ! si elle pouvait me refuser ! Et sais-tu qui elle aime?...

TOM RICK.

Je n'ai pas de certitude... cependant je crois que c'est Jack Scott, ou Jenkins !... Le premier est devenu capitaine aux gardes, et, comme vous comprenez bien, jamais il ne reviendra épouser une petite paysanne... Quant au second, il est mort il y a neuf mois, et il est encore moins probable qu'il revienne que le premier.

HALIFAX.

Et tu crois que, quel qu'il soit, elle restera fidèle à celui qu'elle aime?

TOM RICK.

J'en suis sûr; je lui ai entendu dire une fois, une fois que j'écoutais...

HALIFAX.

Une fois que tu écoutais...

TOM RICK.

Oui, pour entendre; c'est une habitude que j'ai.

HALIFAX.

Que lui as-tu entendu dire?

TOM RICK.

Je lui ai entendu dire, à sa sœur Anna : « Non, non, je ne serai jamais à un autre que lui... quand je devrais mourir fille ! »

HALIFAX.

Elle a dit cela? Mais c'est un ange que cette petite !

TOM RICK.

Elle l'a dit mot pour mot !

HALIFAX.

Et tu crois qu'elle tiendra parole?

TOM RICK.

Jusqu'à présent, elle a refusé tout le monde.

HALIFAX.

Mais alors je suis sauvé. Cependant, mon cher Tom Rick, voyons, sois franc : si un gentilhomme riche, bien fait, joli garçon... si un homme comme moi se présentait, enfin, crois-tu qu'elle refuserait encore?

TOM RICK.

Toujours!... Mais elle m'a bien refusé, moi qui vous parle...
Ah!

SCÈNE X

Les Mêmes, SIR JOHN.

SIR JOHN, de la porte.

Eh bien, les dix miuutes sont écoulées!

HALIFAX.

Et je suis décidé, monseigneur.

SIR JOHN.

Tu refuses toujours?

HALIFAX.

Non, j'accepte.

SIR JOHN.

Ah! je le savais bien!

HALIFAX.

Mais à une condition... vous comprenez...

SIR JOHN.

Laquelle?

HALIFAX.

Renvoyez d'abord cet imbécile.

TOM RICK.

Comment! me renvoyer?

SIR JOHN.

Va-t'en.

HALIFAX.

Plus loin, plus loin, je connais tes habitudes! plus loin encore... La... bien!

SIR JOHN.

Ainsi, tu acceptes?

HALIFAX.

Il le faut bien.

SIR JOHN.

Ah! je me doutais que tu deviendrais raisonnable.

HALIFAX.

Que voulez-vous, monseigneur! il faut faire une fin.

SIR JOHN.

Et tu te proposes... quand?

HALIFAX.

Aujourd'hui même.

SIR JOHN.

Très-bien.

HALIFAX.

Mais si...

SIR JOHN.

Si quoi?

HALIFAX.

Posons les bases du traité. Je fais ma déclaration, je me propose, je m'offre pour époux ; mais si elle me refuse?

SIR JOHN.

Si elle te refuse?... Impossible.

HALIFAX.

Vous comprenez bien que c'est ce que je me dis... Cependant, il faut tout prévoir. Si elle me refuse, vous ne me ferez pas, je l'espére, porter la peine de son mauvais goût.

SIR JOHN.

Oh! cela ne serait pas juste!

HALIFAX.

Alors, je reste toujours votre homme de confiance, votre ami, votre cher Halifax?

SIR JOHN.

Toujours, je te le jure!

HALIFAX.

Et vous me donnez beaucoup d'argent, et vous me renvoyez à la recherche de votre fille ; car je vous la retrouverai, votre fille... Oh ! oui, je vous la retrouverai, cette chère enfant, quand je devrais y manger votre fortune.

SIR JOHN.

Merci... Occupons-nous d'abord du plus pressé.

HALIFAX.

Oui, et le plus pressé est que je fasse ma déclaration, n'est-ce pas? Je suis prêt.

SIR JOHN.

Un instant. Tu as fait tes conditions?

HALIFAX.

Oui.

SIR JOHN.

A moi maintenant de faire les miennes.

HALIFAX.

Faites.

SIR JOHN.

Je veux être présent à l'entrevue.

HALIFAX.

Mais comment voulez-vous qu'en face d'un homme dont elle a refusé toutes les avances... ?

SIR JOHN.

Je veux entendre du moins.

HALIFAX.

Oh! cela, c'est autre chose.

SIR JOHN.

Tu y consens?

HALIFAX.

Comment donc! je vous en prie.

SIR JOHN.

La voilà!

HALIFAX.

C'est bien.

SIR JOHN.

Je me rends à mon poste.

HALIFAX.

Et moi, je commence mon rôle.

(Sir John

SCÈNE XI

HALIFAX, JENNY.

HALIFAX.

Eh! mais elle est très-gentille, cette petite!

JENNY.

Comme il me regarde! est-ce qu'il se souviendrait de moi?

HALIFAX.

En voilà donc une qui va refuser mon amour! ça m'amusera!... la rareté du fait. (Haut.) Approchez, mon enfant.

JENNY.

Oui, monsieur, je... (A part.) Je me sens tout émue.

HALIFAX, lui prenant la main.

Bon! elle tremble auprès de moi, elle ne peut pas me

souffrir, c'est déjà bon signe. (Haut.) Est-ce que je vous fais peur ?

JENNY.

Peur, vous?... Oh ! non, non, monsieur.

HALIFAX, à part.

Ah ! alors, je ne lui parais pas dangereux, c'est encore bon signe. (Haut.) Mais peut-être vous fâcheriez-vous si je vous disais que je vous trouve jolie.

JENNY.

Me fâcher? Mais au contraire!

HALIFAX.

Ah ! bah !... Au fait, toutes les jeunes filles désirent qu'on les trouve jolies ; seulement, ça ne tire pas à conséquence. Mais vous seriez moins indulgente si j'ajoutais que je me sens prêt à vous aimer.

JENNY, avec joie.

A m'aimer, vous! serait-il possible!

HALIFAX.

Ah! ça vous fait rire! vous vous moquez de moi! Eh bien, eh bien, soit, n'en parlons plus, c'est fini, qu'il n'en soit plus question.

JENNY.

Mais vous vous trompez, je ne ris pas, je ne ris pas du tout.

HALIFAX.

Alors, vous trouvez cette déclaration beaucoup trop brusque, beaucoup trop brutale même, et vous allez m'en vouloir... Vous m'en voulez, n'est-ce pas?

JENNY.

Vous en vouloir?... Mais je serais, au contraire, trop heureuse de cet aveu si j'osais le croire sincère.

HALIFAX, à part.

Ah ! bah !... Mais ça devient inquiétant ; est-ce que je vais supplanter l'autre... l'ancien, par hasard ? (Haut.) Cependant, mon enfant, si vous aviez un autre sentiment dans le cœur, un amour de jeunesse... il ne faudrait pas le trahir... il ne faudrait pas l'oublier, ce premier amour.

JENNY.

Oh ! non, jamais! jamais !

HALIFAX.

Bravo! car, sans doute, c'était un brave garçon que celui que vous aimiez.

JENNY.

Oh ! oui !

HALIFAX.

Un cœur franc, bon, loyal, qui vous rendait affection pour affection.

JENNY.

Je l'ai cru un instant.

HALIFAX.

Croyez-le toujours... ça ne peut pas faire de mal !... et qui, loin de vous, a conservé votre souvenir comme vous avez conservé le sien.

JENNY.

Oh ! je n'ose l'espérer.

HALIFAX.

Et vous avez tort...

JENNY.

Vous croyez ?

HALIFAX.

Comment donc !... je vous réponds de lui comme de moi-même... Quand on vous a vue une fois, Jenny, quand on a eu une fois l'espoir d'être aimé de vous... Vous êtes trop jolie, trop gracieuse pour cela. (A part.) Eh bien, qu'est-ce que je dis donc ?

JENNY.

Oh ! tout ce que je sais, c'est que je ne l'ai pas oublié, moi.

HALIFAX.

Et vous avez bien fait... C'est que c'est sacré, ces choses-là !... et, si un étranger, un inconnu, parût-il riche, eût-il l'air d'un gentilhomme, fût-il beau garçon, venait de but en blanc vous faire la cour...

JENNY.

Oh! je saurais ce que j'en dois penser.

HALIFAX.

Vous dire que vous êtes jolie...

JENNY.

Je ne me laisserais pas prendre à ses flatteries, soyez tranquille.

Vous offrir sa main.

JENNY.

Je la refuserais.

HALIFAX.

Très-bien ! c'est très-bien, mon enfant ! Ce que c'est que d'avoir habité le village, séjour d'innocence et de pureté !... Vous le refuseriez donc ?

JENNY.

Oh ! oui !

HALIFAX.

De sorte que, si je me présentais, moi, pour vous épouser...?

JENNY.

Vous ?

HALIFAX.

Vous me refuseriez aussi, n'est-ce pas ?

JENNY.

Oh ! vous, c'est autre chose... J'accepterais !... j'accepterais bien vite !

HALIFAX.

Hein ? plaît-il ? vous consentiriez ?...

JENNY.

A devenir votre femme ? Oh ! de tout mon cœur... Ce serait mon désir le plus ardent, mon vœu le plus cher !

HALIFAX.

Son désir le plus ardent ! son vœu le plus cher ! Où allous-nous, mon Dieu, où allons-nous ?

JENNY.

Oh ! pardon !... pardon d'être si franche... J'ai tort peut-être de vous dire cela... mais si vous saviez !... mon Dieu, je suis si contente... si heureuse !... moi, aimée de vous... moi, votre femme... oh ! votre femme, monsieur James !

HALIFAX.

Mon nom de baptême... Elle sait mon nom de baptême à présent !

JENNY.

Oh ! dites-moi que ce n'est pas un rêve, comme tous ceux que j'ai déjà faits !... que c'est vous... bien vous qui me parlez ainsi !

HALIFAX.

Eh ! certainement que c'est moi... c'est bien moi... c'est

3,

même trop moi... (A part.) Ah ça ! mais elle est folie, cette petite.

SCÈNE XII

LES MÊMES SIR JOHN.

SIR JOHN.

Folle de toi, et elle t'épouse, voilà.

JENNY.

Sir John !

HALIFAX.

Lui ! c'est fini !... Je suis un homme perdu.

SIR JOHN.

Oui, mon enfant, sir John, qui a tout entendu, et qui veut votre bonheur.

HALIFAX.

Merci !

JENNY.

Ah ! monseigneur !

SIR JOHN, appelant.

Holà ! Tom Rick! miss Anna!... Garçons! venez, venez tous !... On se marie ici.

TOM RICK.

On se marie!... Qui ça donc qui se marie?

JENNY.

Anna, ma sœur, ah ! que je suis heureuse !

ANNA.

Comment ?... Explique-moi donc...

SIR JOHN.

Allons, maître Halifax, voilà votre jolie fiancée.

TOUS.

Sa fiancée?

SIR JOHN.

Eh ! sans doute ! et, moi, je dote le marié, je dote la mariée, je dote les enfants, je dote tout le monde enfin.

TOUS.

Vive sir John Dumbar !

ACTE DEUXIÈME

L'intérieur d'une taverne.

—

SCÈNE PREMIÈRE

JENNY, ANNA, TOM RICK.

TOM RICK.

Voilà ce que c'est, les jours se suivent et ne se ressemblent pas. Hier, c'était mademoiselle Anna qui était joyeuse, et mademoiselle Jenny qui était triste... Aujourd'hui, c'est mademoiselle Anna qui est triste, et mademoiselle Jenny qui est joyeuse.

JENNY.

Comment ne serais-je pas heureuse quand celui que j'aimais en silence, quand celui à qui je gardais mon cœur et ma main, sans espoir qu'il vînt les réclamer jamais, arrive au moment où j'y pense le moins, me dit qu'il m'aime, et m'offre de devenir sa femme ? Comprends-tu, Anna ? quel bonheur ! moi la femme de James !

ANNA.

Oui, tu es bien heureuse.

JENNY.

Pardon, ma bonne Anna, de n'avoir point la force de cacher ma joie, quand je te vois triste ; mais il y a si longtemps que je souffre, il y a si longtemps que je dévore mes larmes, il y a si longtemps que je ne souris plus qu'au passé, qu'il faut avoir pitié de ma faiblesse ! et puis tu t'affliges peut-être trop tôt. Sir Arthur n'a encore rien dit à son oncle de son amour... Sir John Dumbar est un excellent homme au fond, et la preuve, c'est qu'après m'avoir fait la cour, il est le premier à se réjouir de mon mariage avec James... Son neveu l'a pris dans un mauvais moment, Eh bien, il aura meilleure chance une autre fois.

ANNA.

Tu cherches à me rassurer, ma bonne Jenny, et je t'en remercie. Mais comment veux-tu, lorsque, porteur de bonnes nouvelles, sir Arthur a été reçu ainsi... comment veux-tu

espérer que, lorsqu'il viendra proposer à son oncle une pareille mésalliance, son oncle consente jamais à notre mariage? Oh! non, non, c'est impossible, vois-tu! .

JENNY.

Rien n'est impossible à la Providence, qui m'a ramené mon
James...

SCÈNE II

LES MÊMES, SIR ARTHUR.

SIR ARTHUR.

Et qui vous ramène Arthur, ma bonne Jenny.

ANNA.

Arthur, c'est bien à vous d'étre revenu si vite.

TOM RICK.

Vous revenez de Londres, n'est-ce pas, sir Arthur, hein?
Dire que tout le monde revient de Londres, et que je ne
peux pas y aller, moi!

SIR ARTHUR.

A peine étais-je arrivé, qu'il est venu pour mon oncle un
message du roi.

TOM RICK.

Du roi? du vrai roi?

SIR ARTHUR.

J'ai profité de cette occasion; je suis reparti aussi vite
que j'étais venu, enchanté d'avoir un prétexte de retour, et
décidé, cette fois, à tout dire à mon oncle.

TOM RICK.

Dites donc, monsieur Arthur, elle se marie!

SIR ARTHUR.

Qui cela?

TOM RICK.

Mademoiselle Jenny... Elle se marie avec un beau cavalier.

SIR ARTHUR.

Vous, Jenny?

JENNY.

Oui, monsieur Arthur.

SIR ARTHUR.

Mais quel est ce cavalier? est-ce que je le connais?...

JENNY.

C'est James.

SIR ARTHUR.

James ?

TOM RICK.

Vous savez, celui qui est arrivé hier pendant que sir John
Dumbar était en train de vous maudire.

SIR ARTHUR.

Halifax ! l'intendant de mon oncle !

TOM RICK.

Il s'appelle Halifax ?... Oh ! dites donc, mademoiselle
Jenny, vous vous appellerez madame Halifax !...

SIR ARTHUR.

Mais commeut connaissez-vous ce mauvais sujet, ma chère
enfant ?

TOM RICK.

Un mauvais sujet?... M. Halifax est un mauvais sujet?...
Ah ! vous qui m'avez refusé pour épouser un mauvais sujet...
Tenez, il est encore temps de vous en dédire... Revenez à moi,
je ne vous refuse pas.

JENNY, sans l'écouter.

Mais je commence à être bien inquiète. A peine avons-
nous eu le temps d'échanger quelques paroles, et sir John
Dumbar l'a emmené tout de suite.

TOM RICK.

Ah bien, si vous êtes inquiète, vous ne le serez pas longtemps : le voilà qui arrive d'un fameux train. Oh ! mais comme
il détale !... Monsieur Arthur, vous dites que c'est l'intendant
de votre oncle ? Ça a bien plutôt l'air d'être son coureur.

JENNY.

Mon Dieu ! comme le cœur me bat !

SCÈNE III

LES MÊMES, HALIFAX.

HALIFAX, ouvrant vivement la porte.

Ah ! ah ! c'est vous, Jenny ! Je vous cherchais.

JENNY.

Eh bien, me voilà.

HALIFAX.

Monsieur Arthur, tous mes hommages... Vous savez que
Jenny est ma fiancée ; soyez donc assez bon, je vous prie,

ainsi que vous, ma petite sœur, pour nous laisser seuls un instant.

TOM RICK.

Oui, vous comprenez, ils ont à se dire des tendresses.

SIR ARTHUR. .

Oui, oui, venez, Anna ; moi aussi, j'ai à vous parler.

HALIFAX, à Tom, qui reste.

Eh bien ?

TOM RICK.

Oh ! vous pouvez parler devant moi, allez ! vous ne me gênez pas.

HALIFAX.

Non, mais c'est toi qui nous gènes.

TOM RICK.

Moi ? Oh ! alors, c'est différent.

SCÈNE IV

HALIFAX, JENNY.

HALIFAX.

Jenny, ma chère enfant, nous voilà seuls !

JENNY.

Oh ! vous êtes bien bon d'être venu.

HALIFAX.

Ce n'est pas sans peine, allez ! Il m'avait ordonné de ne pas plus le quitter que son ombre, ce vieux scélérat.

JENNY.

De qui parlez-vous ?

HALIFAX.

De sir John Dumbar.

JENNY.

Lui, notre protecteur !

HALIFAX.

Oh ! oui, oui, il nous protège !... Mais, pendant qu'il déjeunait avec monseigneur de Cantorbéry, j'ai profité du moment où le curé du village venait pour saluer son archevêque, et, comme il entrait, je me suis sauvé, et me voilà... Malheureuse enfant !

JENNY.

Comment ?...

HALIFAX.

Oui, malheureuse enfant!... Quelle idée avez-vous eue de m'aimer?... Dites.

JENNY.

Mais n'est-ce pas bien naturel, monsieur James?...

HALIFAX.

Quand vous aviez une autre passion dans le cœur; car vous aimiez quelqu'un, Jenny!... Oh! je suis bien informé, allez!

JENNY.

Oui, c'est vrai... oui, j'avais une passion dans le cœur... oui, j'aimais quelqu'un...

HALIFAX.

Ah!

JENNY.

Mais cette passion, c'était pour vous!... celui que j'aimais, c'était vous!

HALIFAX.

C'était moi? vous m'aimiez, Jenny?... Allons, il ne me manquait plus que cela!... Mais où m'aviez-vous vu? depuis quand m'aimiez-vous? Ah! mon Dieu! mon Dieu!

JENNY.

Vous demandez où je vous avais vu? Ne sommes-nous pas du même village, James?... ne sommes-nous pas de Stannington?...

HALIFAX.

De Stannington!... vous êtes née à Stannington.

JENNY.

Sans doute!... Vous demandez depuis quand je vous aime?... Depuis mon enfance.

HALIFAX.

Mais, si je me le rappelle bien, il y a six ans que j'ai quitté le village.

JENNY.

Et j'en avais quatorze... A quatorze ans, une pauvre enfant a déjà un cœur; et puis vous étiez si bon pour la pauvre Jenny Howard, que vous ne vous rappelez plus maintenant!

HALIFAX.

Jenny Howard!... attendez donc!... Eh bien, si, si, je vous reconnais, je me souviens... Mais tu étais si frêle et si petite alors!... Tu habitais une maisonnette entourée d'arbres, et voisine de la maison du bon vieux curé.

JENNY.

C'est cela, c'est bien cela!

HALIFAX.

Tes parents semblaient t'aimer moins que ta sœur, et te battaient quelquefois... Ça m'affligeait, de te voir pleurer, et je te défendais quand j'arrivais assez tôt, ou bien j'essuyais tes larmes quand je venais trop tard.

JENNY, à part.

Il se souvient, il se souvient tout à fait!... (Haut.) Et, pour me consoler, vous me disiez que j'étais plus jolie qu'Anna; ce qui n'était pas vrai.

HALIFAX.

Si fait, c'était la vérité, au contraire.

JENNY.

Vous me disiez que j'étais meilleure qu'elle; ce qui était encore un mensonge.

HALIFAX.

Non, tu as toujours été bonne, gentille, gracieuse... Aussi, aussi, sois tranquille, va, je ne t'épouserai jamais.

JENNY.

Que dites-vous?

HALIFAX.

Moi? Rien; c'est vous qui me parliez, Jenny... c'est vous qui me parliez des jours de notre enfance, si loin de moi maintenant, et que j'avais oubliés, tant il s'est passé de choses entre ces jours-là et ceux d'aujourd'hui.

JENNY.

Aussi, quand vous partîtes, monsieur James, je crus que mon pauvre cœur allait se briser; huit jours auparavant, je ne dormais plus, je ne mangeais plus, je ne faisais plus que pleurer... On vous reconduisit jusqu'à une demi-lieue du village... Oh! mais, moi, je ne voulais pas les adieux de tout le monde... moi, j'étais partie devant... moi, je m'étais cachée sur la route.

HALIFAX.

Oui, oui, derrière la fontaine des fées.

JENNY.

Vous vous le rappelez?

HALIFAX.

Pauvre enfant, et tu ne m'avais pas oublié, toi!

JENNY.

Moi, vous oublier ! ne m'aviez-vous pas laissé un souvenir ?

HALIFAX.

Un souvenir ?

JENNY.

Vous ne vous rappelez plus ?

HALIFAX, cherchant.

Un souvenir ?...

JENNY.

Je vous accompagnai deux lieues; mais vous ne voulûtes
pas permettre que j'allasse plus loin... Nous nous quittâmes...
Je pleurais bien fort, et vous, vous pleuriez un peu aussi !

HALIFAX.

Alors, je me mis à gravir la montagne en faisant des signes
avec mon mouchoir. Toi, tu me suivais de la vallée; mais,
arrivé au sommet, à la place où le chemin tourne, à l'endroit
où j'allais te perdre de vue, je me suis retourné une dernière
fois, et, m'approchant vers l'extrémité du grand rocher, je
t'ai vue au-dessous de moi, à genoux, et m'envoyant un dernier adieu... un dernier baiser... Alors, j'ai cueilli une marguerite, et je te l'ai jetée.

JENNY.

Je l'ai toujours conservée...

HALIFAX.

Se peut-il ?

JENNY.

Soit hasard, soit providence, elle avait neuf feuilles...
Oh ! combien de fois je les ai interrogées, ces neuf feuilles...
Comprenez-vous, James ?... Il m'aime, un peu...

HALIFAX, comptant sur ses doigts.

Très-bien, je comprends, très-bien ! il m'aime un peu,
beaucoup, passionnément, pas du tout. Il m'aime un peu,
beaucoup, passionnément, ça fait neuf, et la marguerite avait
raison. Oui, je t'aime, je t'aime comme un fou !

JENNY.

Oh ! mon Dieu !

HALIFAX.

Je ne t'aime pas un peu, mais beaucoup... mais passionnément, comme disait la marguerite. Aussi, sois bien tranquille,
mon enfant, je ne t'épouserai jamais.

JENNY.

James, que dites-vous donc ?

HALIFAX.

Rien... Et après?...

JENNY.

Après quoi?...

HALIFAX.

Après mon départ, que fîtes vous?... que devîntes-vous?...

JENNY.

Je vous attendis... Quelque chose me disait que je reverrais mon James bien-aimé; aussi, les jeunes gens du village eurent beau me dire qu'ils m'aimaient, les jeunes seigneurs eurent beau me faire les doux yeux, les vieux richards eurent beau m'offrir leur fortune; je secouais la tête à toutes les propositions, et je me disais tout bas : « Il ne connaissent pas mon James; car, s'il le connaissaient, ils se rendraient justice, et ils s'éloigneraient. » Et je t'attendais tous les jours; puis, dans les moments de doute, quand la prière était insuffisante pour me rassurer, eh bien, j'interrogeais ma chère marguerite; elle me répondait que tu m'aimais toujours, beaucoup, passionnément, et alors je me reprenais à espérer. Et tu vois que j'avais raison, puisque nous voilà réunis pour ne plus nous séparer jamais.

HALIFAX.

Oh! non, non, jamais, ta marguerite a raison; je t'aime, je t'adore; tu es un amour, tu es un ange!... et jamais... jamais, je ne t'épouserai!

JENNY.

Comment! vous ne m'épouserez pas?

HALIFAX.

Oh! si fait, ce serait mon plus grand désir, mon plus grand bonheur; mais, plus tard, quand je ne serai plus dans l'affrense position où je me trouve... Oh! si tu savais, Jenny, si tu savais combien je t'aime, combien je te trouve meilleure que moi! Tiens, je suis un malheureux! pardonne-moi, je te demande pardon à genoux.

SCÈNE V

LES MÊMES, SIR JOHN.

SIR JOHN.

Très-bien, très-bien!

JENNY, se sauvant.

Ah!...

SCÈNE VI

HALIFAX, SIR JOHN, puis JENNY.

Ah! ah! je vous y prends, faquin; est-ce donc pour cela que vous avez quitté le château, quand je vous croyais derrière moi?... que faisiez-vous ici?

HALIFAX.

Vous le voyez, monseigneur, je continuais mon rôle; n'est-il pas convenu que j'épouse Jenny?

SIR JOHN.

Parfaitement convenu.

HALIFAX.

Eh bien, je lui disais que je l'aimais; il est bien permis à un fiancé de dire à sa fiancée qu'il l'aime.

SIR JOHN.

Certainement que c'est permis; c'est même une chose à laquelle personne n'a rien à redire. Ainsi, tu es toujours disposé à épouser?

HALIFAX.

Sans doute; aussitôt que les formalités seront remplies... Vous savez, il y a de très-longues formalités pour les mariages, surtout aujourd'hui...

SIR JOHN.

Oui, mais ces formalités-là...

HALIFAX.

Immédiatement après, je suis à vos ordres... (A part.) De cette façon, avec la publication des bans, la dispense... la... ma foi, je gagnerai toujours un mois, et, en un mois, il se passe bien des choses.

SIR JOHN, appelant.

Jenny!

HALIFAX.

Que signifie?

JENNY.

Monseigneur m'appelle?

SIR JOHN.

Venez ici, ma belle enfant.

HALIFAX.

Que lui veut-il?

SIR JOHN.

Ce qu'il y a de mieux, n'est-ce pas, quand on s'aime, c'est de s'épouser?

HALIFAX.

Oui, c'est très-bien de s'épouser... mais...

SIR JOHN.

C'est de s'épouser tout de suite.

HALIFAX, effrayé.

Comment, tout de suite?

JENNY, timidement.

Tout de suite!

SIR JOHN.

Est-ce que tu refuses, par hasard?

HALIFAX.

Moi? Par exemple! Mais, vous comprenez, il y a d'abord la publication des bans.

SIR JOHN.

J'ai la dispense; je l'ai achetée.

HALIFAX.

Oh! bien obligé... merci bien, monseigneur... mais c'est que je suis protestant, moi, tandis que Jenny est catholique.

SIR JOHN.

Ah! tu es protestant?

HALIFAX.

Ah! mon Dieu, oui, je suis un peu protestant.

SIR JOHN.

Je m'en suis toujours douté, je t'ai toujours soupçonné d'être tête ronde, au fond.

HALIFAX.

Et, comme vous comprenez bien que je ne suis pas disposé à abjurer...

SIR JOHN.

Oh! tu es trop honnête homme pour cela. Aussi, j'ai été au-devant de la difficulté.

HALIFAX.

Comment?

SIR JOHN.

Oui, comme je déjeunais avec l'archevêque de Cantorbéry, je lui ai fait savoir le désir qu'avait Sa Majesté de voir s'opérer beaucoup de mariages mixtes, afin d'amener la fusion des partis... Sa Grandeur a parfaitement compris cela, et...

HALIFAX.

Et?...

SIR JOHN.

J'ai là son autorisation, signée de sa main et scellée de son sceau.

HALIFAX.

Oh! oui, oui... c'est parfaitement en règle; il ne nous reste plus qu'à prévenir le prêtre; nous enverrons chez lui aujourd'hui, demain... après-demain.

SIR JOHN.

C'est inutile, il est prévenu.

HALIFAX.

Comment, prévenu?... le prêtre ?... (A part.) Il a donc tout prévu? (Haut.) Mais nos parents, nos amis?...

SIR JOHN.

Vos parents?... D'abord, toi, tu n'en a pas; quant à Jenny...

JENNY.

Hélas ! moi, je n'avais que ma mère et ma tante; elles sont mortes. Je n'ai plus qu'Anna, ma sœur de lait.

SIR JOHN.

Quant à vos amis, c'est aujourd'hui la seconde fête de la Pentecôte; j'ai trouvé chacun sur le pas de sa porte, j'ai invité tout le monde... Et tenez, tenez, voilà le village tout entier qui vient vous féliciter.

HALIFAX, à part.

Ah! démon que tu es!

SIR JOHN.

Est-ce que tu hésites ?

HALIFAX.

Eh bien, non, non, je n'hésite pas, je l'épouse à l'instant... (A part.) Après tout, elle est charmante, et, une fois son mari, vous verrez ce que je vous ménage, monseigneur.

(Il sort, avec Jenny.)

SIR JOHN, à part.

Tu te décides trop vite pour ne pas cacher quelque mauvais projet; mais, après la cérémonie, tu verras, mon garçon, ce que je te garde.

SCÈNE VII

SIR JOHN, SIR ARTHUR.

SIR ARTHUR, arrêtant son oncle, qui va sortir.

Pardon, mon oncle !

SIR JOHN.

Encore vous ici, monsieur? comment ! vous n'êtes pas encore parti ?

SIR ARTHUR.

Au contraire, mon oncle, je suis déjà revenu.

SIR JOHN.

Et qui vous ramène ?

SIR ARTHUR.

Une lettre de Sa Majesté, lettre que j'étais chargé de vous rendre sans retard.

SIR JOHN, la lui arrachant des mains.

Donnez !

SIR ARTHUR.

Mais ce n'est pas tout.

SIR JOHN.

Qu'y a-t-il encore? Voyons !

SIR ARTHUR.

Mon oncle, je voudrais vous entretenir...

SIR JOHN.

De vos prouesses, n'est-ce pas, monsieur le chevalier? de vos belles actions, n'est-ce pas, monsieur l'honnête homme?

SIR ARTHUR.

Hélas! mon oncle, au contraire, et vous me voyez tout tremblant... Car enfin, comme vous ne me recevez pas trop bien, alors même que je crois mériter des éloges, comment allez-vous me recevoir, aujourd'hui que je viens m'accuser devant vous?...

SIR JOHN.

Comment, t'accuser?

SIR ARTHUR.

J'ai besoin de toute votre indulgence, mon oncle.

SIR JOHN.

Toi? (Se radoucissant.) Ah ! vraiment !

SIR ARTHUR.

J'ai commis une grande faute.

SIR JOHN.

Tu as commis une grande faute?... Viens ici, mon garçon, et conte-moi cela...

SIR ARTHUR.

Eh quoi!... vous...?

SIR JOHN.

Conte-moi cela; que diable! je suis ton oncle... Eh bien, tu dis, mon ami?...

SIR ARTHUR.

Le ton avec lequel vous me parlez m'encourage... Je vais tout vous avouer... Je suis amoureux.

SIR ·JOHN·

Ah! vous êtes amoureux, monsieur le puritain?

SIR ARTHUR.

Amoureux comme un fou!

SIR JOHN.

Très-bien!

SIR ARTHUR.

Comment! très-bien?... Vous dites?...

SIR JOHN.

Je dis qu'il n'y a pas de mal à cela.

SIR ARTHUR.

C'est que, quand vous saurez, mon oncle...

SIR JOHN.

Quoi?

SIR ARTHUR.

Que la femme que j'aime...

SIR JOHN.

Eh bien?

SIR ARTHUR.

Est d'une naissance...

SIR JOHN.

Illustre?

SIR ARTHUR.

Non; au contraire, mon oncle, obscure, tout ce qu'il y a de plus obscur... Un instant, elle avait cru se rattacher à une grande famille; mais...

SIR JOHN.

Eh bien?

SIR ARTHUR.

Mais, aujourd'hui, tout espoir est perdu.

SIR JOHN.

Ah bah ! une mésalliance ?... Nous faisons une tache à notre blason ?...

SIR ARTHUR.

Comment, mon oncle, vous ne me condamnez pas ?...

SIR JOHN.

Et la jeune fille est riche, sans doute ?

SIR ARTHUR.

Pauvre, mon oncle !

SIR JOHN.

De mieux en mieux !... Ah ! elle est d'une naissance obscure ! ah ! elle est pauvre !... Ainsi, rien ne peut excuser, aux yeux du monde, la sottise que tu fais ?... Bien, mon garçon ; donne-moi la main.

SIR ARTHUR.

Oh ! de grand cœur... Mon Dieu ! j'étais si loin de m'attendre à tant d'indulgence !

SIR JOHN.

Et tu lui as promis le mariage, tu t'es engagé d'honneur, tu as signé quelque écrit, n'est-ce pas ?

SIR ARTHUR.

J'ai fait plus, mon oncle, je l'ai épousée.

SIR JOHN.

Épousée ?

SIR ARTHUR.

Sans votre consentement.

SIR JOHN.

Ainsi, elle est...?

SIR ARTHUR.

Elle est ma femme !

SIR JOHN.

C'est adorable !... Ah çà ! il n'y a plus à y revenir, n'est-ce pas ?

SIR ARTHUR.

Non, mon oncle ; mais, quand même je le pourrais, je ne le ferais pas... Je l'aime, mon oncle, je l'aime ardemment, et, quand vous la connaîtrez...

SIR JOHN.

Je ne veux pas la connaître.

SIR ARTHUR.

Quand vous la verrez...

SIR JOHN.

Je ne veux pas la voir...

SIR ARTHUR.

Quand je vous aurai dit son nom...

SIR JOHN, se bouchant les oreilles.

Je ne veux pas l'entendre.

SIR ARTHUR.

Alors, mon oncle, vous ne m'approuvez donc plus?

SIR JOHN.

Au contraire, je t'approuve, et plus que jamais! car, à l'avenir, impossible qu'on te cite encore à moi comme un modèle de bonne conduite; à l'avenir, personne ne me donnera tort si je te renvoie, personne ne pourra me blâmer si je te déshérite... Ah! je suis d'une gaieté, d'une joie... Tiens, embrasse-moi, mon ami!... embrasse-moi, et reçois ma malédiction.

SIR ARTHUR.

Votre malédiction?... Mais je ne comprends plus.

SIR JOHN.

Avec tout l'argent dont tu auras besoin pour partir!... et, si tu veux t'expatrier, je ferai un sacrifice!... Viens encore une fois dans mes bras... C'est bien, et, maintenant, que je ne te revoie jamais.

SIR ARTHUR.

Je vous obéis, mon oncle; mais j'espère que vous reviendrez à de meilleurs sentiments.

SIR JOHN.

Oui, oui, oui, va, mon ami, va, et compte là-dessus... Adieu!

SIR ARTHUR.

Au revoir, mon oncle.

SIR JOHN.

Adieu! adieu! adieu!

SCÈNE VIII

SIR JOHN, seul.

Ah! m'en voilà enfin débarrassé d'une façon honorable. Dieu merci, il y a assez longtemps que j'attendais cela... Enfin je respire... Ah! voyons, maintenant, ce que me dit Sa Ma-

VIII.   4

jesté... (Se retournant vers la porte.) Hein ! j'ai cru qu'il rentrait.
« Mon cousin, j'apprends à l'instant la mort de lord Dudley...
C'est vous que je charge de poursuivre le meurtrier ; partez
donc, aussitôt la présente reçue, pour venir prendre mes ordres. » Très-bien ! de mieux en mieux !... Ah ! mon ami Halifax ! à nous deux maintenant ! je vous tiens pieds et poings
liés ; nous verrons comment vous vous tirerez de là, monsieur
le drôle !... Le voici !

SCÈNE IX

SIR JOHN, HALIFAX.

SIR JOHN.

Eh bien, c'est donc fini, mon enfant ?

HALIFAX.

Oui, monseigneur. Mais qu'êtes-vous donc devenu ? Je vous
cherchais de tous côtés, et j'étais si inquiet, que j'ai quitté la
noce.

SIR JOHN.

Merci ; je suis bien sensible à ton attention, mais j'étais re
tenu ici... par un message du roi.

HALIFAX.

Ah ! Sa Majesté vous écrit ?...

SIR JOHN.

Oui, elle m'ordonne de partir à l'instant même pour Londres.

HALIFAX.

Il faut obéir, monseigneur, et à l'instant même. Peste !
quand Sa Majesté ordonne, il serait dangereux de la faire attendre.

SIR JOHN.

Aussi, je pars dans dix minutes.

HALIFAX.

Dans dix minutes ?

SIR JOHN.

Oui, j'ai donné l'ordre de mettre les chevaux à la voiture.

HALIFAX.

Bon voyage, monseigneur !

SIR JOHN.

Comment, bon voyage ?

HALIFAX.

Sans doute, je dis : « Bon voyage, monseigneur ! »

SIR JOHN.

Eh bien, je te rends ton compliment alors.

HALIFAX.

A moi?

SIR JOHN.

Tu pars aussi!

HALIFAX.

Je pars, vous croyez?

SIR JOHN.

Oui, tu pars, j'en suis sûr, et avec ta femme encore.

HALIFAX.

Ah! oui, c'est juste, je l'avais oublié; je pars avec ma femme... Nous allons à Paris.

SIR JOHN.

Non, nous allons à Londres.

HALIFAX.

Je crois que vous vous trompez, monseigneur.

SIR JOHN.

Non, je ne me trompe pas.

HALIFAX.

Si!

SIR JOHN.

Non!

HALIFAX.

Si fait, je vous donne ma parole d'honneur, monseigneur, que, plus vous allez à Londres, plus nous allons à Paris.

SIR JOHN.

Et tu ne changeras pas d'avis?

HALIFAX.

Je n'en changerai pas!

SIR JOHN.

C'est ce que nous allons voir. — Tu as connu lord Dudley?

HALIFAX, effrayé.

Hein!... lord... lord Dudley?... Non, non, je ne le connais pas.

SIR JOHN.

Non?

HALIFAX.

Non, je ne crois pas le connaître, du moins.

SIR JOHN.

C'est possible; toujours est-il que le malheureux Dudley a été assassiné.

HALIFAX.

Assassiné? Mais pas du tout!... il a été tué dans un duel... dans un duel sans témoins, il est vrai, mais dans un duel loyal.

SIR JOHN.

Ah! je croyais que tu ne le connaissais pas?

HALIFAX.

Heu!... on peut ne pas connaître un homme et apprendre sa mort... Un jour, dans une taverne, j'entends dire à quelqu'un : « Lord Dudley est mort hier ; » je réponds : « Tiens, ce pauvre lord Dudley! » et je ne le connais pas pour ça, moi.

SIR JOHN.

C'est encore possible!... Tu crois donc alors qu'il a été tué loyalement?

HALIFAX.

J'en suis persuadé.

SIR JOHN.

Eh bien, le roi n'est pas de ton avis.

HALIFAX.

Ah! le roi sait déjà...?

SIR JOHN.

Oh! mon Dieu, oui !

HALIFAX.

Et il n'est pas de mon avis, vous dites?

SIR JOHN.

Pas le moins du monde.

HALIFAX.

Les rois ignorent si souvent la vérité!... Est-ce que la lettre que vous venez de recevoir de Sa Majesté...?

SIR JOHN.

Elle avait justement rapport à cela, tu as mis le doigt dessus.

HALIFAX.

Et vous dites que le roi ne croit pas à la loyauté de...?

SIR JOHN.

Tiens, lis toi-même!

HALIFAX.

Diable !

SIR JOHN.

Lis.

HALIFAX, lisant.

« Mon cousin, j'apprends à l'instant la mort de lord Dudley, qui paraît avoir été assassiné dans un duel sans témoins. »

SIR JOHN, lui indiquant du doigt un passage de la lettre.

Et plus bas...

HALIFAX, continuant.

« Je tiens beaucoup à ce qu'un exemple soit fait le plus promptement possible en la personne de ce misérable. »

SIR JOHN, répétant.

« Le plus promptement possible, en la personne de ce misérable... de ce misérable. »

HALIFAX.

Je vois bien, pardieu! cela y est en toutes lettres.

SIR JOHN.

Et signé: « Charles, roi ! »

HALIFAX.

« Charles, roi ! » Eh bien, qu'allez-vous faire?

SIR JOHN.

Ce que je vais faire, moi?

HALIFAX.

Oui, vous!... Est-ce que vous allez vous mettre à la recherche de ce... de ce misérable?

SIR JOHN.

Ah! mon Dieu, non!

HALIFAX.

C'est très-bien, monseigneur, c'est très-bien... D'ailleurs, peut-être qu'il a déjà quitté l'Angleterre.

SIR JOHN.

Non.

HALIFAX.

Non?... Eh bien, il a eu tort... Mais, dans tous les cas, comme il est loin d'ici, vous n'irez pas vous déranger. A quoi bon aller chercher bien loin un pauvre diable?

SIR JOHN, posant la main sur l'épaule d'Halifax.

Quand on l'a sous la main, n'est-ce pas?

HALIFAX.

Hein?... qu'est-ce que vous dites?... Pas de mauvaises plaisanteries, monseigneur.

4.

SIR JOHN.

Je ne plaisante jamais!

HALIFAX.

Comment vous me soupçonnez, moi?

SIR JOHN.

Je ne te soupçonne pas... j'en suis sûr.

HALIFAX.

Ah! vous en êtes sûr? comment pouvez-vous en être sûr, puisque lord Dudley s'est battu sans témoins et a été tué sur le coup?

SIR JOHN.

Non, il n'a pas été tué sur le coup.

HALIFAX.

Ah! ah! il n'a pas été tué sur le coup? C'est différent, alors... S'il n'a pas été tué sur le coup, ça embrouille beaucoup les choses.

SIR JOHN.

Non, ça les éclaircit, au contraire... attendu qu'il a raconté l'affaire comme elle s'était passée.

HALIFAX.

Il a raconté l'affaire comme elle s'était passée?

SIR JOHN.

Tu admets bien qu'il savait à quoi s'en tenir, hein?

HALIFAX.

Oui; mais il ne faut pas trop croire comme cela les gens qui se meurent... Ils ont quelquefois l'esprit fort troublé.

SIR JOHN.

Eh bien, tu vas juger par toi-même s'il a dit la vérité. Tiens, lis!

(Il tire la lettre de Dudley.)

HALIFAX.

Qu'est-ce que c'est que ça?... Encore une lettre!... Mais il en pleut donc, des lettres? (Lisant.) « Mon cher Dumbar, dans un duel sans témoins, j'ai été blessé mortellement par un drôle nommé Halifax, qui m'a passé au travers du corps l'épée qu'il n'avait pas le droit de porter... »

(Ils se regardent.)

SIR JOHN.

Et plus bas. (Lisant.) « Je vous supplie de le faire pendre aussitôt qu'il vous tombera sous la main... C'est le dernier vœu de votre ami... »

HALIFAX.

C'est d'un bon chrétien, d'un excellent chrétien!... Eh

bien, oui, puisqu'il faut l'avouer, c'est moi qui ai tué lord
Dudley... Mais je l'ai tué en faisant une bonne action... en
sauvant une pauvre femme qu'il voulait déshonorer !

SIR JOHN.

Ah ! bah ! tu protéges l'innocence?... tu défends la vertu?...
Cette histoire est charmante... mais je doute que Sa Majesté
s'en contente... Ah çà ! maintenant que tu as lu ces deux
lettres, pars-tu toujours pour la France?

HALIFAX.

Non; j'aimerais mieux y être, je l'avoue... Mais, n'y étant
pas, je reste où je suis.

SIR JOHN.

Refuses-tu toujours de venir à Londres avec ta femme?

HALIFAX.

Non ; j'aimerais mieux ne pas y aller... Mais, du moment
que la chose vous fait plaisir, je vous suis trop dévoué...

SIR JOHN.

Eh bien, à la bonne heure, nous devenons enfin raisonnable... Voilà toute la noce qui revient ; annonce à ta femme
que nous partons, et, dans dix minutes, à cheval !

HALIFAX.

Dans dix minutes? (A part.) Ah ! mon Dieu, mon Dieu, envoie-moi quelque bonne idée !

SCÈNE X

LES MÊMES, JENNY, ANNA, TOM RICK, INVITÉS.

SIR JOHN.

Mais sais-tu qu'elle est fort jolie, ta femme?

HALIFAX.

Oui, oui, elle est charmante.

SIR JOHN.

Heureux coquin!

HALIFAX.

Vous trouvez, monseigneur?

JENNY.

Ah! mon ami, j'étais inquiète, je ne savais pas ce que vous
étiez devenu.

HALIFAX.

Je me suis trouvé un peu indisposé.

JENNY.

Oh! mon Dieu!

SIR JOHN.

Mais cela va mieux, tranquillisez-vous.

HALIFAX.

Non, au contraire, cela va plus mal.

JENNY.

En effet, mon ami, vous êtes bien pâle!

HALIFAX.

N'est-ce pas?

JENNY.

Vous tremblez!

HALIFAX.

Oui, je me sens fort mal à mon aise. (Bas, à Jenny.) Évanouis-toi.

JENNY.

Comment, que je m'évanouisse?

HALIFAX, de même.

Je te dis que je suis très-malade... Évanouis-toi vite, ou je suis un homme mort.

JENNY, se laissant aller sur un fauteuil.

Ah! mon Dieu!

TOM et ANNA.

Elle se trouve mal!

HALIFAX, à ses genoux.

Oui, elle se trouve mal... parfaitement mal... (Bas, à Jenny.) Trouve-toi encore plus mal, si c'est possible.

ANNA.

Oh! pauvre Jenny!

HALIFAX.

Messieurs, vous le voyez, dans cet état-là, elle ne peut pas aller à Londres... Monseigneur, il y aurait de la cruauté...

TOUS.

Oh! oui, monseigneur, c'est impossible...

SIR JOHN.

C'est juste, elle ne peut pas venir à Londres, souffrante comme elle l'est.

HALIFAX, à part.

Ah! je respire! (Jenny fait un mouvement.) Non, pas encore.

SIR JOHN.

Mais tu peux y venir, toi!

HALIFAX.

Comment, moi?

SIR JOHN.

Sans doute, tu te portes bien, toi!

HALIFAX.

Quitter ma femme quand elle est dans cet état-là?... Vous auriez la cruauté d'exiger...?

SIR JOHN, tirant à moitié la lettre du Roi.

Moi, je n'exige rien... je ne sais pas ce que tu dis... et je ne demande pas mieux que de partir seul...

HALIFAX.

Non, non, monseigneur, non, je ne le souffrirai pas. Comment! au milieu de la nuit? Non, non, jamais... Mes amis, je vous recommande Jenny : conduisez-la dans sa chambre; elle est encore évanouie pour dix minutes au moins!... ne la quittez pas.

ANNA.

Non, soyez tranquille... Oh! mon Dieu! qu'est-ce que tout cela veut dire?

(Tout le monde sort, excepté sir John et Halifax.)

SIR JOHN.

Et vous, monsieur le drôle, monsieur l'homme aux expédients, monsieur le bon mari, vous aurez la bonté d'accompagner ma voiture.

HALIFAX, à part.

Bon! je me sauverai.

SIR JOHN.

De l'accompagner en avant, en coureur, à vingt-cinq pas, que je ne perde pas un instant de vue votre chapeau et votre manteau, entendez-vous? je veux les voir, ou, sinon, vous savez ce qui vous pend à l'oreille.

HALIFAX.

Oui, monseigneur.

SIR JOHN.

Maintenant que tout est convenu, je vais donner mes ordres pour le départ. — A vingt-cinq pas, tu m'entends?

SCÈNE XI

HALIFAX, TOM RICK.

HALIFAX.

Que faire, que devenir, mon Dieu?... Il me tient dans ses

griffes, le vieux Satan !... impossible d'en sortir... S'il ne me voit pas devant sa voiture, il reviendra sur ses pas... et je suis pendu ; tandis que, si je vais à Londres avec lui, il ne me fera pas pendre... mais je serai... (Apercevant Tom.) Dieu ! quelle inspiration !... Tom Rick, mon ami, mon cher Tom Rick !

TOM RICK.

Monsieur Halifax ?

HALIFAX.

Tu as toujours envie d'aller à Londres, n'est-ce pas ?

TOM RICK.

Oh! Dieu de Dieu, si j'en ai envie ! mais je donnerais je ne sais quoi pour y aller.

HALIFAX.

Eh bien, je puis t'en procurer l'agrément.

TOM RICK.

Vous, monsieur Halifax ! vous... sans plaisanterie ?

HALIFAX.

Oui; mais il n'y a pas de temps à perdre... Prends ce manteau, prends ce chapeau. (A part.) Il désire ne pas perdre de vue mon chapeau et mon manteau... il sera satisfait. (Haut.) Enfourche le cheval que tu trouveras à la porte. Sais-tu monter à cheval ?

TOM RICK.

Pas trop !... mais j'ai beaucoup monté à âne.

HALIFAX.

Tu te tiendras au pommeau de la selle d'une main.

TOM RICK.

Des deux mains !

HALIFAX.

Soit, cela sera plus sûr; tu ne te retourneras pas.

TOM RICK.

Pas une seule fois !... Ah bien, oui ! j'aurai bien autre chose à faire que de me retourner.

HALIFAX.

Puis, en arrivant à Londres, tu descendras de cheval, tu viendras ouvrir la portière de milord, et, sois tranquille, il te donnera un bon pourboire.

TOM RICK.

Et je verrai Londres ?

HALIFAX.

Pardieu! tu y vas pour cela.... Tu as bien compris?... tu enfourches le cheval, tu te tiens d'une main à la selle...

TOM RICK.

Des deux mains... Allez toujours.

HALIFAX.

Tu ne retournes pas la tête, tu ouvres la portière, tu reçois ton pourboire, tu as de l'agrément... Maintenant, à cheval!

TOM RICK.

A cheval!... Ah! je vais donc voir Londres!

(Il sort par la porte du fond.)

HALIFAX, le regardant s'éloigner.

Va, mon ami, mon cher Tom Rick, va... Et maintenant, attendons que nos amis se soient éloignés... (Il s'approche de la porte.) Je les entends, ils ne peuvent tarder à partir... (Se retournant.) Monseigneur!... S'il me voyait, tout serait perdu!... Eh! vite, dans ce cabinet.

(Il se cache.)

SCÈNE XII

SIR JOHN, entrant par la porte de côté; HALIFAX, caché.

La! tout est prêt... Eh bien, où est-il donc, ce drôle-là?... est-ce qu'il aurait eu l'audace...? (Il regarde par la fenêtre du fond.) Ah! non, je le vois là-bas, il est déjà à cheval... Très-bien, mon ami; à présent, je suis sûr de lui!

(Il sort par la porte du milieu.)

SCÈNE XIII

HALIFAX, seul.

Il va sur la pointe du pied regarder à son tour à la fenêtre du fond; on entend le roulement d'une voiture.

Bon! le voilà parti!... Je serai peut-être pendu demain; mais, ma foi, j'ai plus d'une fois risqué la corde pour moins que cela.

(Il entre dans la chambre de sa femme.)

ACTE TROISIÈME

Méme décoration qu'à l'acte précédent.

—

SCÈNE PREMIÈRE

JENNY, HALIFAX

JENNY.

Oh ! mon Dieu, mon ami, que dites-vous donc là ?... Partir !

HALIFAX.

Partir, oui, ma petite femme, et sans perdre une minute, encore !

JENNY.

Oh ! mon Dieu ! quand nous avons à peine passé quelques heures ensemble !

HALIFAX.

C'est pour en passer beaucoup d'autres de la même façon.

JENNY.

Mais je ne te comprends pas, mon ami.

HALIFAX.

Je me comprends, c'est tout ce qu'il faut.

JENNY.

Mais que pouvons-nous avoir à craindre, protégés par lord Clarendon ?

HALIFAX.

Presque rien ; mais il faut partir.

JENNY.

Et quand lord Dumbar, le favori du roi, est plein de bontés pour nous ?

HALIFAX.

Certainement, il est plein de bontés pour nous, il en a même trop, de bontés pour nous... et ça finirait mal.

JENNY.

Alors, James, comme, avant tout, je dois vous obéir, quoiqu'il soit bien terrible d'obéir à un mari qui a déjà des secrets pour nous le lendemain de ses noces... je suis prête.

HALIFAX.

Très-bien.

JENNY.

Le temps seulement d'embrasser Anna.

HALIFAX.

A merveille !... Et moi, pendant ce temps... Ah ! mon Dieu!

JENNY.

Eh bien ?

HALIFAX.

Le galop d'un cheval.

JENNY, regardant par la fenêtre.

C'est Tom qui arrive ventre à terre... Ah! mon Dieu ! pauvre Tom !

HALIFAX.

Quoi ?

JENNY.

Le cheval s'est arrêté court à la porte de l'auberge.

HALIFAX.

Et le cavalier a continué son chemin... Ce n'est rien.

TOM RICK, criant en dehors.

Oh ! la la ! oh ! la la !

HALIFAX.

Seulement, si Tom arrive, monseigneur doit le suivre... Pourquoi ne sommes-nous pas partis hier au soir !... Nous aurions couru toute la nuit, et nous serions loin maintenant.

JENNY.

Oh! mon Dieu ! voilà que cela te reprend !

HALIFAX.

Ça ne m'avait jamais quitté.

TOM RICK, criant dans l'escalier.

Oh! la la ! oh ! la la !

SCÈNE II

SIR ARTHUR, HALIFAX, JENNY, puis TOM RICK.

SIR ARTHUR, entrant.

Qu'y a-t-il done ?

HALIFAX.

Ah ! c'est vous? Très-bien !... Bonjour, monsieur Arthur... Nous nous en allons... Jenny, embrasse ta sœur, et partons.

SIR ARTHUR.

Qu'est-ce que cela signifie?

HALIFAX.

Jenny vous contera la chose; moi, je vais faire quelques préparatifs de départ.

TOM RICK, entrant roide comme un manche à balai.

Ah! c'est vous, monsieur Halifax... Merci, ah! merci... Je vous en fais mon compliment, il a été juli, votre pourboire, et, une autre fois, quand vous n'aurez que des cadeaux pareils à faire à vos amis, vous pourrez bien les garder pour vous... Tenez, le voilà, votre chapeau; tenez, le voilà, votre manteau.

(Halifax sort.)

SIR ARTHUR.

Que t'est-il donc arrivé, mon pauvre Tom?

JENNY.

Oui, voyons, assieds-toi, et conte-nous cela.

TOM RICK.

M'asseoir?... Si je puis m'asseoir dans trois semaines, je serai très-content!

JENNY.

Mais qu'as-tu donc?

TOM RICK.

Ce que j'ai?... J'ai que votre mari s'est conduit vis-à vis de moi d'une façon... Oh!... allons donc!...

JENNY.

Comment mon mari est-il cause...?

TOM RICK.

Comment il est cause, le sournois?... Il vient à moi hier d'un air aimable, me dire: « Tom, mon cher Tom, tu as envie d'aller à Londres, n'est-ce pas?... » Vous savez, c'était mon tic, je voulais aller à Londres... je voulais voir Londres, moi!

SIR ARTHUR.

Eh bien, tu y as été et tu l'as vu...

TOM RICK.

Oh! oui, et agréablement encore, je peux m'en flatter!... Je lui réponds: « Oh! oui!... oh! oui... oh! oui, monsieur Halifax!... » Eh bien, dit-il, prends mon chapeau et mon manteau, monte sur mon cheval, cours devant la voiture de sir John Dumbar, et, en arrivant, tu auras un bon pourboire, et tu verras Londres... » Je mets son chapeau, qui m'allait horriblement mal ; je mets son manteau, qui m'était une fois trop long ; je monte sur son cheval, qui était une fois trop dur ; je pars d'un galop enragé... Quatre heures après, nous étions a Londres... Je fais un effort, je descends de cheval, je prends mon chapeau à la main, et j'ouvre la portière avec la figure la plus agréable que je puisse prendre... comme cela, tenez...

JENNY.

Eh bien ?

TOM RICK.

Eh bien, il paraît que sir John n'aime pas les figures agréables, car à peine eut-il vu la mienne à la lueur des lanternes de sa voiture, qu'il m'allongea le plus vigoureux soufflet !... Écoutez, j'en ai bien reçu, mais jamais, au grand jamais, un de la force de celui-là... V'là d'abord pour mon pourboire, bon !

SIR ARTHUR.

Oh ! mon pauvre Tom !

TOM RICK.

Puis milord ajoute : « Conduisez ce drôle-là dans la mansarde, tandis que je vais chercher, chez le chancelier, un ordre pour faire pendre un autre drôle. »

JENNY.

Oh ! mon Dieu !

TOM RICK.

Oui, oui, c'est comme cela... Ça vous fait de la peine, a vous ?... Je le crois pardieu bien ! à qui ça n'en ferait-il pas ?... Mais attendez encore, ce n'est pas tout... Je monte dans ma mansarde et je me dis : « Au moins, de ma fenêtre, je verrai Londres... » Il faisait un clair de lune magnifique !

SIR ARTHUR.

C'était une consolation.

JENNY.

Eh bien ?

TOM RICK.

Eh bien, ma fenêtre donnait sur une cour, avec un grand mur devant... Un quart d'heure après, pendant que je regardais mon mur, on remonte et l'on me dit : « Allons, allons, il faut repartir !... — A cheval ? » que je m'éerle. Je commençais à en avoir déjà assez, de cet animal... « Sans doute, à cheval, » qu'on me répond. Il n'y avait pas à raisonner ; je remonte sur mon quadrupède... quand je dis mon quadrupède, c'en était un autre quatre fois plus dur que le premier! Sir John était déjà dans sa voiture; il me crie: « En avant, drôle, en avant!... » Je repars au galop... Aux trois quarts du chemin, mon cheval s'emporte; je crie pour le retenir; plus je crie, plus il court!... Enfin, je croyais qu'il allait m'emporter comme cela au bout du monde, quand, en passant devant l'auberge, il s'arrête tout court; il paraît qu'il a l'habitude de loger ici... Moi qui n'étais pas prévenu, je saute par-dessus ses oreilles; vous comprenez, c'était mon chemin; c'est alors que vous m'avez entendu crier : « Oh! la la ! »

JENNY.

Mon pauvre Tom !

TOM RICK.

Oh! oui, votre pauvre Tom, il peut s'en vanter d'être intéressant !... Aussi, qu'il me demande jamais un service, votre crocodile de mari !

HALIFAX, rentrant.

Mon cher Tom, fais-moi un plaisir...

TOM RICK.

Un plaisir, à vous?... Jamais... jamais !...

JENNY.

Mais à moi, Tom ?

TOM RICK.

A vous, c'est autre chose !... Jamais non plus... vous êtes sa femme...

HALIFAX.

Fais-moi le plaisir d'aller aider le garçon d'écurie à mettre le cheval à la voiture.

JENNY.

Entends-tu, Tom ? je t'en prie...

TOM RICK.

Oh ! il faut bien que ce soit pour vous... Mais, pour lui, jamais, jamais, jamais !...

(Il sort.)

HALIFAX.

Et maintenant, à nous, ma petite femme; en route !

JENNY.

Adieu, monsieur Arthur, adieu, adieu! Embrassez Anna.

HALIFAX ouvre la porte, et la trouve gardée par deux Sentinelles.

Eh bien, qu'est-ce que c'est que cela ?

LE SERGENT, croisant la hallebarde.

On ne passe pas !

HALIFAX.

Comment, on ne passe pas ?

LE SERGENT.

Non.

HALIFAX, montrant Arthur.

C'est monsieur qui ne passe pas... Mais moi ?

LE SERGENT.

Personne ne passe jusqu'à l'arrivée de sir John Dumbar.

HALIFAX.

Oh ! le vieux scélérat!... Quand je te le disais !...

SIR ARTHUR.

Mais qu'y a-t-il ?... qu'est-ce que cela signifie ?

HALIFAX.

Cela signifie que sir John Dumbar aime ma femme.

JENNY.

Mais je ne l'aime pas, moi.

HALIFAX.

Ça ne fait rien.

SIR ARTHUR.

Mais, sur les terres de Clarendon, il n'osera rien contre Jenny.

HALIFAX.

C'est juste; mais, contre moi, il osera quelque chose.

SIR ARTHUR.

Qu'osera-t-il ?

HALIFAX.

Il osera me faire pendre.

JENNY.

En effet, cela me rappelle que Tom nous a dit que sir John Dumbar ne s'était arrêté à Londres que juste le temps de prendre un ordre pour faire pendre un drôle.

HALIFAX, bas, à Arthur.

Le drôle, c'est moi.

SIR ARTHUR.

Ah ! mon Dieu !... Comment te tirer de là ?

HALIFAX.

Si vous vouliez me le dire, vous me rendriez service.

SIR ARTHUR.

Par cette fenêtre...

HALIFAX.

Il y a des sentinelles... Toutes ses précautions étaient prises.

(Il tombe sur un fauteuil.)

SCÈNE III

HALIFAX, SIR ARTHUR, JENNY, SIR JOHN.

SIR JOHN.

Ah! voilà mon homme!

JENNY.

Oh! monseigneur...

SIR JOHN.

Ma chère enfant, voulez-vous me faire le plaisir de me laisser causer cinq minutes avec votre mari?

JENNY, à Halifax.

Est-ce que je dois...?

HALIFAX.

Oui; nous avons une affaire à démêler ensemble.

(Jenny sort.)

SIR ARTHUR.

Mais, mon oncle...

SIR JOHN.

Ah! vous voilà encore, monsieur! Votre affaire est faite... J'ai vu le roi... je lui ai parlé de votre mariage, et, comme il pense que votre belle villageoise vous a inspiré le goût des champs, il vous défend de rentrer à Londres. Allez.

SIR ARTHUR.

J'obéirai au roi, mon oncle.

SIR JOHN

C'est bien... c'est très-bien. Allez, et que je ne vous revoie plus.

SCÈNE IV

SIR JOHN HALIFAX.

SIR JOHN.

Eh bien, mon pauvre garçon, nous nous sommes donc laissé prendre?...

HALIFAX.

Ah! monseigneur, vous devez bien m'en vouloir.

SIR JOHN.

Moi? Pas du tout!

HALIFAX.

Je conçois votre colère contre moi.

SIR JOHN.

Je ne sais pas ce que tu veux dire.

HALIFAX.

Votre vengeance est bien légitime.

SIR JOHN.

Oui; mais, moi, je suis bon prince... je te pardonne.

HALIFAX.

Comment, sans plaisanterie... vous me pardonnez?...

SIR JOHN.

Oh! mon Dieu, oui... et, si cela peut te consoler à ton dernier moment...

HALIFAX.

Comment, à mon dernier moment?... Mais je croyais que vous me disiez...

SIR JOHN.

Que je te pardonnais?... Oui... moi... personnellement... Mais reste le roi.

HALIFAX.

Et le roi?...

SIR JOHN.

Ne te pardonne pas, lui... au contraire!

HALIFAX.

Je comprends... Il sait que c'est moi qui ai tué lord Dudley.

SIR JOHN.

Je ne le lui ai pas dit, espérant toujours trouver un moyen de te sauver, tant tu m'intéresses, mon pauvre ami...

HALIFAX.

Oui, j'entends: il y a un moyen...

SIR JOHN.

Le roi m'a dit : « Sir John Dumbar, il me faut l'homme qui a tué Dudley... »

HALIFAX.

Oui, il le lui faut... Je comprends, je lui suis nécessaire.

SIR JOHN.

C'est une idée qu'il a, ce bon, cet excellent roi... « Sir John Dumbar, » a-t-il continué...

HALIFAX.

Ce bon, cet excellent roi... toujours.

SIR JOHN.

Oui... « Sir John Dumbar, c'est vous que je charge donc de le découvrir... et, si vous ne le découvrez pas, ne vous représentez jamais devant moi... » Or, tu comprends, j'aime trop le roi, je suis trop dévoué à mon souverain, pour me priver à tout jamais de revoir son gracieux visage... Alors, je suis parti, en disant que je croyais savoir où était le meurtrier, et que j'espérais revenir bientôt avec lui. Maintenant, tu vois la position... tu es un homme d'esprit...

HALIFAX.

Monseigneur est trop bon!

SIR JOHN.

Un homme de ressources...

HALIFAX.

Monseigneur me flatte.

SIR JOHN.

Tire-toi de là comme tu pourras.

HALIFAX.

La chose me paraît bien désespérée, et, à moins que monseigneur ne consente à m'aider un peu...

SIR JOHN.

Attends... (Il appelle.) Sergent!...

(Le Sergent ouvre la porte.)

LE SERGENT.

Monseigneur?...

SIR JOHN.

Vous voyez bien monsieur?

LE SERGENT.

Parfaitement.

SIR JOHN.

S'il cherche à se sauver par la porte, s'il cherche à s'échapper par la fenêtre, s'il cherche enfin à fuir de quelque manière que ce soit, faites feu sur lui!... Vous me répondez de lui sur votre tête.

LE SERGENT.

Oui, monseigneur.

(Il referme la porte.)

SIR JOHN.

Voilà tout ce que je puis faire pour toi.

HALIFAX.

Eh bien, mille remercîments; c'est toujours cela.

SIR JOHN.

Et maintenant, comme je ne suis pas un Turc, et que je me mets à ta place, mon pauvre garçon, je te donne une demi-heure pour faire tes adieux à ta femme et à tes amis.

HALIFAX.

Et après?

SIR JOHN.

Et après, je t'emmène... non pas devant moi, non pas derrière moi... mais avec moi... dans ma voiture!...

HALIFAX.

C'est bien de l'honneur que vous me faites, monseigneur... Et... et, sans être trop curieux, où m'emmenez-vous comme cela?

SIR JOHN.

Oh! mon Dieu, à Londres... Le roi veut un exemple... et, tu comprends, si l'on te pendait dans un petit village comme celui-ci, l'exemple serait perdu...

HALIFAX.

C'est juste... c'est parfaitement juste.

SIR JOHN.

Il va sans dire que tu pourras répéter là-bas cette charmante histoire que tu m'as faite... Tu sais, cette bonne action... cette pauvre jeune fille qui appelait au secours... Seulement, je te préviens que, si tu n'as pas plus de preuves à donner à tes juges que tu n'en as eu à me donner, à moi, cette histoire, tout ingénieuse qu'elle est, pourra bien n'avoir pas plus de succès la seconde fois que la première.

HALIFAX.

C'est cependant la vérité.

SIR JOHN.

Eh bien, mon garçon, tu la diras, la vérité... En attendant (*tirant sa montre*), tu as une demi-heure... tu le sais... Il est neuf heures et demie; à dix heures, nous partons.

5.

HALIFAX.

J'ai une demi-heure ?

SIR JOHN.

Une demi-heure.

HALIFAX, tirant sa montre.

Permettez que je compare... Il y a des montres qui avancent d'un moment à l'autre.

SIR JOHN.

Oui, plaisante, mon gaillard, plaisante...

(Il sort.)

SCÈNE V

HALIFAX, seul.

Je ne plaisante pas du tout, parole d'honneur... au contraire !... Allons, Halifax, mon ami... voilà le grand moment arrivé... Tu t'attendais bien qu'un jour ou l'autre, cela finirait ainsi... Seulement, tu ne croyais pas que ce serait si tôt... Allons donc !... qu'est-ce que c'est que cela, Halifax? Je crois, Dieu me pardonne, que tu as peur... Non, non... ce n'est pas de la peur... Il y a huit jours, je serais mort en sifflant le *Dieu sauve le roi.* Mais, il y a huit jours, je n'avais pas une jolie petite femme qui m'aimait... Pauvre Jenny! c'était bien la peine de me retrouver... pour devenir veuve, après un jour de noce... quand nous pouvions être si heureux ensemble!... Allons, allons, il ne faut pas penser à tout cela... Supposons que c'est un rêve... un charmant rêve, ma foi !... Mais, surtout, laissons-lui ignorer la vérité !... Elle la saura toujours assez tôt... Pauvre petite! Ah! la voilà!

SCÈNE VI

JENNY, HALIFAX.

JENNY.

Eh bien, mon ami?

HALIFAX.

Eh bien, ma chère petite femme, depuis que j'ai quitté le village de Stannington, il s'est passé bien des choses... J'ai eu une jeunesse orageuse... très-orageuse, même... Il y a beaucoup d'événements que j'avais oubliés... Mais il y a des gens qui ont eu meilleure mémoire que moi... de sorte que, dans ce moment-ci, on m'attend à Londres...

JENNY.

On t'attend ?... et pour quoi faire?

HALIFAX.

Ah ! voila... voilà ce que je ne sais pas précisément... Cependant, comme tu comprends bien, je devine que ce n'est pas pour m'y porter en triomphe... Je vais probablement avoir un procès.

JENNY.

Long?...

HALIFAX.

Je l'espère... Or, comme, selon toute probabilité, le procès sera assaisonné d'un peu de prison... de beaucoup de prison, même, tu comprends que, pendant ce temps-là, je ne me soucie point de te laisser exposée aux aimables galanteries de monseigneur.

JENNY.

Oh ! comment peux-tu craindre...?

HALIFAX.

Je crains tout... Je désire donc que tu quittes l'Angleterre.

JENNY.

Et où irai-je, mon Dieu?

HALIFAX.

Tu iras en France.

JENNY.

Et, là, je t'attendrai?

HALIFAX.

Oui, tu m'attendras... Je vais te donner une lettre pour la pauvre chère femme qui m'a élevé... Tu lui diras que j'ai été toute ma vie un assez mauvais garnement, attendu qu'elle m'a prodigieusement gâté, cette bonne Gertrude, et que j'ai admirablement profité de la détestable éducation qu'elle m'a donnée... Dis-lui que cette éducation m'a mené loin... et va peut-être me conduire assez haut !... Si l'on ne me retient pas à Londres... et il faudra qu'on m'y retienne bien fort pour que j'y reste... j'irai te rejoindre... Cependant, si tu ne me voyais pas de quelque temps, ne sois pas inquiète... Si tu ne me revoyais pas de longtemps, prends patience. Enfin, si tu ne me revoyais pas de très-longtemps, de... jamais, par exemple... eh bien, ne te désole pas trop.

JENNY.

Ah!...

HALIFAX.

Pense seulement quelquefois à ton ami d'enfance, à ce bon James, à ton mari, ce pauvre Halifax, que tu avais déjà plus d'à moitié corrigé, et que tu aurais fini par rendre honnête homme tout à fait... si le bon Dieu t'en avait donné le temps. Allons, allons ne pleure pas; cela ne sert à rien, qu'à m'attendrir moi-même... et voilà... tiens... Oh! mais c'est bête comme tout, cela; je n'y verrai plus pour écrire.

JENNY.

Oh! mon Dieu! mon Dieu!

HALIFAX.

Et tu comprends, il y a des circonstances où l'on a besoin de tout son sang-froid. Ainsi, c'est convenu, aussitôt que je serai parti pour Londres, tu pars pour la France, sans même attendre de mes nouvelles, cela te retarderait trop. Tu vas trouver Gertrude, et, comme tu n'as pas beaucoup d'argent, qu'elle n'en a guère, et que, moi, je n'en ai pas du tout, prends ces bijoux, qui, si je ne me trompe, doivent valoir pas mal de guinées.

JENNY.

Qu'est-ce que c'est?

HALIFAX.

Un collier; tu peux le vendre, il est bien à nous; je le paye assez cher pour cela... Ainsi, n'aie pas de scrupules; tu peux dire qu'il est à toi, bien à toi!... Quant à moi...

JENNY.

Tu sors? où vas-tu?

HALIFAX.

Je vais écrire ta lettre pour Gertrude; il n'y a ici ni plume, ni encre, ni papier... D'ailleurs, ma pauvre petite... la, vraiment, j'ai besoin d'être un instant seul... un instant, puis je reviens. (A part, et tirant sa montre.) Je n'ai plus qu'un quart d'heure. (Haut.) Au revoir donc... Embrasse-moi encore une fois... C'est peut-être la derniere. Allons, allons, du courage; attends-moi.

(Il entre dans la chambre à gauche.)

SCÈNE VII

JENNY, seule.

Du courage !... Oui, oui, j'en aurai, je tâcherai d'en avoir...
Mais il ne m'avoue pas tout, j'en suis sûre. Le danger qui le
menace est plus grand qu'il ne dit... Ah ! non, je n'irai pas
en France, je le suivrai à Londres. (Ici, sir John entre.) Et, si
l'argent me manque, je vendrai ce collier comme il me l'a
dit.

(Elle ouvre l'écrin et regarde le collier.)

SCÈNE VIII

SIR JOHN, JENNY.

SIR JOHN, au fond.

Elle est seule... Que fait-elle donc ?... (Il s'approche doucement, et,
en regardant par-dessus l'épaule de Jenny, il aperçoit le collier.) Hein ?...
qu'ai-je vu ?...

JENNY, se retournant, et cachant le collier.

Quelqu'un ! Monseigneur...

SIR JOHN, cherchant à voir le collier, qu'elle tient caché.

Comment! petite, est-ce que je te fais peur?

JENNY.

Oui, monseigneur ; car c'est vous qui perdez mon mari,
vous qui nous séparez... et je vous aimais pour notre mariage
que vous aviez fait, je vous bénissais pour le bonheur de ma
vie, que je croyais vous devoir.

SIR JOHN.

Allons, allons, calme-toi ; que de regrets pour un mauvais
sujet que tu ne connais que depuis deux jours, que tu n'aimes
pas, que tu ne peux pas aimer !

JENNY.

Vous vous trompez, il y a longtemps que nous nous connaissons, il y a longtemps que je l'aime, car nous sommes du
même pays ; il est né comme moi au village de Stannington.

SIR JOHN, étonné.

Stannington !... tu es née à Stannington?

JENNY.

C'est là que James m'a souvent défendue, protégée, pauvre orpheline que j'étais...

SIR JOHN.

Orpheline!... née à Stannington!... et j'ai cru reconnaître!... Mon enfant, ce collier, je veux voir ce collier...

JENNY.

Mais, monseigneur...

SIR JOHN.

Je veux le voir, te dis-je; il le faut.

JENNY.

Le voici.

SIR JOHN.

Ah!

JENNY.

Monseigneur, il est à moi, il est bien à moi.

SIR JOHN.

A toi?... (Halifax entre.) Halifax! (A Jenny.) Va, mon entant, laisse-nous. Je te rendrai ce collier; mais, maintenant, il faut que je cause avec... avec ton mari.

HALIFAX, les regardant.

Qu'a-t-il donc, le digne gentilhomme?

(Il conduit Jenny jusqu'à la porte.)

SCÈNE IX

HALIFAX, SIR JOHN.

SIR JOHN, à part, redescendant vivement la scène.

Oh! il faut qu'il parte... il le faut à tout prix! (A Halifax.) Écoute, veux-tu sauver ta tête?

HALIFAX.

Sauver ma tête?

SIR JOHN.

Si je te ménageais un moyen de fuir?

HALIFAX.

De fuir... moi?...

SIR JOHN.

Écoute...

HALIFAX.

Je ne perds pas une parole, monseigneur.

SIR JOHN.

Tu quitteras l'Angleterre.

HALIFAX.

A l'instant même. Je n'y tiens pas, à l'Angleterre.

SIR JOHN.

Tu iras...

HALIFAX.

En France ?

SIR JOHN.

Non, ce n'est pas assez loin encore.

HALIFAX.

En Espagne ?

SIR JOHN.

Plus loin... plus loin encore... En Amérique.

HALIFAX.

En Amérique, en Afrique, aux grandes Indes, où vous voudrez.

SIR JOHN.

Oui... oui... et, où tu seras, je te ferai passer de l'argent...
beaucoup d'argent.

HALIFAX.

Ah ! monseigneur !... Eh bien, je commence à croire que
je vous avais mal jugé... Et quand partirai-je ?

SIR JOHN.

Tout de suite !

HALIFAX.

Tout de suite, c'est cela... Et ma femme ?

SIR JOHN.

Il est inutile que tu la voies.

HALIFAX.

Comment, il est inutile que je la voie ? Est-ce que vous
croyez, par hasard, que je partirai sans ma femme ?

SIR JOHN.

Certainement... et c'est à cette condition seule...

HALIFAX.

Très-bien, et je comprends votre projet. Ah ! c'est noble !...

ah! c'est grand, c'est généreux!... Merci, monseigneur, merci!... Mais je me rappelle vos paroles, monseigneur. Vous m'avez marié parce que vous ne pouviez, disiez-vous, chasser sur les terres de lord Clarendon. Eh bien, c'est moi qui vous le dis, monseigneur, vous ne chasserez pas sur les miennes.

SIR JOHN.

Mais tu veux donc, malheureux...?

HALIFAX.

Ah! faites ce que vous voudrez, monseigneur, cela m'est bien égal. Est-ce que vous croyez que j'ai peur de la mort, moi?... Ah! dans ce cas, vous vous trompez étrangement! La mort!... eh bien, mais il y a six ans que je joue avec elle, et il y a des jours où, deux ou trois fois, nous nous sommes trouvés en face l'un de l'autre... La mort faire peur à un soldat, à un raffiné, à un duelliste!... Allons donc! voulez-vous prendre une leçon de courage, monseigneur? Eh bien, venez me voir mourir!

SCÈNE X

LES MÊMES, JENNY, puis ANNA, puis ARTHUR,

JENNY.

Mon Dieu!... mon Dieu!... qu'y a-t-il?

SIR JOHN, s'approchant d'elle.

Rien... rien, mon enfant.

HALIFAX.

Un instant, monseigneur, je vis encore, ne la touchez pas!

SIR JOHN.

Mais je te dis...

HALIFAX.

Viens ici, Jenny!... viens, pauvre enfant, viens, pauvre femme qu'on veut faire veuve ou déshonorée.

JENNY.

Oh! mon Dieu! que me dis-tu? Monseigneur m'avait laissé esperer, monseigneur m'avait promis...

HALIFAX.

Oh! oui... monseigneur est généreux... monseigneur me

propose la vie... il me propose de fuir, mais à une condition, c'est que tu resteras ici, toi !...

JENNY, se rapprochant de lui.

Oh! jamais, jamais je ne quitterai mon mari !

HALIFAX, la serrant sur son cœur.

Bien, bien, ma pauvre enfant. Viens là... N'est-ce pas, cela est odieux ?... Mais il avait pensé, cet homme, comprends-tu? il avait pensé que, pour sauver ma vie, je consentirais à te faire méprisable à tes propres yeux, et qu'abandonnée par moi, alors tu t'abandonnerais à lui; il avait pensé que tu consentirais à devenir...

SIR JOHN.

Arrête, malheureux! Puisqu'il faut te le dire, ta femme, c'est ma fille !...

HALIFAX.

· Votre fille ?

JENNY.

Moi, monseigneur, je suis ...?

SIR JOHN.

Oui, ma fille, que je cherchais, que je viens de reconnaître à ce collier que j'avais laissé à sa mère; ma fille, que j'ai perdue en te la donnant, et que je voulais sauver en t'éloignant d'elle.

JENNY.

Mais, monseigneur...

HALIFAX.

Comment !... ce collier? Je n'y comprends plus rien. C'est donc toi que j'ai sauvée, il y a huit jours, dans une auberge de Stilton?

JENNY.

Dans une auberge de Stilton, un homme poursuivait une jeune fille qui appelait du secours et qui a perdu son collier.

HALIFAX.

Oui, oui, c'est cela. La nuit à onze heures.

JENNY.

Mais c'est Anna !

HALIFAX.

Silence! tais-toi, tais-toi... Je comprends tout maintenant.

monseigneur. Ah! vous avez retrouvé votre enfant sans la chercher? Eh bien, il est bon que vous sachiez comment vous ne l'avez pas retrouvée déshonorée.

SIR JOHN.

Déshonorée? que veux-tu dire?

HALIFAX.

Oh! mon Dieu, oui; je vous ai déjà raconté cette histoire et vous m'en avez demandé la preuve. Eh bien, la preuve, la voici.

SIR JOHN.

Comment, cette femme?...

HALIFAX.

Aux cris de laquélle je suis accouru, cette femme qu'un lâche insultait dans une chambre d'auberge...

SIR JOHN.

Eh bien?

HALIFAX.

Eh bien, ce lâche, c'était lord Dudley, et cette femme, c'était votre fille.

JENNY.

Oh! oui, monseigneur, oui, c'est la vérité tout entière, je le jure.

HALIFAX.

Et maintenant, monseigneur, maintenant, vengez la mort de votre digne ami lord Dudley; maintenant, faites pendre le sauveur de votre enfant; vous avez dans votre poche tout ce qu'il faut pour cela: lettre du roi, ordre du chancelier.

SIR JOHN.

Oh! non, non. Tiens, Halifax, mon ami, tiens, les voilà, tous ces papiers. Tiens, déchirés, déchirés!

HALIFAX.

En plus petits morceaux, en plus petits morceaux, s'il vous plaît?... Sauvé! Ah! je suis sauvé! c'est comme si tous les parlements de la terre y avaient passé. A la bonne heure, voilà un bon mouvement. Bravo, monseigneur! voilà une belle action, et, comme une belle action ne doit jamais rester sans récompense, je vais récompenser votre belle action en vous rendant votre fille.

SIR JOHN.

Comment, ma fille? Mais la voilà, ma fille.

HALIFAX.

Non, non pas tout à fait, monseigneur, vous vous trompez : votre fille... (montrant Anna, qui entre), la voici. Venez. miss Anna, et tombez aux genoux de votre pere. Et si vous en doutez... (prenant le collier des mains de sir John), mon enfant, reconnaissez-vous ce bijou?

ANNA.

Le collier qui m'a été légué par ma mère au moment de sa mort. Mais vous êtes donc sir George Herbert, monseigneur ?

SIR JOHN.

Le nom que je portais dans ma fuite! Oh! c'est elle! c'est bien elle!

HALIFAX.

Eh! oui, c'est bien elle.

SIR JOHN.

Viens, mon enfant, viens! j'aurai du moins une satisfaction, ce sera celle de déshériter monsieur mon neveu. Oui, oui, tu auras toute ma fortune, Anna. Vous entendez, je donne tous mes biens à mon enfant.

HALIFAX.

A vos enfants, vous voulez dire.

SIR JOHN.

Comment, à mes enfants?

HALIFAX.

Sans doute. Miss Anna est mariée.

SIR JOHN.

Mariée! sans mon consentement?

HALIFAX.

Vous n'étiez pas là... je lui ai donné le mien.

SIR JOHN.

Et ce mari?

HALIFAX, amenant Arthur.

Le voici, monseigneur.

SIR JOHN.

Mon neveu! comment?

SIR ARTHUR.

Oui, mon oncle, cette petite paysanne que j'aimais, que j'ai épousée, c'était Anna.

SIR JOHN.

Allons, il est écrit que je ne me débarrasserai jamais de ce garçon-là.

HALIFAX.

Oh ! mon Dieu, oui, c'est impossible ; vous le renvoyez par la porte, il rentre par la fenétre ; vous le chassez comme neveu, il revient comme gendre... Et maintenant, monseigneur, bénissez votre fille, qui vous tend les bras... bénissez ma femme, qui a veillé sur elle... bénissez-moi, moi qui vous l'ai rendue, et que Dieu vous bénisse !

FIN D'HALIFAX

LES DEMOISELLES

DE SAINT-CYR

COMÉDIE EN QUATRE ACTES, EN PROSE

Théâtre-Français. — 25 juillet 1843.

———

A MON EXCELLENTE AMIE

MADAME LA COMTESSE DASH

ALEX. DUMAS.

———

DISTRIBUTION

LE DUC D'ANJOU, petit-fils de Louis XIV..........	MM.	BRINDEAU.
ROGER, VICOMTE DE SAINT-HÉREM............		FIRMIN.
HERCULE DUBOULOY, fils d'un fermier général...		REGNIER.
LE DUC D'HARCOURT, ambassadeur du Roi à Madrid.............................		FONTA.
COMTOIS, domestique de Roger...................		RICHÉ,
UN EXEMPT DE LA PRÉVÔTÉ......................		ROBERT.
UN HUISSIER.................................		MATHIEN.
UN VALET...................................		ALEXANDRE.
MADEMOISELLE CHARLOTTE DE MÉRIAN, pensionnaire à Saint-Cyr.............	Mlles	PLESSY.
MADEMOISELLE LOUISE MAUCLAIR, idem......		ANAÏS AUBERT.

— A Saint-Cyr, au mois de décembre 1700. —

ACTE PREMIER

Un petit pavillon attenant aux bâtiments de Saint-Cyr. En face du public, au fond, une fenêtre. A gauche, une porte. A droite, une autre porte qui, lorsqu'elle est ouverte, laisse voir quelques degrés conduisant à une sortie. Au premier plan, à droite, une fenêtre grillée donnant sur une petite rue de village.

—

SCÈNE PREMIÈRE

CHARLOTTE DE MÉRIAN, seule, entrant par la porte à gauche.

Elle fait deux ou trois pas sur la pointe du pied, écoute et regarde si elle est bien seule. Sept heures sonnent.

Il m'a dit, en passant auprès de moi : « Demain, pendant la récréation de sept heures, allez dans la petite salle bleue, levez le tapis de la table, vous y trouverez une lettre; au nom du ciel, lisez-la ! » J'ai quitté Louise, sous prétexte de monter à ma chambre et je suis venue... (Tâtant le tapis.) C'est ici qu'elle doit être... Je la sens... la voilà !... Mon Dieu, que faire?... La prendre... c'est bien mal! La laisser... c'est bien imprudent !... Si cette lettre était trouvée par quelque sous-maîtresse, et que, par malheur, mon nom fût dans cette lettre... Oh! madame de Maintenon est si sévère !... Mais, au fait, je puis me tromper, ce n'est peut-être point une lettre que je sens là... Comment pourrait-il entrer à Saint-Cyr, où aucun homme ne pénètre, excepté Sa Majesté et les princes du sang? (Elle lève le tapis.) Si fait, c'est bien une lettre... Aurait-il osé se confier à quelqu'un?... (S'éloignant.) Oh! non! bien décidément, je ne la prendrai pas... Celui qui l'a apportée, quel qu'il soit, viendra chercher une réponse; cette lettre lui sera rendue... Il n'y a donc rien à craindre... Non, non, je ne la prendrai pas... Mon pauvre cœur n'est déjà que trop enclin à répondre à cet amour que m'expriment ses yeux; que serait-ce donc si je lisais ce qu'il m'écrit!

SCÈNE II

CHARLOTTE, LOUISE MAUCLAIR.

Au moment où Charlotte a levé le tapis, Louise Mauclair a paru à la porte; elle a vu la lettre, et, tandis que Charlotte, dans sa crainte de céder à la tentation, s'est éloignée de la table, Louise s'en est approchée, a pris la lettre et l'a décachetée.

LOUISE, lisant tout haut.

« Chère Charlotte!... »

CHARLOTTE, se retournant.

Grand Dieu! Louise, que fais-tu?... Tu as décacheté cette lettre!

LOUISE.

Eh bien, sans doute, je l'ai décachetée.

CHARLOTTE.

Et moi qui ne voulais pas la lire!... moi qui ne voulais pas même savoir ce qu'elle contient!...

LOUISE.

Eh bien, n'écoute pas... Je lirai pour moi... (Lisant.) « Chère Charlotte!... »

CHARLOTTE.

Oh! mon Dieu! il croira que c'est moi qui l'ai ouverte!

LOUISE.

Eh bien, le beau malheur! Mais où veux-tu donc en venir? mais qu'espères-tu donc, en repoussant comme cela la fortune qui vient à toi?... Comment! il est jeune; comment! il est noble; comment! il est beau; comment! il est riche; comment! il est amoureux, et tu ne veux pas lire ses lettres?

CHARLOTTE.

Mais tu sais donc de qui il est question?

LOUISE.

Oh! comme je n'ai pas remarqué, n'est-ce pas, qu'aux dernières représentations d'Esther, il n'avait d'yeux que pour toi?

CHARLOTTE.

Alors, tu crois que le vicomte de Saint-Hérem...?

LOUISE.

Est amoureux fou de mademoiselle Charlotte de Mérian; voilà ce que je crois.

CHARLOTTE.

Et sur quoi fondes-tu cette croyance?

LOUISE.

Comme je te l'ai dit, sur ce qu'il n'a pas cessé une seconde de te regarder pendant tout le temps que tu es restée en scène... Tu comprends, moi qui n'avais pas l'honneur de représenter comme toi Esther, mais qui faisais purement et simplement un garde du roi Assuérus, personnage parfaitement muet, et qui n'a pas à s'occuper d'autre chose que de tenir sa hallebarde de la manière la plus formidable possible, j'ai eu le temps de regarder tout cela; et je me suis dit, à part moi: « Merci, monsieur le vicomte, soyez le bienvenu! »

CHARLOTTE.

Que veux-tu dire? Je ne te comprends pas, moi!

LOUISE.

Mais tu sais bien ce qui est convenu entre nous.

CHARLOTTE.

Ah! oui, tes rêves.

LOUISE.

Mes rêves? Allons donc!... Laisse-toi conseiller par moi, et mes rêves deviendront de belles et bonnes réalités.

CHARLOTTE.

Et si, au lieu de nous préparer cet avenir brillant que tu espères, tes conseils allaient nous perdre?

LOUISE.

Mais que veux-tu qui nous arrive de pis que de rester ici, mon Dieu? Faut-il que je te répète pour la vingtième fois ce qui nous attend: toi, avec un nom, et sans fortune; moi, sans fortune et sans nom? A toi, on te pendra au cou un beau ruban bleu avec une croix au bout, et l'on te fera chanoinesse! C'est très-amusant, d'être chanoinesse, tu verras... Moi, on me fera sous-maîtresse, comme l'était ma pauvre mère, ce qui est bien plus amusant encore. Tandis que, si tu veux bien consentir à te laisser aimer de ce jeune homme qui t'adore, il t'épouse, il te fait vicomtesse, il te donne cent mille écus de rente, des chevaux, un hôtel, tes entrées à la cour; tu me prends avec toi, tu me produis... Je fais une passion à mon tour... et j'épouse...

CHARLOTTE.

Voyons, qui épouses-tu, toi

LOUISE.

J'épouse un beau seigneur sans fortune, ou un fermier général laid, mais riche à millions! Après cela, tu comprends,
si la fortune et la beauté se trouvent ensemble, j'en prendrai
mon parti... Ce que j'en dis, c'est seulement pour ne pas demander au ciel trop de choses à la fois.

CHARLOTTE.

Tu es folle, ma pauvre Louise.

LOUISE.

Folle?... Écoute. (Lisant.) « Chère Charlotte! je n'ai pas besoin de vous dire que je vous aime, vous le savez. » Oui, tu
le sais. « Mais ce que vous ne savez pas, c'est que je donnerais la moitié de ma vie pour passer l'autre avec vous. » La
moitié de sa vie, entends-tu cela? « Sans doute, de grands obstacles peuvent s'opposer à notre union; mais, ces obstacles, je
les surmonterai. » Il les surmontera; c'est écrit. « Daignez
seulement ne pas me regarder avec trop de rigueur, et je me
charge de tout. » Il se charge de tout!... Eh bien, comme
c'est commode cela, hein?... « Si vous ne voulez pas me désespérer tout à fait, venez donc, ce soir, de sept à huit heures
dans la même salle où vous avez trouvé cette lettre; j'ai des
moyens de m'y rendre que personne ne connaît et qui ne
peuvent vous compromettre. *Signé*: ROGER, VICOMTE DE SAINT-
HÉREM. » Ah! si l'on m'écrivait une pareille lettre, à moi!...

CHARLOTTE.

Mais tu ne sais pas ce qu'on m'a dit du vicomte, Louise...
On m'a dit que c'était un mauvais sujet à qui les promesses ne
coûtaient rien, et qui avait déjà perdu plusieurs pauvres filles
qui avaient cru à son amour.

LOUISE.

Bah! bah! bah! on dit ces choses-là de tous les hommes, et
c'est beaucoup s'il y en a les trois quarts qui le méritent.

CHARLOTTE.

Mais, si Roger faisait partie de ceux-là, s'il n'était pas sincère?

LOUISE.

Il faudrait le forcer à l'être.

CHARLOTTE.

Si c'était une intrigue qu'il désirât entamer, et non un
mariage qu'il voulût accomplir?

VIII.   6

LOUISE.

Une fois l'intrigue entamée, je me charge du mariage, moi !

CHARLOTTE.

Comment feras-tu ?

LOUISE.

J'ai prévu le cas, et j'ai là un petit projet !...

CHARLOTTE.

Non, vois-tu, Louise, il vaut mieux recacheter cette lettre, la remettre à la même place, et, lorsqu'il reviendra, il croira que je ne l'ai pas lue.

LOUISE.

Écoute...

CHARLOTTE.

Du bruit !...

LOUISE.

On vient de ce côté.

CHARLOTTE.

C'est lui... Je me sauve !...

LOUISE.

Comment, tu te sauves ?

CHARLOTTE.

Oui ; si je restais, si je le voyais, si je lui parlais, il lirait trop facilement dans mes yeux ce qui se passe dans mon cœur... Reste, toi ; dis-lui que je n'ai pas voulu lire sa lettre... dis-lui que je ne l'aime pas... dis-lui qu'il est inutile qu'il conserve aucun espoir.

LOUISE.

Très-bien ! as-tu encore autre chose à lui dire ?...

CHARLOTTE.

Dis-lui... Adieu, le voilà !

(Elle se sauve.)

SCÈNE III

ROGER, LOUISE.

ROGER, voyant Charlotte qui s'enfuit, et s'élançant après elle.

Charlotte ! Elle me fuit !... (S'arrêtant à la porte de gauche et se retournant vers Louise.) Pardon, mademoiselle ; mais vous, son amie, vous que je vois toujours avec elle, vous pouvez m'expliquer d'où viennent cette crainte, cet effroi ?

LOUISE.

Rien de plus facile, monsieur.

ROGER.

N'aurait-elle point reçu ma lettre?

LOUISE, montrant la lettre.

La voilà.

ROGER, avec joie.

Oh! elle l'a lue!

LOUISE.

D'un bout à l'autre.

ROGER, soupirant.

Alors, c'est qu'elle ne m'aime pas.

LOUISE.

Pourquoi n'aimerait-elle pas M. le vicomte?

ROGER.

Puisqu'elle se sauve quand j'arrive!

LOUISE.

Où M. le vicomte de Saint-Hérem a-t-il vu qu'on ne fuit que les gens que l'on déteste?

ROGER, avec enthousiasme.

Que me dites-vous là?... Serait-il vrai?... Quoi! la crainte seule de laisser pénétrer des sentiments...? Oh! mademoiselle, dans ce cas, je serais le plus heureux des hommes!

LOUISE.

Un instant, un instant! Je ne dis pas tout à fait cela.

ROGER.

Que dites-vous, alors?

LOUISE.

Je dis que Charlotte est une jeune fille de naissance, élevée ici sous la protection spéciale de madame de Maintenon; je dis que madame de Maintenon lui a promis un chapitre... Vous comprenez, monsieur, un chapitre! et qu'avant de perdre une aussi belle carrière que celle de chanoinesse, elle voudrait savoir, ou plutôt, moi, son amie, sa directrice, son mentor, je voudrais savoir ce qu'elle pourrait trouver en échange.

ROGER.

Doutez-vous que mes vœux ne soient honorables, mademoiselle?...

LOUISE.

Non; mais vous êtes riche, monsieur le vicomte, vous jouis-

sez d'une grande faveur près de monseigneur le duc d'Anjou,
avec lequel vous avez eté elevé comme menin'; votre famille
peut avoir rève pour vous un très-brillant mariage; de sorte
que, si la pauvre Charlotte vous aime, je n'en sais rien et je
ne le dis pas; si elle consent à vous voir, elle se compromet;
car tout se sait, monsieur, surtout à Saint-Cyr; et, une fois
compromise, elle perd la faveur de madame de Maintenon et
l'espoir même d'être chanoinesse.

ROGER.

Mais, enfin, par quelles promesses puis-je la rassurer? par
quels serments puis-je la convaincre?

LOUISE.

Oh! ce sera difficile, car je dois vous prévenir qu'elle a en
moi une amie des plus exigeantes.

ROGER.

Et vous agissez sagement, mademoiselle... On ne saurait
avoir trop de défiance... Il y a tant de mauvais sujets qui se
font un jeu de tromper la candeur et la vertu! Mais moi!...
oh! ne me confondez pas avec ces pervers... Mes vues sont
pures... légitimes!... une union sacrée... un mariage que je
serai fier de proclamer devant tous... Pas tout de suite, par
exemple... non... des motifs puissants... des raisons de famille qu'elle connaîtra, lui feront aisément comprendre... Mais
ce mystère... mon orgueil saura le dévoiler bientôt.

LOUISE.

Un mariage secret? M. le vicomte, c'est bien grave. D'ailleurs, Charlotte y consentirait, et je dois vous dire d'avance,
moi qui la connais, qu'elle n'y consentira pas... Charlotte y
consentirait, qu'il faut sortir d'ici pour se marier secrètement.

ROGER.

Oh! que cela ne l'inquiète pas: j'entre ici et j'en sors comme
je veux.

LOUISE, tristement.

Vous êtes bien heureux, vous!

ROGER.

Maintenant, mademoiselle, voyons, êtes-vous rassurée?

LOUISE.

Pas encore tout à fait... Mais, enfin, la position se dessine.

ROGER.

Eh bien, alors, je vous en prie, je vous en supplie, soyez

mon interprète près d'elle; dites-lui que je l'aime, que je l'adore, que je meurs si je ne la revois pas... que je l'attends, dans une heure ici, pour la rassurer sur toutes ses craintes, pour combattre tous ses scrupules.

LOUISE.

C'est bien, monsieur, nous y serons.

ROGER.

Ah! vous aussi ?

LOUISE.

Sans doute; oh! je ne quitte pas mon **amie...** Ne vous ai-je pas dit que je suis son mentor?

ROGER, à part.

Oh! le petit démon!

LOUISE, à part.

Je le gêne, à ce qu'il paraît... Ah! ah!... Charlotte pourrait bien avoir raison.

ROGER, prenant son parti.

Venez, je vous attends...

LOUISE.

Oh! nous ne nous engageons à rien!... nous ferons ce que nous pourrons, voilà tout ce que je promets... (Avec une grande révérence.) Monsieur le vicomte, à l'honneur de vous revoir.

ROGER, avec un profond salut.

Mademoiselle... au plus tôt possible.

SCÈNE IV

ROGER, seul.

Eh bien, mais voilà un singulier petit lutin, fort gentil, ma foi! et qui cependant ne laisse pas que de me gêner un peu. Simple, naïve et aimante, comme l'est Charlotte, j'aurais eu bon marché d'elle... mais, avec un auxiliaire comme celui-là, diable!... la chose devient plus malaisée!... Eh bien, vicomte, qu'est-ce que cela? Une difficulté, voilà tout ! Tu te plaignais hier, à tes amis, qu'on n'en trouvait plus, de difficultés. Vicomte, tu n'es donc qu'un fat? Palsambleu ! si je m'étais douté de cela, j'aurais pris mes mesures, moi! Je me serais muni d'un Télémaque, puisqu'elle a un Mentor... rien n'était plus facile... et alors je... (Regardant par la fenêtre.) Ah ! mon Dieu ! qu'est-ce que je vois?... Mais non !... mais si !... (Ouvrant

6.

la fenêtre.) Dubouloy, mon ami, je suis sauvé. (Appelant.) Dubouloy! Dubouloy!

DUBOULOY, dans la rue.

Hein! qui m'appelle?

ROGER.

Moi.

DUBOULOY.

Saint-Hérem?... Que me veux-tu?

ROGER.

Viens me rejoindre, et je te le dirai. (Jetant une clef par la fenêtre grillée.) Tiens, voilà la clef de la petite porte du jardin; celle du pavillon où je suis est ouverte. Prends garde qu'on ne te voie... Viens vite!

DUBOULOY.

J'accours.

ROGER, seul.

Voilà mon homme! je l'aurais fait faire exprès qu'il n'aurait pas été mieux confectionné! Ah! mademoiselle de Mérian, vous avez un auxiliaire; eh bien, moi, j'ai un allié!

SCÈNE V

ROGER, DUBOULOY.

DUBOULOY.

Me voilà, mon cher ami; que me veux-tu? Parle vite, je suis pressé.

ROGER.

D'abord, la clef de la porte.

DUBOULOY, la lui donnant.

La voici.

ROGER.

Et tu as refermé...?

DUBOULOY.

A double tour. Diable! un séjour comme celui-ci, il ne faut pas laisser le premier venu... Mais, à propos de cela, comment et pourquoi t'y trouvé-je?

ROGER.

Par ordre du duc d'Anjou.

DUBOULOY.

Tu me rassures.

ROGER.

Une affaire importante. Mais, avant tout, bonjour, mon cher Dubouloy.

DUBOULOY.

Bonjour, mon cher Saint-Hérem, bonjour ! mais...

ROGER, l'examinant.

Ah çà ! dis-moi donc, comme te voilà magnifique !

DUBOULOY.

Mon cher, je me marie.

ROGER.

Quand cela ?

DUBOULOY.

Dans deux heures.

ROGER.

Un beau mariage ?

DUBOULOY.

Une fille de noblesse, qui n'est pas riche, mais qui a des parents en cour, lesquels se sont engagés à obtenir pour moi une charge que je payerai. De cette façon, j'aurai du moins un titre.

ROGER.

Lequel ?

DUBOULOY.

Gobeletier du roi ; c'est l'ambition de mon père, comme tu sais : il veut que je fasse souche, le brave homme.

ROGER.

Et j'espère que, dans cette occasion solennelle, le bonhomme Dubouloy se conduit bien ?

DUBOULOY.

Oh ! je n'ai rien à dire ; il m'a donné, avant-hier, cinquante mille livres de rente, par bon contrat, et son hôtel de la rue de Verneuil.

ROGER.

Tiens ! près du mien.

DUBOULOY.

Précisément ; si c'est cela que tu voulais savoir, maintenant que tu le sais, adieu, mon ami ! et, quand je serai marié, ce qui ne sera pas long, ne viens pas trop souvent voir ma femme, tu me feras plaisir... Du reste, toujours à ton service... Tu sais, Oreste et Pylade... Euryale et Nisus... Damon et Pythias.

ROGER, le retenant.

Mais, dis-moi donc, mon cher Pythias, comment, te mariant dans deux heures, étais-tu là à te promener près du mur, sur la grande route?

DUBOULOY.

Mon cher, j'attends ce drôle de Boisjoli, tu sais, mon valet de chambre, que j'ai envoyé à Paris chercher ma corbeille de noces, et qui sera resté à se griser dans quelque cabaret; de sorte qu'impatient de voir les belles choses que je donne à ma future, j'ai fait mettre les chevaux au carrosse, et je suis moi-même venu voir s'il n'arrivait pas ; mais, tu comprends, mon ami, comme je me marie dans deux heures...

ROGER, réfléchissant.

Dans deux heures...

DUBOULOY, tirant sa montre.

Dans deux heures vingt-cinq minutes.

ROGER.

Eh bien, mais tu as encore le temps, ce me semble.

DUBOULOY.

Mon ami, tu ne sais pas ce que c'est que de se marier; on est sur des charbons... on ne peut pas tenir en place... on brûle.

ROGER.

Mais tu es donc amoureux de ta femme ?

DUBOULOY.

Moi?... Je l'ai vue hier pour la première fois, en signant le contrat de mariage.

ROGER.

Et jolie ?

DUBOULOY, hochant la tête.

Hé ! hé ! hé !

ROGER.

Belle?

DUBOULOY.

Majestueuse, mon ami !... majestueuse, c'est le mot.

ROGER.

Diable !

DUBOULOY.

Tu comprends donc...

ROGER.

Dubouloy, mon ami, écoute : je...

DUBOULOY.

Mon ami, je devine à ta voix que **tu vas** me demander **un** service.

ROGER.

Tu sais que **c'est** à toi que je **m'adresse** toujours en pareil cas.

DUBOULOY.

Et je t'en suis bien reconnaissant ; mais, aujourd'hui...

ROGER.

Toutes **les** fois que **j'ai** eu besoin d'argent, avant que **mon** père **m'eût** rendu ses comptes...

DUBOULOY.

Tu as eu recours à moi... ce qui était fort honorable **pour** un vilain ; je comprends.

ROGER.

Quand je me suis battu avec le marquis de Montaran, **et** qu'il m'a fallu un second, à qui me suis-je adressé?

DUBOULOY.

A moi... ce qui était toujours fort honorable pour un vilain. J'ai même reçu, à cette occasion, du baron de Bardaune, un certain coup d'épée qui m'a fait quelque bien dans le monde, et dont je te serai reconnaissant toute ma vie. Un **charmant** garçon, que ce baron de Bardaune.

ROGER.

Eh bien, mon ami, **un** service, un dernier service !

DUBOULOY.

Parle, **et,** si la chose est en mon **pouvoir**...

ROGER.

Tu as encore deux heures vingt-cinq minutes de liberté?

DUBOULOY, tirant sa montre.

C'est-à-dire je n'ai plus que deux heures vingt minutes ; voilà cinq minutes que nous sommes ensemble... Tu comprends, un futur, cela doit marcher à la seconde, être réglé comme une montre. Elle est jolie, ma montre, n'est-ce pas?... Un cadeau du papa Dubouloy. Tu dis donc ?...

ROGER.

Je te dis que je te demande une heure vingt minutes.

DUBOULOY.

Comment ! sur mes deux heures vingt ?

ROGER.

Eh bien, oui... Il te restera une heure ; c'est plus qu'il **ne**

te faut, ce me semble, pour retourner d'ici au château de
ton père.

DUBOULOY.

Mon ami, demande-moi ce que tu voudras ; mais, dans ce
moment-ci, tu comprends... Enchanté de t'avoir vu. Bonsoir !

ROGER.

Dubouloy, tu ne sais pas ce que tu perds.

DUBOULOY.

Moi, je perds quelque chose ?

ROGER.

Une aventure qui t'aurait fait plus d'honneur encore que
ton coup d'épée.

DUBOULOY.

Vraiment ! voyons, de quoi s'agit-il ?

ROGER.

Sache donc que je fais la cour à une charmante personne ;
mais, malheureusement, elle est sans cesse accompagnée d'une
amie.

DUBOULOY.

Je comprends : il faudrait opérer une diversion, éloigner
ou occuper l'obstacle.

ROGER.

C'est cela même.

DUBOULOY.

Mon ami, comment veux-tu, moi qui vais me marier dans
deux heures...?

ROGER.

Raison de plus, mon cher ! tu seras à la hauteur de la situation, et, quand tu reviendras près de ta femme, tu auras
du feu, du génie, tu seras sublime, et elle croira que tu es
amoureux fou d'elle.

DUBOULOY.

Tiens, c'est une idée, cela !

ROGER.

Sans compter, dis-moi donc, mon cher, qu'il y aura peu
de jeunes seigneurs à la mode à qui pareille aventure soit
arrivee. Comment ! tu pourras dire qu'une heure avant ton
mariage, tu étais à Saint-Cyr, où le roi et les princes du
sang entrent seuls, comprends-tu ? tu pourras dire que tu
étais à Saint-Cyr, mauvais sujet, faisant la cour à une des
brebis de madame de Maintenon.

DUBOULOY.

Le fait est que c'est drôle!

ROGER.

Mon cher, c'est du Lauzun tout pur.

DUBOULOY.

Mais, si ma femme sait cela, que dira-t-elle?

ROGER.

Elle dira que tu es un infâme roué, et elle t'adorera.

DUBOULOY.

Tu crois?

ROGER.

Elle t'adorera... Parbleu! elle serait bien difficile!

DUBOULOY.

Eh bien, ça ne fera pas mal; car elle n'a pas l'air de m'adorer infiniment.

ROGER.

Ta femme?

DUBOULOY.

Oh! quand je dis cela, je ne fais que préjuger... Voyons, au moins, celle à qui il faut que je fasse la cour; l'obstacle, tu sais, l'obstacle est-il joli?

ROGER.

Elle est charmante!

DUBOULOY.

Petite ou grande?

ROGER.

Petite.

DUBOULOY.

Tiens! je l'aurais mieux aimée grande; j'aime les grandes femmes, moi. Cheveux blonds ou noirs?

ROGER.

Châtains.

DUBOULOY.

Châtains? Une nuance que je ne peux pas souffrir. Et elle s'appelle?

ROGER.

Je n'en sais rien.

DUBOULOY.

Comment! tu n'en sais rien? Alors...

ROGER.

Qu'importe, mon cher! on devient amoureux d'un coup d'œil, d'un regard. La sympathie...

DUBOULOY.

Allons ! va pour la sympathie.

ROGER.

Tu consens ?

DUBOULOY.

Est-ce que je puis te refuser quelque chose ? Ce cher Roger !

ROGER.

Merci.

DUBOULOY.

Mais, tu comprends, je n'ai plus qu'une heure dix minutes à te donner.

ROGER.

C'est plus de temps qu'il ne nous en faut, et tu seras libre auparavant. (Écoutant.) Attends donc !

DUBOULOY.

Qu'est-ce ?

ROGER.

On vient.

DUBOULOY.

Ce sont elles! j'en suis sûr... Mon cœur bat.

ROGER, désignant la droite.

Non, c'est de ce côté; ce ne peut être que le duc d'Anjou.

DUBOULOY, se dirigeant à droite.

Je me sauve alors.

ROGER.

Pas par là !... il ne faut pas qu'il te voie.

DUBOULOY, indiquant la gauche.

Alors, par ici.

ROGER.

Malheureux ! tu vas dans les dortoirs.

DUBOULOY.

Mais où me cacher ? Pas un armoire, pas une table.

ROGER.

Ah ! cette fenêtre !

DUBOULOY.

Eh bien ?

ROGER.

Saute.

DUBOULOY, effrayé.

Sauter ? Par exemple !

ROGER.

Huit ou dix pieds, voilà tout.

DUBOULOY.

Et si l'on me voit, s'il y a des pièges à loup ?

ROGER.

Sois tranquille, il n'y a rien de tout cela.

DUBOULOY, montant sur la fenêtre.

Ah ! Roger, tu peux te vanter...

ROGER, le poussant.

Va donc ! voilà le prince... Saute ! Il était temps !

SCÈNE VI

ROGER, LE DUC D'ANJOU.

LE DUC, entrant par la droite.

A merveille ! le premier au rendez-vous. Je te reconnais bien là, Roger.

ROGER.

Votre Altesse est petit-fils de Louis XIV, et, en cette qualité, monseigneur ne doit ni ne peut attendre.

LE DUC.

Enfin ! j'ai donc un moment de liberté ! Madame de Maintenon vient d'entrer dans son oratoire. Ici, nous n'avons pas à craindre de fâcheux... Voyons, Saint-Hérem, parle vite ; as-tu vu madame de Montbazon?

ROGER.

Oui, et je lui ai rendu lé portrait qu'elle avait donné à Votre Altesse.

LE DUC.

En échange, t'a-t-elle remis mes lettres ?

ROGER.

Les lettres de monseigneur sont à sa terre de Saint-Leu. Elle est allée les chercher ce soir, et, demain matin, elles seront chez moi.

LE DUC.

Pour sûr ?

ROGER.

Elle m'en a donné sa parole.

VIII.

LE DUC.

Juge de quelle importance est pour moi la remise de ces lettres, Roger, au moment de partir pour l'Espagne.

ROGER.

Votre Altesse part? et quand cela?

LE DUC.

Après-demain, et tu conçois : je vais épouser la fille du duc de Savoie ; si ces lettres...

ROGER.

Que monseigneur se rassure ; ces lettres seront chez moi demain avant dix heures. Seulement, que Votre Altesse veuille bien me dire où j'aurai l'honneur de la voir : à Marly, à Versailles, aux Tuileries?...

LE DUC.

Écoute... Je vais demain à Paris, ne quitte pas ton hôtel de la journée.

ROGER.

Comment! Son Altesse me ferait l'honneur...?

LE DUC.

Silence! si l'on savait que j'ai mis le pied chez un mauvais sujet comme toi, on se douterait que c'est pour quelque amour secret.

ROGER.

Eh bien, mais il me semble qu'il y a eu autrefois une certaine Hortense Mancini, que, dans une circonstance à peu près pareille, votre auguste aïeul...

LE DUC.

Oui; mais mon auguste aïeul avait alors quelque chose comme quarante ans de moins, ce qui rend plus indulgent.

ROGER.

Sans compter qu'il n'avait pas encore eu le bonheur de faire la connaissance de madame de Maintenon.

LE DUC.

Chut!... J'irai seul, dans une voiture sans armoiries; on annoncera le comte de Mauléon. Veille à ce que je ne rencontre personne.

ROGER.

Il sera fait comme le désire Votre Altesse, ou plutôt Votre Majesté, car c'est le titre qui vous appartient désormais.

LE DUC.

Oui, grâce à ce titre de roi que je vais bientôt porter, grâce

surtout aux ennuyeuses lois de l'étiquette, je ne puis plus faire
un pas sans qu'il soit observé; dire une parole sans qu'elle soit
commentée à Versailles; je ne puis pas même être seul! Voilà
pourquoi je t'ai dit de m'attendre dans ce pavillon. Depuis
huit jours, madame de Maintenon m'en a remis la clef. Tous
les matins, je suis contraint d'y venir entendre des leçons de
politique. Elle prétend m'apprendre à gouverner l'Espagne, à
rendre mon peuple heureux! Va, crois-moi, Roger, majesté
en Espagne, c'est bien triste, et mieux vaut être altesse, et
même simple gentilhomme en France.

ROGER.

Heureusement que Votre Altesse arrive à Madrid pour le
carnaval, cela lui fera paraître moins durs les commencements
de son exil.

LE DUC.

Tu ne sais pas ce que tu devrais faire, Roger?

ROGER.

Non, monseigneur.

LE DUC.

Tu devrais m'y rejoindre.

ROGER.

En Espagne? J'avoue qu'à moins que Son Altesse ne m'en
donne l'ordre formel, j'éprouverais dans ce moment quelque
contrariété à quitter la France.

LE DUC.

Une intrigue, mauvais sujet?

ROGER.

Quelque chose du moins qui ressemble beaucoup à cela.

LE DUC.

J'espère que ce n'est point ici?

ROGER.

Oh! comment Votre Altesse peut-elle soupçonner...?

LE DUC.

Toi! je te crois capable de tout.

ROGER.

Votre Altesse me flatte.

LE DUC.

Non, pardieu! et je dis ce que je pense. Au revoir, Saint-
Hérem, à demain!... Reste encore un instant ici; je ne veux
pas qu'on nous voie sortir ensemble. A demain donc; puis tu
me remettras les lettres... et la clef de ce pavillon.

ROGER.

Je n'y manquerai pas, monseigneur.

LE DUC, sortant par la gauche.

A demain.

SCÈNE VII

ROGER, seul.

La nuit vient par degrés.

Diable! rendre la clef, ce n'est pas mon affaire! Et comment verrais-je Charlotte, moi?... Si j'en faisais faire une seconde d'ici là... Oui, mais qu'une pareille chose soit connue!... Il faut que je sache si Charlotte m'aime, et ensuite... (On frappe à la fenêtre.) Qu'y a-t-il? Ah! c'est vrai; et Dubouloy que j'avais oublié...

(Il va à la fenêtre et l'ouvre; Dubouloy paraît au haut d'une échelle.)

SCÈNE VIII

ROGER, DUBOULOY.

DUBOULOY, sur son échelle.

Mon cher ami, ce n'est pas pour moi, c'est pour toi, mais je te ferai observer que je n'ai plus que quarante minutes...

ROGER.

L'heure approche... Elles vont venir d'un moment à l'autre.

DUBOULOY, sautant dans la chambre.

J'ai grimpé sur cette échelle de jardinier pour m'assurer que tu étais seul, et te dire...

ROGER, regardant dans le jardin.

Attends...

DUBOULOY.

Quoi?

ROGER.

Malgré l'obscurité... il me semble que c'est elle... Charlotte... celle que j'aime!

DUBOULOY, regardant.

Qui se promène là-bas toute seule?

ROGER.

Oui.

DUBOULOY.

Alors, puisqu'elle est toute seule, tu n'as plus besoin de moi, mon cher ami; bonne chance!

ROGER, le retenant.

Au contraire; elle n'aura pas voulu accompagner son amie ici, où elle sait que je l'attends. Son amie va venir de son côté; ne me voyant pas, elle courrait au jardin... Occupe-la, mon cher Dubouloy, fais-lui la cour, sois éloquent; cela t'est si facile! Moi, je descends au jardin; je tombe aux pieds de Charlotte, et j'obtiens enfin l'aveu de son amour.

(L'obscurité est devenue complète. En ce moment, Louise entre par la gauche.)

ROGER, à voix basse, à Dubouloy.

Tiens, regarde si je m'étais trompé.

DUBOULOY, bas aussi.

Alors, c'est la mienne, celle-là?

ROGER.

La tienne, oui...

DUBOULOY.

Ah çà! songe que, dans trente cinq minutes...

ROGER.

Je ne te demande pas un quart d'heure.

(Il disparaît par la droite.)

SCÈNE IX

DUBOULOY, LOUISE.

LOUISE, prêtant l'oreille, à part.

J'ai entendu... Il doit être là. (Haut.) Monsieur!...

DUBOULOY.

Quoi?

LOUISE.

Est-ce vous?

DUBOULOY, s'approchant.

Oui.

LOUISE.

Monsieur le vicomte, croyez que je suis désespérée... Quelques instances que j'aie pu faire pour déterminer Charlotte à venir ici...

DUBOULOY·

Ah! mademoiselle!...

LOUISE, à part.

Qu'entends-je?

DUBOULOY.

Ce n'est pas Charlotte que j'attendais ici.

LOUISE.

Cette voix... ce n'est pas celle du vicomte!

DUBOULOY.

Non, mademoiselle, c'est la mienne.

LOUISE.

Qui êtes-vous, monsieur?

DUBOULOY.

Un ami intime de Saint-Hérem, un autre lui-même... un homme à qui vous avez fait perdre la tête, qui ne sait plus ce qu'il fait, et à qui il faut pardonner s'il ne sait pas ce qu'il dit. (A part.) C'est horrible!... je ne sais pas si elle est jolie!

LOUISE.

Mais enfin, monsieur, votre nom?

DUBOULOY.

Hercule Dubouloy.

LOUISE.

Hercule Dubouloy?... Je ne connais pas...

DUBOULOY.

Fils unique d'un fermier général, cinquante mille livres de rente pour le moment et de grandes espérances pour l'avenir! Voilà ma position, mademoiselle, et je puis donc espérer que votre cœur...

LOUISE.

Mais, monsieur, je ne vous ai jamais vu.

DUBOULOY.

Un mot me fera connaître... J'ai vingt-cinq ans, le caractère paisible gentil cavalier, la conversation attachante, l'œil vif, les dents belles, et le cœur passionné!

LOUISE.

Mais où m'avez-vous donc remarquée, monsieur?

DUBOULOY.

Partout... à l'église... aux représentations d'*Esther!*

LOUISE.

Vous y veniez?

DUBOULOY.

Je n'en ai pas manqué une. Alors, sachant que mon ami, le vicomte de Saint-Hérem, avait une clef de Saint-Cyr, je l'ai prié, supplié de me conduire ici.

LOUISE.

Ici, à une pareille heure, monsieur !

DUBOULOY.

L'heure n'y fait rien, mademoiselle. (A part.) C'est-à-dire... si, au fait, elle a raison... Quelle heure ?... (Il essaye de voir l'heure à sa montre. A part.) Bon ! voilà qu'on n'y voit plus ! (Haut et tombant aux genoux de Louise.) Je l'ai supplié de me conduire ici pour que je puisse vous parler, pour que je puisse me jeter à vos pieds.

LOUISE.

Monsieur !... que faites-vous ?...

DUBOULOY.

Oui, me jeter à vos pieds et vous dire... (L'heure sonne. A part.) Hein ! l'horloge... Huit heures... Bon ! je n'ai plus que dix miuntes... (Haut.) Et vous dire...

LOUISE.

Quoi donc, monsieur ?... Parlez.

DUBOULOY.

Que je vous aime, mademoiselle ! oui, voilà ce que je voulais vous dire !

LOUISE.

Monsieur, si je pouvais croire...

DUBOULOY.

Vous douteriez de ma parole, mademoiselle, après la démarche que je fais, quand je m'expose au danger d'être surpris à Saint-Cyr ?...

LOUISE.

Non, vous avez raison ; quel motif auriez-vous, d'ailleurs, pour me tromper ?

DUBOULOY.

Oui, quel motif aurais-je ? Je vous le demande !

LOUISE.

Je vous crois donc, monsieur...

DUBOULOY, à part.

La voilà convaincue. Je ne me savais pas si éloquent.

LOUISE.

Vous êtes prêt alors à faire pour moi ce que M. de Saint-Hérem fait pour Charlotte?

DUBOULOY.

Tout ce qu'il fera, je le ferai ; je suivrai l'exemple de mon ami jusqu'au bout, charmante... (A part.) Je ne sais pas son nom de baptême. (Haut.) Charmante !...

LOUISE.

Monsieur...

DUBOULOY.

Oui, mademoiselle, charmante !

LOUISE.

Monsieur, soyez certain que vous ne vous repentirez pas du sacrifice que vous faites pour moi, et que ma reconnaissance pour un homme qui a été distinguer, au milieu de ses compagnes, nobles, riches et belles, une pauvre fille comme moi, soyez certain, dis-je, que cette reconnaissance sera éternelle.

DUBOULOY.

Éh bien, mademoiselle, maintenant que je suis sûr de mon bonheur, permettez que je me retire.

LOUISE.

Comment, monsieur?...

DUBOULOY.

Il faut que j'aille faire part à mon père de vos excellentes dispositions à mon égard... (A part.) Ça m'est égal, je n'ai pas la clef, mais je sauterai par-dessus le mur.

(On entend du bruit.)

SCÈNE X

Les Mêmes, CHARLOTTE.

CHARLOTTE, entrant tout effarée.

Louise !... Louise !

DUBOULOY, se retournant.

Hein !... qu'y a-t-il?

LOUISE.

C'est Charlotte ! qu'est-il arrivé?

(Elle court à elle.)

DUBOULOY, à part.

Profitons de la circonstance pour nous éloigner...

CHARLOTTE.

Ob ! mon Dieu, mon Dieu ! je me meurs, je suis morte !

LOUISE.

Mais qu'as-tu donc ?

DUBOULOY, cherchant, et à lui-même.

Où diable ai-je mis mon chapeau à présent ?...

CHARLOTTE, à Louise.

Imagine-toi que, tandis que le vicomte, — car, tu sais, il est venu, — tandis qu'il était a mes pieds, tandis qu'il me disait qu'il m'aimait...

LOUISE.

Eh bien ?

CHARLOTTE.

Nous avons entendu du bruit près de nous, derrière la charmille... On nous écoutait, Louise ! quelqu'un était caché !

LOUISE, à part.

Très-bien !... madame de Maintenon !

DUBOULOY, se retournant effrayé.

Hein ?...

SCÈNE XI

LES MÊMES, ROGER.

ROGER, entrant.

Charlotte !... Charlotte !... soyez tranquille !

DUBOULOY, mettant la main sur son chapeau.

Enfin, le voilà !

(Il se glisse par la porte de droite et disparaît.)

ROGER.

Il n'y avait personne ; vous pouvez donc me dire encore que vous m'aimez ! vous pouvez me le répéter, vous pouvez me faire le plus heureux des hommes !

CHARLOTTE.

Mais êtes-vous bien sûr que personne...?

ROGER.

Oui !... J'ai sauté par-dessus la charmille, j'ai fouillé le massif d'arbres.

DUBOULOY, rentrant.

Mon ami, mon ami, la porte du pavillon est fermée.

7.

ROGER.

Celle qui donne sur le jardin?

DUBOULOY.

Oui.

ROGER.

Elle se sera fermée toute seule.

DUBOULOY.

En attendant, nous sommes prisonniers! (Bas, à Roger.) **Et moi!... et moi!... mon père, mon beau-père, ma future... tout cela qui m'attend à Charny!**

CHARLOTTE.

Mon Dieu, mon Dieu! si nous étions découverts, nous serions perdus!

ROGER.

Eh bien, faites ce que je vous disais, Charlotte, suivez-moi...

CHARLOTTE.

Un enlèvement, monsieur?

DUBOULOY.

Oui, oui, enlevons! et surtout sortons d'ici! (A part.) Quand je serai dehors, je prendrai mes jambes à mon cou!... (Haut.) Enlevons vite, mon ami.

LOUISE, à Dubouloy.

Monsieur, monsieur, je ne vous quitte pas!

DUBOULOY, à part.

Bien! de mieux en mieux! Ah! Roger!

CHARLOTTE.

Mais, monsieur, un enlèvement!... c'est impossible!

LOUISE.

Qu'espères-tu donc? que veux-tu que nous fassions?... Si nous restons, que devenir?...

CHARLOTTE.

Et, d'ailleurs, comment fuir?

ROGER.

Rien de plus facile... J'ai la clef du jardin, et, par cette fenêtre...

DUBOULOY.

Ah! oui, par cette fenêtre... et, grâce à cette échelle que j'ai placée moi-même...

(Ils ouvrent la fenêtre. Un Exempt est au haut de l'échelle, une lettre de cachet à la main.)

SCÈNE XII

LES MÊMES, L'EXEMPT.

L'EXEMPT.

Au nom du roi, messieurs, je vous arrête.

DUBOULOY.

Hein ! vous nous arrêtez ?

L'EXEMPT.

Suivez-moi, messieurs...

DUBOULOY.

Où nous conduisez-vous ?

L'EXEMPT.

A. la Bastille !

LOUISE, à Charlotte.

Sois tranquille ! tout ira bien !

(Dubouloy tombe dans les bras de Roger, et Charlotte dans ceux de Louise.)

ACTE DEUXIÈME

Un salon de l'hôtel du vicomte de Saint-Hérem, rue du Bac

SCÈNE PREMIÈRE

COMTOIS, sortant de l'appartement à droite, au moment où l'on frappe violemment trois coups à la porte de la rue ; puis ROGER.

COMTOIS.

Ah ! cette fois, ce doit être monsieur. (Il va à la fenêtre.) Oui ; je commençais vraiment à être fort inquiet... Sorti depuis hier midi, et voilà qu'il est huit heures du matin. (Apercevant Roger, qui entre en jetant son chapeau sur un fauteuil Oh ! oh ! il y a de l'orage !...

ROGER.

Il n'est venu personne pour moi ?

COMTOIS.

Un domestique de madame la comtesse de Montbazon, qui m'a remis ce paquet.

ROGER.

Donnez ! (A lui-même.) Ce sont les lettres du duc d'Anjou...
Bien ! (Haut.) C'est tout ?

COMTOIS.

Oni, monsieur.

ROGER.

Je n'y suis pour personne, entendez-vous bien ? pour personne, excepté pour M. le comte de Mauléon... Retenez bien
ce nom... Ne le faites pas attendre quand il se présentera...
C'est un très-grand seigneur ! Si, par hasard, j'étais avec
quelqu'un, prévenez-moi... Ah ! et puis encore pour Dubouloy... (A part.) Si toutefois il est libre ; car, hier, à Saint-
Cyr, aussitôt après notre arrestation, l'on nous a séparés, et,
depuis, pas la moindre nouvelle. (A Comtois.) Vous m'entendez...

(Il va pour entrer dans la chambre à droite.)

COMTOIS.

Monsieur rentre dans son appartement ?

ROGER.

Sans doute... Qu'y a-t-il d'étonnant à cela ?

COMTOIS.

Oh ! rien... Alors, monsieur sait probablement...

ROGER.

Quoi ?... que voulez-vous que je sache ? Je ne sais rien...
Parlez... Dites !

COMTOIS.

Qu'il y a quelqu'un dans l'appartement de monsieur.

ROGER.

Quelqu'un ?... et qui cela ?

COMTOIS.

Mais une femme.

ROGER.

Quelle femme ?

COMTOIS.

La femme de monsieur, madame la vicomtesse.

ROGER, à part.

Après tout ce que j'ai dit, on a osé !... Ma femme est ici !...
dans cet hôtel, dans mon appartement !... (Haut.) Qui a eu la
hardiesse... ?

COMTOIS.

Ce matin, à quatre heures, une voiture s'est arrêtée à la porte de l'hôtel; Breton, qui veillait, a cru que c'était monsieur qui rentrait, et s'est avancé pour lui offrir ses services... Pas du tout, c'était une dame, accompagnée de la marquise de Nesle et de la duchesse de Polignac.

ROGER.

De la marquise de Nesle et de la duchesse de Polignac?

COMTOIS.

De M. d'Estrées et de M. de Villarceaux.

ROGER.

Le grand écuyer de monseigneur le duc d'Anjou et le premier gentilhomme de monseigneur le duc de Berry ! Ah ! très-bien ! madame de Maintenon !

COMTOIS.

Monsieur comprend bien que, quand Breton les a reconnus, il a ouvert toutes les portes. On a demandé où était l'appartement de monsieur... Breton y a conduit la société... Arrivés là, ces messieurs et ces dames ont dit à la personne qu'ils conduisaient : « Vicomtesse de Saint-Hérem, vous êtes chez vous. » Puis ils se sont retirés. C'est comme cela que nous avons appris que monsieur était marié.

ROGER.

C'est bien... Mettez vite en état de me recevoir l'appartement qu'occupe mon père, quand il vient à Paris.

COMTOIS.

Monsieur n'habitera donc pas...?

ROGER.

Faites ce que je dis. (Comtois s'avance vers l'appartement de gauche.) Ah ! Comtois !...

COMTOIS.

Monsieur?...

ROGER.

Madame de Saint-Hérem a-t-elle une femme de chambre?

COMTOIS.

Elle en a deux.

ROGER.

Vous prierez l'une ou l'autre de ces demoiselles de vous prévenir aussitôt que sa maitresse sera visible.

COMTOIS.

Oui, monsieur.

ROGER.

C'est tout... Allez.

(Comtois' sort.)

SCÈNE II

ROGER, seul.

Cet épisode manquait à l'histoire. Il est, sur mon honneur, impossible d'être plus cruellement mystifié! Allons, me voilà la fable de la cour!... Je l'aimais bien! mais, après ce qui vient d'arriver... je ne lui pardonnerai jamais!... Ah! madame de Saint-Hérem, prenez-y garde! vous jouez avec moi une partie dangereuse... et, quoique vous ayez pour vous madame de Maintenon, vous pourriez bien vous repentir de l'avoir entreprise.

SCÈNE III

ROGER, DUBOULOY

DUBOULOY, entrant le chapeau posé carrément sur la tête et se croisant les bras.

Ah!

ROGER, courant à lui.

Eh! c'est toi, mon cher Dubouloy!...

DUBOULOY, froidement.

Tout beau, monsieur! tout beau!

ROGER.

Qu'y a-t-il donc?

DUBOULOY.

Ce qu'il y a?... Il y a que vous disiez, hier encore, que, dans plusieurs occasions, vous aviez été mon obligé...

ROGER.

C'est vrai, tu m'as rendu plus d'un service, je me plais à le proclamer.

DUBOULOY.

Eh bien, je viens vous en demander un à mon tour, et, comme c'est le premier que je vous demande, j'espère que vous ne me le refuserez pas.

ROGER.

Lequel?

DUBOULOY.

C'est de vous couper la gorge avec moi.

ROGER.

Me couper la gorge avec toi ! avec toi, mon ami ?

DUBOULOY.

Vous, mon ami ! après le tour que vous m'avez fait ? vous, mon ami ?... Vous plaisantez, monsieur !

ROGER.

Mais que t'est-il donc arrivé ?

DUBOULOY.

Ce qui m'est arrivé ?

ROGER.

Sans doute... Avant de nous battre, il faut au moins que je sache...

DUBOULOY.

C'est juste... Je vais vous le dire. Il m'est arrivé que, lors-qu'on nous a eu arrachés des bras l'un de l'autre, on m'a mis dans un carrosse, et conduit à la Bastille. Arrivé là, on m'a fait descendre vingt-sept marches... je les ai comptées... on a ouvert une porte devant moi, on m'a poussé, on a re-fermé la porte derrière moi, et je me suis trouvé dans un ca-chot très-noir et tres-désagréable.

ROGER.

Mon pauvre garçon !

DUBOULOY.

A la lueur d'une mauvaise lampe qu'on avait l'air d'avoir oubliée là par hasard, je distinguai une espèce de grabat et un escabeau. Je m'assis sur mon escabeau, et je me mis à re-fléchir. Je me disais que mon père, que mon beau-père et que ma future m'attendaient. Je tirai ma montre, il était juste neuf heures... l'heure fixée pour mon mariage.

ROGER.

Que veux-tu, mon ami ! ce n'est pas ma faute... Tu te ma-rieras ce soir ; ce n'est qu'un retard, voilà tout.

DUBOULOY.

Je me marierai ce soir ?... Charmante plaisanterie, et que vous vous seriez épargnée si vous ne m'aviez pas inter-rompu !... Je disais donc que le résultat de mes réflexions fut que plus tôt je sortirais de la Bastille, mieux cela vaudrait. Je fis prier le gouverneur de descendre, prière à laquelle il se rendit, je dois le dire, et je lui demandai ce qu'il fallait

faire pour arriver au résultat que j'ambitionnais... Il me dit
que rien n'était plus facile, et qu'il fallait que je rendisse
l'honneur à mademoiselle Louise Mauclair, voilà tout. Je ré-
pondis au gouverneur que, n'ayant rien ravi à mademoiselle
Louise Mauclair, je n'avais rien à lui rendre... Sur quoi, le
gouverneur appela deux guichetiers, me fit descendre onze
autres marches, et je me trouvai dans un cachot beaucoup
plus noir et beaucoup plus désagréable que le premier,

ROGER.

Que fis-tu alors?

DUBOULOY.

Je me rappelai les philosophes de l'antiquité, et je résolus
d'opposer le stoïcisme à la persécution. Au bout de deux heures de stoïcisme, je m'aperçus que je mourais de faim...
C'était tout simple, je n'avais rien pris depuis le matin, que
l'honneur de mademoiselle Louise Mauclair, à ce qu'il paraît.
Moi, d'abord, quand j'ai faim, il n'y a pas de stoïcisme, il n'y
a pas de philosophie, il n'y a rien qui tienne... il faut que je
mange !... c'est bizarre, mais c'est comme cela. J'appelai, et
je demandai à souper. On me dit que j'avais du pain et de
l'eau quelque part, et que je n'avais qu'à chercher. Vous comprenez dans quel état d'exaspération me mit cette réponse.
Je pris mon pain et mon eau, et, dans l'intention de me laisser mourir de faim et de soif, je jetai mon pain par la grille
du cachot et je versai mon eau à terre. Deux heures après,
dame ! ce n'était plus de la faim, ce n'était plus de la soif,
c'était de la rage... Je voulus tenir bon... Je persévérai une
demi-heure encore; mais c'était tout ce que les forces humai-
nes pouvaient supporter. La nature fut vaincue, et je criai de
toute la force de mes poumons que j'étais prêt à rendre
l'honneur à mademoiselle Louise Mauclair; n'ayant plus
qu'une peur, c'est qu'on ne m'entendît pas. Heureusement, on
m'entendit; le guichetier entra, tenant, d'une main, un poulet
et une bouteille de bordeaux, de l'autre, un contrat de mariage. Je signai le contrat, j'avalai le poulet, je bus la bouteille, et je suivis le guichetier, qui me conduisit à l'église,
où mademoiselle Louise Mauclair m'attendait, et où le chapelain de la Bastille nous maria bel et bien. De sorte que vous
comprenez, mon cher monsieur de Saint-Hérem, que, comme
c'est à vous que je dois cette petite mystification conjugale,
c'est à vous que je m'adresse, tout naturellement, pour en

avoir satisfaction... Je n'en serai pas moins marié, c'est vrai,
mais je me serai vengé sur quelqu'un. Vous avez votre épée,
faites-moi donc le plaisir de me suivre.

ROGER.

Eh! mon cher Dubouloy, je comprendrais cet acharne-
ment, si j'étais exempt du malheur où je t'ai entraîné; mais
ton aventure, c'est la mienne.

DUBOULOY.

Comment, mon aventure, c'est la tienne?

ROGER.

Sans doute.

DUBOULOY.

On vous a conduit à la Bastille comme moi?

ROGER.

Oui.

DUBOULOY.

On vous a enfermé dans un cachot?

ROGER.

Oh! mon Dieu, oui.

DUBOULOY.

Et on vous a dit que vous n'en sortiriez pas?...

ROGER.

Que je n'en sortirais pas, à moins que je n'eusse rendu
l'honneur à mademoiselle Charlotte de Mérian.

DUBOULOY.

Et vous avez cédé?

ROGER.

Il le fallait bien.

DUBOULOY.

Alors, dans ce cas, vous êtes donc...?

ROGER.

Je suis marié!

DUBOULOY.

Marié! Tu es marié?...

ROGER.

Marié!

DUBOULOY.

Mon ami, je n'exige plus rien de toi. (Lui serrant la main.) La
réparation est suffisante.

ROGER.

Mais tu ne sais pas une chose plus triste encore que tout ce qui t'est arrivé ?...

DUBOULOY.

Quoi donc ?

ROGER.

Après ce tour cruel, je jurai de ne jamais la revoir...

DUBOULOY.

Eh bien ?

ROGER.

Eh bien... je rentre ici, et je trouve madame de Saint-Hérem installée dans mon appartement, par ordre de madame de Maintenon.

DUBOULOY.

Mon ami, je rentre chez moi, et le concierge m'apprend que madame Dubouloy est en possession de mon hôtel ! Alors je n'ai pas même voulu mettre le pied dans la maison, et j'ai couru chez mon père. Je lui devais bien une visite, tu en conviendras.

ROGER.

Eh bien, comment l'as-tu trouvé ?

DUBOULOY.

Furieux, mon ami, furieux ! et il y avait de quoi, tu comprends. Comment ! je sors hier, au moment d'épouser une femme, en lui disant : « Mon père, soyez tranquille, dans une heure je suis ici; » et je reviens le lendemain, et marié avec une autre. Il n'a pas voulu croire un seul mot de tout ce que je lui ai raconté, et, me voyant perdre ma charge future à la cour, mon titre... tu sais... il m'a donné sa malédiction.

ROGER.

Sa malédiction ?

DUBOULOY.

Parfaitement ! C'est alors que, ne voulant pas rentrer chez moi; que, ne pouvant pas rester chez mon père; que, ne sachant où aller, enfin, je suis venu ici... Pauvre ami ! je ne savais pas que, moins la malédiction paternelle, nous nous trouvions juste dans la même situation.

ROGER.

Absolument la même.

DUBOULOY.

Non, non, pas la même; tu es encore couché sur un lit de roses relativement à moi.

ROGER.

Comment cela, je te prie?

DUBOULOY.

Oui, tu n'as pas deux femmes, toi : l'une que tu devais épouser, l'autre que tu ne devais pas épouser et que... C'est qu'elle a un père, deux frères et trois cousins, vois-tu !...

ROGER.

Laquelle ?

DUBOULOY.

L'autre, la majestueuse... Tout cela va me tomber sur les bras; il faudra dégainer tous les jours... Voilà pourquoi j'aimais mieux en finir tout de suite avec toi... Mais enfin, puisque nous sommes atteints du même coup, il ne sera pas dit que j'aggraverai ta position... Seulement, que vas-tu faire? Puisque notre sort est pareil, il faut, ce me semble, que nos résolutions soient communes. Que résous-tu à l'égard de ta femme?

COMTOIS, entrant.

Madame de Saint-Hérem fait demander à M. le vicomte s'il peut la recevoir.

ROGER.

A l'instant! (Comtois sort.) Tu demandais ce que j'allais faire? Entre dans ce cabinet, qui, comme tu le sais, a une seconde sortie. Écoute ce qui va se passer entre moi et madame de Saint-Hérem, et, quand tu seras suffisamment édifié, rentre chez toi, fais-en autant avec madame Dubouloy.

DUBOULOY.

Oh! mon Dieu, dès les premiers mots que tu prononces, je devine ce qui me reste à faire... En deux secondes, je suis à mon hôtel, et je te promets de me montrer digne de toi !... Ah çà! pas de faiblesse.

ROGER.

Oh ! j'entends madame de Saint-Hérem... A ton poste!

(Dubouloy entre dans le cabinet.)

SCÈNE IV

ROGER, CHARLOTTE.

CHARLOTTE.

J'ai appris, monsieur, que vous m'aviez fait demander à quelle heure je serais visible, et j'accours...

ROGER.

Je vous remercie de cet empressement, madame ; car vous devez comprendre que j'avais hâte d'avoir une explication avec vous.

CHARLOTTE.

Une explication, monsieur ?... Je ne comprends pas vos paroles, et encore moins l'accent singulier avec lequel elles sont prononcées... Une explication !... et sur quoi ?

ROGER.

Mais sur notre arrestation d'hier, et sur... l'événement de cette nuit.

CHARLOTTE.

Oh ! j'ai été bien effrayée de l'une, je vous assure, et bien heureuse de l'autre !

ROGER.

Tous deux étaient cependant prévus, je le présume ; et quand on sait les choses d'avance, je pensais, moi, qu'elles produisaient moins d'effet.

CHARLOTTE.

J'avais prévu... je savais... Que voulez-vous dire, monsieur ?

ROGER.

Je veux dire que vous jouez admirablement la comédie d'intrigue.

CHARLOTTE.

Monsieur !

ROGER.

Oh ! ne vous en défendez pas, madame ; dans ce cas-là, celui qui a gagné a toujours raison.

CHARLOTTE.

Je vous proteste, monsieur, que, tout en devinant un reproche amer dans vos paroles, je ne comprends rien à ce qu'elles me disent... A-t-on forcé votre volonté ? avez-vous été contraint en quelque chose ?

ROGER. ·

Vous le demandez !...

CHARLOTTE.

Sans doute, monsieur, je vous le demande.

ROGER.

Vous le demandez !... Et ce mariage dans la chapelle d'une prison d'État, croyez-vous qu'il ait été fait de mon gré?

CHARLOTTE.

Pardon, monsieur, mais, hier encore, dans le jardin de Saint-Cyr, vous me disiez à mes genoux, en me répétant cent fois que vous m'aimiez... vous me disiez que le moment le plus heureux de votre vie serait celui où vous deviendriez mon mari, où vous m'appelleriez votre femme. Me disiez-vous cela, monsieur, ou ai-je mal entendu? Étais-je folle?

ROGER.

Non, madame, et, comme vous vouliez me rendre heureux le plus vite possible, vous avez tout arrangé, fort adroitement, ma foi, pour que je pusse devenir votre mari et vous appeler ma femme la nuit même.

CHARLOTTE.

Moi, monsieur! comment, vous croyez que c'est moi qui...? Ah !... je commence à comprendre.

ROGER.

Et qui donc, s'il vous plaît, a pu prévenir madame de Maintenon si bien à temps, qu'au moment de sortir par les portes, nous ayons trouvé les portes fermées... et qu'au moment de sortir par la fenêtre, nous ayons trouvé un exempt de la prévôté sur l'échelle par laquelle nous allions descendre?

CHARLOTTE.

Ah! monsieur, monsieur, vous me faites honte! mais, en même temps, vous m'éclairez... Ces protestations d'amour étaient donc fausses?... Cette offre de m'épouser secrètement était donc illusoire?... Vous vouliez donc, tout simplement, monsieur, me tromper... tromper une pauvre fille?... Oh! il n'y avait pas grand mérite à cela, monsieur... et cela n'aurait pas ajouté beaucoup à votre réputation.

ROGER.

Non, madame, non !... j'étais sincère quand je vous disais que je vous aimais, car je vous aimais, j'étais assez fou pour cela... Je voulais vous épouser, sans doute... mais j'aurais voulu à notre mariage une autre forme... une forme... qui lui imprimât au moins l'apparence du libre arbitre...

CHARLOTTE.

C'est cela, monsieur ! dites que, me regardant comme une jeune fille sans conséquence, vous avez bien voulu, cela ne s'appelle t-il pas ainsi?... m'honorer d'une fantaisie... et que vous avez tout fait pour la satisfaire... Le hasard, la Providence ont voulu que les choses tournassent autrement que vous ne l'espériez; que, forcé par une puissance indépendante de ma volonté, forcé de tenir les promesses que vous m'aviez faites, votre orgueil a été froissé... et que vous allez sacrifier votre femme à votre orgueil, comme vous vouliez sacrifier votre maîtresse à votre fantaisie. Dites cela, monsieur, et cette fois, au moins, vous aurez vis-à-vis de moi le mérite de la franchise.

ROGER.

Et vous, madame, dites que, fatiguée d'être à Saint-Cyr, vous avez éprouvé le désir, désir bien naturel, d'être libre, d'avoir un nom, une position dans le monde... Vous avez eu la bonté de croire que je pourrais vous donner tout cela...

CHARLOTTE.

Monsieur!...

ROGER.

C'est très-flatteur pour moi... et je vous remercie de m'avoir donné la préférence !

CHARLOTTE.

Ah!

ROGER.

Mais, comme j'apprécie parfaitement le sentiment qui vous a fait agir, permettez que, tout en demeurant sa victime, je ne reste pas sa dupe. Vous désiriez être libre, vous l'êtes; vous désiriez un nom, vous avez le mien; vous désiriez une fortune, vous avez la mienne; vous désiriez une position dans le monde, pour tout le monde, excepté pour moi, vous serez la vicomtesse de Saint-Hérem. Maintenant, madame, voici mon appartement, voici le vôtre; c'est la seule chose que nous ne partagerons pas. Quant à cette chambre, c'est un terrain neutre sur lequel nous nous rencontrerons quelquefois. C'était ce que vous désiriez, n'est-ce pas, madame? Vous êtes satisfaite, vous êtes heureuse? Je ne puis pas davantage pour vous; permettez-moi donc de me retirer...

CHARLOTTE, voulant le retenir.

Monsieur !...

ROGER, saluant.

Madame...

(Roger rentre chez lui.)

SCÈNE V

CHARLOTTE, seule

Oh! mon Dieu! que viens-je d'entendre ! et est-ce possible
que le même homme qui me jurait hier qu'il n'aimait que
moi, qu'il n'aimerait jamais que moi, soit aujourd'hui si dur,
si cruel? Oh ! je le sens bien, oui, tant qu'il a été là, ma dignité, mon orgueil, m'ont soutenue, m'ont donné du courage...
Mais, maintenant que je suis seule... Oh! mon Dieu, mon
Dieu !...

SCÈNE VI

CHARLOTTE, LOUISE.

LOUISE, entrant en éclatant de rire.

Oh! ma chère amie, ma bonne Charlotte, qu'il est drôle
quand il est en colère !

CHARLOTTE.

Qui cela ?

LOUISE.

Mon mari... M. Dubouloy... Imagine-toi qu'il vient de me
faire une scène... Oh ! j'aurais donné tout au monde pour que
tu fusses-là.

CHARLOTTE.

Vraiment ?

LOUISE.

Tout ce qu'il y a de plus dramatique, ma chère. Enfin, dans
l'état habituel, son visage m'a paru assez insignifiant... Eh
bien, dans la colère, sa figure prend une expression... Oh! je
le mettrai très-souvent en colère...

CHARLOTTE.

Mais à propos de quoi cette querelle ?

LOUISE.

Est-ce que je sais, moi?... Il m'a parlé d'un piége où il

avait été entraîné, d'un mariage qu'il manquait, de la Bastille
où on l'avait conduit, d'un cachot très-noir, d'un poulet et
d'une bouteille de vin de Bordeaux; il m'a dit que j'étais
cause de tout cela, que j'étais un serpent, et que jamais je ne
serais sa femme que de nom : ce qui m'est parfaitement égal,
attendu que je ne le connais que d'hier, ce monsieur, et que
je n'en suis pas du tout folle.

CHARLOTTE.

Cependant tu l'as épousé?

LOUISE.

Sans doute; mais ce n'est pas moi qui ai été le chercher.
C'est lui qui est venu me trouver, c'est lui qui m'a dit qu'il
m'aimait depuis longtemps, qu'il m'avait vue à la messe, aux
représentations d'*Esther*, qu'il mourrait de chagrin si je n'é-
tais pas à lui ! Dame, moi, j'ai bon cœur, je n'ai pas voulu le
laisser mourir, ce garçon, je me suis sacrifiée... Et puis,
maintenant, voilà comme il me remercie... Ah ! ma foi. à sa
fantaisie !... comme il voudra.

CHARLOTTE.

Et tu ne regrettes pas d'être mariée?

LOUISE.

Regretter d'être mariée, moi? J'en suis enchantée! Sais-tu
qu'il a un trés-bel hôtel ! J'ai visité tout cela pendant qu'il
était sorti, ce matin. Tn verras mon appartement... Délicieux,
ma chère ! Quand je compare cela à ma chambre de Saint-
Cyr... et puis comme c'est commode ! je voulais venir te voir,
je suis descendue et j'ai trouvé sa voiture à la porte... une
excellente voiture, sans armoiries, il est vrai... mais on ne
peut pas tout avoir... J'ai ordonné au cocher de prendre par
le quai. Que c'est beau, Paris, ma chère !... que c'est beau, le
Louvre, les Tuileries !... Il y avait·des carrosses qui passaient,
il y avait des seigneurs dans les carrosses... Tout cela est d'un
bruit, d'une animation... Et tu demandes si je suis bien aise
d'être mariée? Oh ! oui, j'en suis bien aise ! et ce serait à refaire que, certainement, je le referais !

CHARLOTTE, poussant un soupir.

Ah !

LOUISE.

Mais, toi, est-ce qu'il n'en est pas ainsi? est-ce que tu ne
penses pas comme moi?

CHARLOTTE.

Oh ! moi, ma chère Louise, je suis bien malheureuse !

LOUISE.

Toi, malheureuse, Charlotte ? Oh ! mon Dieu ! Et comment ? pourquoi ?

CHARLOTTE.

Oh ! moi... moi, je l'aimais ; et lui, il ne m'aime pas !

LOUISE.

Qui t'a dit cela ?

CHARLOTTE.

Lui-même.

LOUISE.

C'est lui-même ? Il ne faut pas le croire.

CHARLOTTE.

Comment veux-tu que je ne croie pas ?

LOUISE.

Écoute : hier, il disait qu'il t'adorait ; aujourd'hui, il dit qu'il te déteste. Très-certainement, il a menti hier ou aujourd'hui... Eh bien, pourquoi ne serait-ce pas aujourd'hui aussi bien qu'hier ? Les chances sont au moins égales, tu en conviendras... Et maintenant, pourquoi te déteste-il ? Voyons !

CHARLOTTE.

Oh ! il m'accuse d'une chose affreuse !

LOUISE.

Et de quoi t'accuse-t-il donc ?

CHARLOTTE.

Il dit que tout cela est une intrigue menée par moi, conduite par moi... Il me croit capable...

LOUISE.

De ce que j'ai fait... Ma chère, ce n'est pas aimable, ce que tu me dis là.

CHARLOTTE.

Oh ! Louise...

LOUISE.

Sois tranquille ; je ris.

CHARLOTTE.

Et moi, je pleure.

LOUISE.

Oh ! quelle étrange manière tu as d'envisager la vie ? Qu'est-ce que c'est que cela ?... Tu l'aimes ?... D'abord, tu as tort de l'aimer... Toute femme qui aime perd la moitié de ses avan-

tages. Mais crois-tu que c'est avec des larmes que tu le ramé-
neras?... Les hommes adorent nous voir pleurer, ça flatte leur
amour-propre... C'est avec nos larmes qu'ils entretiennent ce
préjugé, qu'ils sont nécessaires au bonheur de notre existence... Allons, plus de ces faiblesses-là! c'est de mauvais
goût pour tes gens... Justement, voilà un valet.

CHARLOTTE.

Oh! celui-là, c'est un ancien serviteur de mon mari. Que
voulez-vous, Comtois?

SCÈNE VII

Les Mêmes, COMTOIS.

COMTOIS

Pardon, madame la vicomtesse; mais c'est le comte de Mauléon qui demande mon maître, et, comme M. de Saint-Hérem
m'a donné l'ordre de ne pas le faire entrer s'il y avait quelqu'un, j'allais le prévenir...

CHARLOTTE.

Nous nous retirons, Comtois, nous nous retirons. Nous ne
voulons pas gêner monsieur. Faites entrer le comte de Mauléon. Viens, Louise.

(Elles rentrent.)

SCÈNE VIII

COMTOIS, puis LE DUC D'ANJOU, puis ROGER.

COMTOIS.

Diable! madame est bien triste!... Il paraît que ce n'est décidément pas un mariage d'inclination. (Ouvrant la porte.) M. le
comte peut entrer.

LE DUC, entrant.

Et Saint-Hérem?

COMTOIS.

Je vais le prévenir que M. le comte attend.

LE DUC.

Personne n'entrera sans être annoncé?

COMTOIS.

M. le comte peut être tranquille.

(Roger paraît.)

LE DUC.

Ah! te voilà...

(Roger s'incline, Comtois sort.)

ROGER.

De ma fenêtre, j'ai vu le carrosse de Votre Altesse, et je suis accouru.

LE DUC.

Très-bien... Et ces lettres?

ROGER.

Les voilà, monseigneur.

LE DUC.

Merci, et la clef?

ROGER.

Ah! oui, la clef... La voici.

LE DUC.

Tu n'en as plus besoin, je présume; car j'ai appris de tes nouvelles par madame de Maintenon. Ma foi, mon ami, je t'en fais mon compliment; c'est très-beau de ta part, toi qui as une grande fortune, épouser une jeune personne qui ne possède rien.

ROGER.

Oui, monseigneur, voilà comme je suis, moi.

LE DUC.

Tu l'aimais donc beaucoup?

ROGER.

Mais oui, monseigneur; j'en étais fou, c'est le mot.

LE DUC.

Comment! je te vois hier, et tu ne me dis pas que tu vas te marier?

ROGER.

Je ne savais pas que cela se ferait si vite; que Votre Altesse me pardonne.

LE DUC.

Est-elle jolie?

ROGER.

Très-jolie!

LE DUC.

Heureux coquin! je comprends maintenant pourquoi tu ne veux pas venir en Espagne.

ROGER.

Eh bien, monseigneur m'y fait penser... Au contraire... et,

si Son Altesse est toujours dans les mêmes dispositions bien-
veillantes à mon égard...

LE DUC.

Comment ! mais, après le service que tu m'as rendu aujour-
d'hui encore...

ROGER.

Je lui demanderai la permission de l'accompagner.

LE DUC.

M'accompagner, c'est impossible. Tu connais les lois de
l'étiquette : toutes les personnes qui font partie du cortège sont
désignées par le roi. Mais viens me rejoindre.

ROGER.

Je serai à Madrid aussitôt que Votre Altesse.

LE DUC.

A merveille !

ROGER.

Mais Votre Altesse permettra-t-elle que je fasse ce voyage
accompagné...?

LE DUC.

De ta femme ? Très-bien !

ROGER.

Non, monseigneur ; madame de Saint-Hérem est d'une santé
délicate, elle restera à Paris. Non, accompagné d'un de mes
amis.

LE DUC.

C'est bien ; tu me le présenteras.

ROGER.

C'est que je dois prévenir Votre Altesse qu'il est de noblesse
incertaine.

LE DUC.

Cela regarde d'Harcourt ; ainsi, c'est dit, tu viens ?

ROGER.

Je viens, monseigneur.

LE DUC.

Ah ! je respire ! j'aurai donc quelqu'un à qui parler de ma
pauvre France !

ROGER.

Et un petit peu de ces pauvres Françaises, n'est-ce pas,
monseigneur ?

LE DUC

Vois-tu, Roger, c'est qu'il n'y a encore qu'elles au monde !
Ah !...

ROGER.

Monseigneur, voilà un soupir dont je connais l'adresse.

LE DUC.

Eh bien, c'est ce qui te trompe, il n'est pas pour madame
de Montbazon...

ROGER.

Ah bah ! et pour qui donc ?

LE DUC.

C'est... Mais à quoi bon le dire ? je quitte la France ! A Madrid, Roger.

ROGER.

A Madrid, sire !

LE DUC.

A Madrid.

(Il sort. Roger l'accompagne jusqu'à la porte. Tandis qu'on voit Roger qui
salue une dernière fois le Duc dans le vestibule, Dubouloy passe sa tête par
la porte de gauche.)

SCÈNE IX

ROGER, DUBOULOY.

DUBOULOY.

Enfin, i s'éloigne... Roger !

ROGER, rentrant.

Tiens, te voilà !

DUBOULOY.

Oui ; Comtois m'a dit que tu étais en affaires, et m'a introduit dans ton cabinet. Eh bien, mon ami, que résolvons-nous ?
J'ai eu avec madame Dubouloy une scène qui a paru l'impressionner beaucoup. Il est vrai que j'ai été plein de dignité.
Maintenant, me voilà à tes ordres.

ROGER.

Eh bien, mon ami, nous partons...

DUBOULOY.

Ah ! nous partons... Et pour quelle partie du monde partons-nous ?

8.

ROGER.

As-tu quelque préférence?

DUBOULOY.

Moi, aucunement... Je désire aller où ne sera pas madame Dubouloy, voilà tout!... Je ne suis pas fâché non plus de m'éloigner de l'autre. Nous allons donc?...

ROGER.

En Espagne.

DUBOULOY.

En Espagne? Soit! j'ai toujours eu un faible pour l'Espagne! c est le pays des aventures, des balcons, des sérénades, des bals masqués, des amours romanesques et des vengeances sanglantes. Quand partons-nous pour l'Espagne, mon ami?

ROGER.

Dans une heure.

DUBOULOY.

A merveille!

ROGER.

Eh bien, alors, c'est dit, mon cher!... je rentre dans mon cabinet; toi, retourne à ton hôtel, fais tes dispositions, assure l'existence de ta femme comme je viens de le faire à l'égard de madame de Saint-Hérem... Ensuite, nous quittons la France, nous partons...

SCÈNE X

Les Mêmes, CHARLOTTE et LOUISE, qui, depuis un moment, ont paru.

CHARLOTTE, vivement.

Vous partez?

DUBOULOY.

Oui, madame, nous quittons la France, et peut-être même l'Europe. Nous nous exilons, mon ami le vicomte et moi. Voilà ce que la France vous devra, mesdames.

CHARLOTTE.

Mais vous nous emmènerez?

LOUISE, à Dubouloy.

Nous partons avec vous, n'est-ce pas?

DUBOULOY.

Non!... pas le moins du monde, madame : nous allons faire un voyage d'agrément!

LOUISE.

Monsieur Dubouloy, voilà un mot dont vous vous souviendrez.

DUBOULOY.

Comment l'entendez-vous, madame, je vous prie?

LOUISE, à Charlotte.

Ma chère amie, ne te désespère pas trop, et rappelle-toi qu'il te reste une amie bonne au conseil et à l'exécution. Adieu, monsieur Dubouloy.

DUBOULOY.

Mais, madame, vous m'expliquerez...

LOUISE.

Monsieur, je vous prie de ne pas me suivre!

DUBOULOY.

Madame, il m'est doux de vous obéir.

(Ils sortent tous deux, madame Dubouloy par le fond, Dubouloy par la gauche.)

SCÈNE XI

ROGER, CHARLOTTE.

CHARLOTTE.

Oh! mon Dieu! qui m'expliquera donc d'où vient tout ce qui m'arrive ?... qui me dira ce qu'il faut que je fasse? Mais ce n'est pas de l'indifférence que vous avez pour moi, monsieur, c'est de la haine! car ce départ... Mais non, je n'y puis croire encore...

ROGER.

Je pars, madame.

CHARLOTTE.

Ah! monsieur, c'est affreux!

ROGER.

C'est affreux! mais que vous importe que je parte ou que je reste, madame?

CHARLOTTE.

Que m'importe, dites-vous?... Oh! vous le demandez!

ROGER.

Sans doute. Je cherche en quoi ma présence ou mon absence peut vous intéresser.

CHARLOTTE.

Le titre de votre femme, que je n'avais pas demandé, que

vous m'avez offert, que j'ai reçu par l'ordre d'une puissance dont j'ignorais l'intervention, me donne du moins un avantage : c'est de pouvoir vous dire hautement aujourd'hui ce que je n'osais vous avouer tout bas hier... Si vous ne m'aimez pas, monsieur... je vous aime, moi... Enfermée à Saint-Cyr, éloignée de toute société depuis mon enfance, n'ayant jamais connu ma mère, ayant vu mon père à peine, tout ce que mon cœur contenait d'amour, je l'ai reporté sur vous. Constamment malheureuse depuis mon enfance, sans appui, sans fortune, tout ce que mon cœur avait rêvé, je l'avais mis en vous. Vous étiez noble, élégant, riche, à la mode, en faveur; vous possédiez tous les biens de la terre, c'est vrai; moi, je n'avais qu'une chose, ma réputation. Eh bien, je la sacrifiais en fuyant avec vous...

ROGER.

Ah! madame, vous saviez d'avance que cette fuite...?

CHARLOTTE.

Monsieur, une fille noble doit avoir sa parole comme un gentilhomme; et, sur ma parole, je l'ignorais!

ROGER.

Il est fâcheux alors, madame, que les apparences soient contre vous, et me forcent, sous peine de ridicule...

CHARLOTTE.

Et c'est à cette crainte du ridicule que vous sacrifiez mon bonheur, que vous sacrifiez ma vie!

ROGER.

Votre vie?...

CHARLOTTE.

Oui, monsieur, oui... je vous le dis: je mourrai loin de vous, je vous le jure.

ROGER.

Non, madame, vous vivrez, et vous vivrez heureuse! Que demande une femme pour être heureuse? D'être jeune, vous l'êtes; d'être jolie, vous l'êtes; d'être riche, vous l'êtes. Voici l'acte de donation, signé de moi, que vous pourrez remettre à votre notaire, et qui vous assure une existence honorable, digne du nom que vous portez.

CHARLOTTE, prenant l'acte.

Vous me quittez, monsieur?

ROGER.

Oui.

CHARLOTTE.

Vous me quittez?

ROGER.

Sans doute.

CHARLOTTE.

Ni mes prières ni mes larmes ne peuvent vous retenir ? Vous voyez, je prie et je pleure!

ROGER.

C'est une résolution prise.

CHARLOTTE, déchirant l'acte.

Alors, cet acte est inutile, monsieur, je le déchire.

ROGER.

Vous le déchirez?...

CHARLOTTE.

Du moment que vous me quittez, que vous m'abandonnez, que je ne suis votre femme que de nom, ce n'est point votre fortune et un hôtel qu'il me faut, c'est un couvent et mille écus de dot pour y entrer, voilà tout... Madame de Maintenon me choisira le couvent et m'y payera ma dot... Merci, monsieur! je ne veux rien de vous.

ROGER, avec quelque émotion.

Mais, madame...

CHARLOTTE.

C'est bien, monsieur, c'est bien : faites ce que vous voulez, partez, restez, vous êtes le maître ; mais, moi aussi, je sais ce que j'ai à faire pour accomplir mes devoirs de femme à la manière dont je les entends, et je le ferai... Adieu, monsieur, adieu... Oh! pas un mot... pas un geste... Adieu! adieu!...

(Elle rentre.)

SCÈNE XII

ROGER, puis DUBOULOY.

ROGER.

Ce qu'elle dit là serait-il vrai?... aurait-elle ignoré réellement toute cette intrigue?... Oh! non... c'est impossible...

DUBOULOY, entrant.

Me voilà, mon ami, me voilà, mon cher Saint-Hérem, chargé d'or, de lettres de change, avec ma chaise de poste bourrée de pâtés froids et de vins généreux, afin que nous ne man-

quions de rien en route : je sais trop où la famine peut nous
mener. Es-tu prêt? en as-tu fini avec ta femme?

ROGER.

Oui; et toi?

DUBOULOY.

Moi aussi. Oh! mes affaires sont arrangées à merveille, de
manière à ne causer à madame Dubouloy aucun ennui... Tu
conçois... une femme... ça a si peu d'expérience, un rien
l'embarrasse... Je ne lui laisse rien du tout... Ah! si fait...
je lui laisse mon nom... vu que je ne peux pas le lui ôter.

ROGER.

Cependant...

DUBOULOY.

Voilà comme je suis... Es-tu prêt?

ROGER.

Mais tu es plus pressé que moi maintenant, il me semble.

DUBOULOY.

Parbleu! je crois bien, j'ai toute la famille de l'autre qui
peut me tomber sur les bras au moment où j'y penserai le
moins.

ROGER.

Et c'est là ce qui te presse?... Attends au moins que ton
mariage soit connu.

DUBOULOY.

Connu!... Oh! si ce n'est que cela, tout le monde le sait
déjà, mon mariage.

ROGER.

Comment?

DUBOULOY.

Oui, et pas plus tard que tout à l'heure, le baron de Bar-
danne m'a arrêté pour me faire tous ses compliments.

ROGER.

Ses compliments, à toi?

DUBOULOY.

Et à toi aussi, mon ami. Il venait de s'inscrire à ta porte,
et il m'a assuré qu'avant ce soir, tout Paris en aurait fait
autant.

ROGER.

Tout Paris?

DUBOULOY.

Mais je lui ai dit que tout Paris nous trouverait partis.

Ainsi donc, mon ami, il n'y a pas un instant à perdre, si nous voulons éviter la foule.

ROGER.

Oui, tu as raison, il faut s'éloigner... On nous a joués indignement.

DUBOULOY.

Indignement! Hésiter, serait une faiblesse...

ROGER.

Une lâcheté!

DUBOULOY.

Une lâcheté!... Ainsi donc...

ROGER.

Viens, viens, partons! en Espagne!...

DUBOULOY.

En Espagne!...

(Ils sortent vivement par la porte de gauche.)

ACTE TROISIÈME

A Buen-Retiro, à Madrid.

SCÈNE PREMIÈRE

LE DUC D'HARCOURT, un Huissier.

LE DUC, à l'Huissier.

Et vous croyez que Sa Majesté pourra me recevoir?

L'HUISSIER.

Votre Excellence sait que Sa Majesté est toujours visible pour l'ambassadeur de France. Je vais la prévenir que vous êtes là.

(Il sort.)

LE DUC.

Il paraît que l'affaire de la succession a donné à madame de Maintenon une haute idée de ma capacité, puisqu'elle veut bien me charger d'une mission aussi importante.

SCÈNE II

LE ROI, LE DUC D'HARCOURT.

LE ROI.

Mon cher duc, il faut bien que ce soit pour vous, je vous le jure; car je m'étais promis à moi-même de ne pas dire un mot d'affaires aujourd'hui.

LE DUC.

Sire, je ne veux pas faire manquer Sa Majesté Catholique à un serment si sacré, et aujourd'hui, par extraordinaire, je viens lui parler plaisirs.

LE ROI.

A la bonne heure! soyez le bienvenu alors; car les plaisirs sont rares à Madrid. En attendant, veuillez remarquer, mon cher duc, que nous sommes ici, non pas à l'Escurial, mais à Buen-Retiro.

LE DUC.

Ce qui veut dire...?

LE ROI.

Que ce n'est point Philippe V qui vous reçoit à cette heure, mais bien le comte de Mauléon. Ainsi, plus de majesté, plus de sire, je vous prie; aidez-moi, s'il est possible, à oublier que je suis roi.

LE DUC.

Cependant, le comte de Mauléon me passera bien l'altesse?

LE ROI.

Non pas : le monseigneur tout au plus.

LE DUC.

Va donc pour monseigneur.

LE ROI.

Oui, cela me rappelle le temps où j'étais duc d'Anjou... C'était le bon temps... Ah !... (Avec familiarité.) Mais vous me disiez donc, mon cher duc, que vous veniez me parler plaisirs?...

LE DUC.

Et vous me répondiez, monseigneur, que j'étais le bienvenu, attendu que les plaisirs étaient rares à Madrid.

LE ROI.

Et je vous disais là une terrible vérité; car, depuis que j'ai quitté la France, j'ai eu, je vous le proteste, mon cher ambassadeur, bien peu de distractions.

LE DUC.

Monseigneur va se marier?...

LE ROI.

Oui, avec une princesse de Savoie. Duc, vous m'aviez dit que vous veniez me parler plaisirs, ce me semble?

LE DUC.

Que voulez-vous, monseigneur! l'habitude m'emporte; et, quand, par hasard, j'ai l'occasion de ne pas être ennuyeux, je ne sais pas en profiter.

LE ROI.

Je vous rappellerai à la question. Que me voulez-vous, duc?

LE DUC.

Je voulais demander au comte de Mauléon la permission de lui présenter ce soir deux dames, deux Françaises arrivées depuis quelques jours seulement, avec les recommandations les plus honorables et sous la protection des plus hautes influences.

LE ROI.

Eh! justement, tenez, mon cher duc (lui montrant Saint-Hérem), voici notre maître des cérémonies qui s'avance; nous allons arranger l'affaire avec lui.

SCÈNE III

Les Mêmes, ROGER.

ROGER, s'arrêtant à la porte.

Pardon, sire! pardon, monsieur le duc! mais je croyais cette soirée entièrement consacrée au bal, et je pensais que la politique était consignée à la porte de Buen-Retiro. Il n'en est point ainsi; je m'éloigne.

LE ROI.

Non, mon cher Saint-Hérem... Non, reste, au contraire... M. le duc est dans les conditions voulues... Il venait me parler de deux dames pour lesquelles il me demande des invitations. Tu les porteras sur la liste.

ROGER, tirant une liste de sa poche.

Comment se nomment-elles, monsieur le duc?

LE DUC, s'approchant du Roi.

Monseigneur permettra-t-il que, jusqu'à [nouvel ordre, ces dames gardent l'incognito?

LE ROI, à Roger.

Volontiers. Le duc les présente, cela suffit.

ROGER.

Ah! ah!

LE ROI.

Dites donc, mon cher duc, j'y pense, ne sont-ce point deux dames qui étaient hier au théâtre?

LE DUC.

Dans ma petite loge du rez-de-chaussée?

LE ROI.

C'est cela; charmantes, mon cher duc, charmantes!

LE DUC.

Monseigneur les a remarquées?

LE ROI.

Je n'ai regardé qu'elles pendant toute la soirée. C'est au point qu'en rentrant, madame des Ursins m'a fait une querelle.

ROGER.

Ah! diable, monsieur le duc, prenez garde à ce que vous allez faire!

LE DUC.

Que voulez-vous, monsieur le vicomte! il faut subir son destin.

ROGER.

Vous ne retirez pas votre demande?

LE DUC.

Non; et même, si besoin est, je l'appuie de nouveau.

LE ROI.

M. le duc d'Harcourt sait qu'il n'a qu'à demander une fois les choses possibles et deux fois les choses impossibles. Saint-Hérem, je te recommande particulièrement ces deux dames.

LE DUC.

Mille fois merci, monseigneur.

LE ROI.

Vous vous trouverez avec elles dans la salle des présentations.

LE DUC.

Oui, monseigneur.

LE ROI.

Et maintenant, monsieur le duc, vous avez à peine le temps d'aller chercher vos protégées et de revenir. Je vous en préviens, à minuit juste, on se met à table.

LE DUC.

Je ne perds pas un instant.

(Il s'incline et sort.)

SCÈNE IV

LE ROI, ROGER.

LE ROI.

Eh bien, monsieur l'intendant des menus, aurons-nous une soirée à la française ?

ROGER.

C'est-à-dire que M. le comte de Mauléon pourra se croire à Fontainebleau ou à Marly.

LE ROI.

Si tu arrives à ce résultat, Saint-Hérem, je te déclare le plus grand de tous les grands d'Espagne.

ROGER.

Et monseigneur nomme Dubouloy baron?

LE ROI.

Oui, le duc d'Harcourt m'a déjà sollicité à cet égard ; mais, tu comprends, il est plus difficile de transformer un homme de finances en baron, que de faire d'un gentilhomme un grand d'Espagne.

ROGER.

Il parait cependant que l'un et l'autre offrent bien des obstacles...

LE ROI.

Que veux-tu dire?

ROGER.

Je veux dire, monseigneur, que le roi d'Espagne m'avait gracieusement parlé d'un titre relevant de sa couronne, et que, jusqu'à présent...

LE ROI.

Tu es bien impatient, Saint-Hérem !...

ROGER.

Oui, monseigneur... impatient d'obtenir cette faveur, mais plus impatient encore de m'en montrer digne. Je vous l'a-

vouerai, il m'est pénible de n'être que' le compagnon des
plaisirs du roi, et je voudrais enfin pouvoir rendre service à
la monarchie espagnole.

LE ROI.

Fort bien, Saint-Hérem, et, dès qu'une occasion s'offrira...

ROGER.

Mais elle s'offre aujourd'hui, monseigneur... Vous savez
qu'un traité d'alliance est près de se signer à La Haye, entre
l'empereur, le roi d'Angleterre et les Provinces-Unies... Il
vous faut à La Haye un homme dévoué...

LE ROI.

Sans doute, sans doute... Mais, dans une affaire aussi grave,
je dois consulter mon conseil... Je te promets d'y penser...
Plus tard, nous aviserons... Une seule chose m'occupe en ce
moment... Dis-moi, connais-tu ces dames que nous présente
le duc d'Harcourt?

ROGER.

Non, monseigneur.

LE ROI.

Ah! mon cher, délicieuses! C'est pour notre pauvre Espagne une bonne fortune...

ROGER.

A laquelle son roi espère ne pas rester tout à fait étranger?

LE ROI.

Peut-être; car, si mes souvenirs ne me trompent pas...

ROGER.

Eh bien?

LE ROI.

Ce n'est pas hier que j'ai vu ces dames pour la première
fois.

ROGER.

Tant pis! car alors le roi réclamera son droit de priorité...
et il ne sera pas permis de leur faire la cour.

LE ROI.

Allons, voilà déjà que tu jettes tes vues sur elles, mauvais
sujet!

ROGER.

Après vous, sire, après vous. A tout seigneur, tout honneur!

LE ROI, faisant un mouvement pour sortir.

Oui, tu es encore bien respectueux à cet égard-là!

ROGER.

Monseigneur s'en va sans jeter un coup d'œil sur ma liste?

LE ROI.

Ta liste?... Tu réponds de tout, voilà ce que je sais: gui-de-toi là-dessus.

(Le Roi sort.)

ROGER, sonnant.

Allons, je prends la responsabilité de mes œuvres, c'est convenu.

SCÈNE V

ROGER, un Huissier, puis DUBOULOY.

ROGER, à l'Huissier.

Remettez cette liste aux huissiers de service dans l'anti-chambre, et qu'ils ne laissent entrer que les personnes dont les noms y sont inscrits; il y a exception en faveur de deux dames que présentera l'ambassadeur de France. (A Dubouloy, qui entre.) Ah ! c'est toi, Dubouloy ! déjà en costume !

DUBOULOY.

Oui, mon ami. On nous promet du plaisir pour ce soir, et, ma foi, j'ai hâte de m'amuser; car je te confesse que je m'ennuie cruellement dans la capitale de toutes les Espagnes.

ROGER.

Comment! toujours?

DUBOULOY.

Plus que jamais. Oh! mon ami que la Péninsule est mal connue et qu'on en fait de faux récits! A entendre ceux qui en reviennent, un joli garçon, un homme bien tourné, un cavalier elégant, ne peut pas faire un pas dans la rue sans être suivi par une duègne qui lui remet un billet de la part de sa maitresse, ne peut pas lever le tète vers une fenêtre sans voir une main qui passe à travers une jalousie, ne peut pas, en se promenant au Prado, baisser les yeux sur un banc sans y trouver un éventail oublié à dessein, et qui at-tend qu'on le rapporte à sa jolie propriétaire. Les infâmes menteurs !... Moi, je pars pour l'Espagne, de confiance, sur ce que les voyageurs en disent; dès le jour de mon arrivée, je me lance dans les rues de Madrid ; je regarde à toutes les fenêtres; je m'assieds sur tous les bancs... Eh bien, mon ami, pas une duègue, pas une main, pas un éventail!... C'est monstrueux, parole d'honneur! On dirait que je suis un croquant!... Aussi, à mon retour en France, je t'en préviens, Saint-Hérem, je déshonore l'Espagne... Sais-tu qu'il y a des moments où j'en suis presque à regretter ma femme?

ROGER.

A propos, en as-tu reçu des nouvelles, de ta femme?

DUBOULOY.

Non; seulement, j'ai reçu une lettre de mon père.

ROGER.

Et que te dit-il de nouveau?

DUBOULOY.

Rien de nouveau. Toujours en colère!... toujours la même indignation contre moi!...

ROGER.

Oh! il se calmera.

DUBOULOY.

Il m'annonce, en outre, qu'il cherche le moyen de faire rompre le contrat par lequel il m'assurait cinquante mille livres de rente, et qu'il espère réussir!... Mais conçois-tu qu'il ne veuille pas croire un mot de mon aventure?

ROGER.

Que veux-tu! c'est de l'entêtement. Et la famille?

DUBOULOY.

Quelle famille?

ROGER.

La famille de l'autre?

DUBOULOY.

Oh! mon ami, ne m'en parle pas, elle fait des cris de paon. Le père, les frères et les trois cousins sont en quête de ton serviteur. Imagine-toi qu'ils sont venus en masse à l'hôtel; on leur a dit que je n'y étais pas, que j'étais parti... Tarare! ils n'ont pas voulu en croire Boisjoli sur parole. Ils ont forcé la porte, ils ont fouillé tous les coins, ils ont été regarder jusque sous les lits. Te figures-tu, six, mon cher, six que j'aurais été obligé de tuer d'abord... Et remarque bien qu'il n'y avait là que les parents de Paris; la province n'est pas encore prévenue. Et toi, as-tu reçu des nouvelles de ta femme, ou de ses frères, ou de ses cousins, ou de ses neveux?

ROGER.

Non; Charlotte n'a pas de famille, elle.

DUBOULOY.

Je ne sais pas comment tu fais, toi : tu as un bonheur!..

ROGER.

Ah! oui, un bonheur! le mot est bien choisi.

DUBOULOY.

Au fait, j'oubliais... Le roi de France est donc toujours furieux ?

ROGER.

Plus que jamais ; que veux-tu ! quand on a un jésuite pour confesseur et une prude pour maîtresse, on ne pardonne pas facilement.

DUBOULOY.

Ainsi tes biens...?

ROGER.

Séquestrés, mon cher, sans miséricorde ; quant à moi, consigné a la frontière, et cela, tant que je n'aurai pas réparé mes torts d'époux envers madame de Saint-Hérem, comme j'ai réparé mes torts d'amant envers mademoiselle de Mérian. Oh ! madame de Maintenon y met de l'obstination.

DUBOULOY.

Et tu crois que c'est à madame de Saint-Hérem que tu dois ces persécutions ?

ROGER.

Et à qui donc veux-tu que ce soit ?... Elle a tort, Dubouloy, elle a tort. Moi qui m'étais quelquefois repenti de la façon dont je l'avais traitée !... moi qui, peut-être, si j'avais reconnu chez elle quelque regret, quelque dévouement, serais venu le premier...

DUBOULOY.

Comment?

ROGER.

Sais-tu qu'en regardant toutes les femmes qui nous entourent, je n'en ai pas trouvé une seule que l'on puisse lui comparer.

DUBOULOY.

Si tu le prends ainsi, il me semble que madame Dubouloy n'est pas plus désagréable qu'une autre ; mais on a du cœur, on n'oublie pas qu'on a été pris comme un sot ; sans compter qu'elle m'a fait perdre la charge de gobeletier du roi, que je regrette, pas pour moi, Dieu merci, mais parce que mon père y tenait, ce qui est cause de tous mes malheurs !...

Mais, dis donc, Roger, il me semble que voilà déjà les invités qui arrivent.

ROGER.

Ma foi, oui. (A un Huissier.) Donnez-moi mon domino. Ah! chercheur d'aventures, j'ai oublié de te dire que nous avons deux nouvelles débarquées, deux Françaises.

DUBOULOY.

Comment les appelle-t-on?

ROGER, passant son domino.

Ah! je te le demanderai...

DUBOULOY.

Et qui les a présentées?

ROGER.

L'ambassadeur de France.

DUBOULOY.

Alors, ce sont de grandes dames?

ROGER.

Cela m'en a l'air. En tout cas, voici M. le duc d'Harcourt qui va nous le dire.

SCÈNE VI

Les Mêmes, LE DUC D'HARCOURT.

LE DUC.

Que vais-je vous dire, messieurs?

ROGER.

Quelles sont ces dames que vous avez présentées au roi?

LE DUC.

Je vous cherchais tout exprès pour cela.

ROGER.

out exprès?

LE DUC.

D'honneur.

DUBOULOY.

Oh! c'est bien aimable à vous, monsieur le duc.

LE DUC.

Cependant je vous avouerai que la confidence est bien sérieuse pour être faite au milieu d'un bal.

ROGER.

Bah! il s'agit de politique?

LE DUC.

Justement.

DUBOULOY.

Ces dam^s ont une mission?

LE DUC.

Des plus importantes !

ROGER.

Une mission importante confiée à la discrétion de deux femmes, cela me paraît assez imprudent de la part du gouvernement qui les en a chargées.

LE DUC.

Elles l'ignorent elles-mêmes.

DUBOULOY.

Alors elles arrivent ici... ?

LE DUC.

Sans savoir ce qu'elles y viennent faire.

DUBOULOY.

C'est fort drôle !... je trouve cela drôle !

ROGER.

Et vous nous le direz, à nous, ce qu'elles viennent faire ?

LE DUC.

Oui ; car vous êtes de véritables amis du roi Philippe V, n'est-ce pas, de fidèles sujets du roi Louis XIV ?

ROGER.

Sans doute.

LE DUC.

Eh bien, on s'inquiète, à Versailles, de l'influence énorme que madame des Ursins a déjà prise sur le jeune roi.

ROGER.

Vraiment !

LE DUC.

On craint que madame des Ursins ne soit dans les intérêts de l'Autriche ; comprenez-vous ?

DUBOULOY.

Bah !

LE DUC.

Et, comme on sait qu'il n'y a pas de conseils, si sages qu'ils soient, qui puissent éclairer un homme qui est amoureux, il a été résolu...

ROGER.

Que l'on combattrait l'amour par l'amour ?

9.

LE DUC.

Justement. Et, à cet effet, on a dépêché au roi deux femmes charmantes, afin que, s'il échappe à l'une, il tombe dans les mains de l'autre.

ROGER.

Prenez-y garde, monsieur le duc! si les femmes se mettent à faire de l'intrigue, cela fera concurrence à ceux qui font de la diplomatie.

LE DUC.

Silence! voici le roi.

DUBOULOY.

Avec ces deux dames?

LE DUC.

Avec elles. Messieurs, pas un mot!

ROGER.

Oh!...

SCÈNE VII

Les Mêmes, LE ROI, CHARLOTTE et LOUISE, masquées toutes deux.

LE DUC, s'avançant vers les deux Dominos.

Eh bien, mesdames, que dites-vous de M. le comte de Mauléon?

LOUISE.

Que nous avions beaucoup entendu parler de M. le comte en France, et que nous sommes vraiment bien heureuses de retrouver à Madrid un pareil compatriote.

LE ROI.

Merci, beau masque. (A Charlotte.) Et vous, charmant domino, n'avez-vous pas aussi quelque chose à me dire?

CHARLOTTE.

Padonnez-moi, monsieur le comte, je vous ferai mes compliments bien sincères sur l'ordonnance de cette fête... On se croirait vraiment à Versailles, et Sa Majesté le roi de France ne pensait pas si bien dire lorsqu'en prenant congé de son auguste petit-fils, que Dieu conserve, il lui annonça qu'il n'y avait plus de Pyrénées.

LE ROI.

Duc, vous remercie véritablement du cadeau que vous

...ne faites. (Au Duc, qui salue pour se retirer.) Ne vous éloignez pas, j'ai à vous parler.

CHARLOTTE et LOUISE, quittant le bras du Roi.

Sire...

LE ROI.

Mais pour un seul instant, mesdames, vous entendez. Saint-Hérem, monsieur Dubouloy, offrez le bras à ces dames, je vous prie, et surtout ne soyez pas trop galants, pour ne pas faire de tort au comte de Mauléon.

(Il dit quelques mots tout bas à chacun des Dominos.)

DUBOULOY, à Roger, qui s'avance vers Charlotte.

Mon ami, laisse-moi la grande, si cela t'est égal... Tu sais que je me défie des petites femmes ; je suis payé pour cela.

ROGER.

Comme tu voudras, mon cher; moi, je n'ai pas de préférence. (Il offre son bras à Louise ; Dubouloy offre le sien à Charlotte.) Mesdames, si vous voulez bien nous accepter pour cavaliers...

LOUISE.

Comment donc !

CHARLOTTE.

Avec le plus grand plaisir, monsieur.

(Chaque couple sort par une porte différente.)

SCÈNE VIII

LE DUC, LE ROI.

LE ROI.

Eh bien, mon cher duc?

LE DUC.

Eh bien, monseigneur?

LE ROI.

Divines, en vérité, divines ! Maintenant, voyons, comment s'appellent-elles?

LE DUC.

Il m'est défendu de dire leur nom.

LE ROI.

Que viennent-elles faire à Madrid?

LE DUC.

Tout le monde doit l'ignorer.

LE ROI.

Et où demeurent-elles?

LE DUC.

C'est un mystère.

LE ROI.

Même pour moi, duc?

LE DUC.

Tous les hommes sont égaux devant un secret, sire.

LE ROI.

C'est juste, duc, c'est juste. Mais, s'il vous est défendu de révéler ce secret au roi, il n'est pas défendu au comte de Mauléon de le pénétrer.

LE DUC.

Le comte de Mauléon est jeune, noble et galant; qu'il se serve des avantages qu'il a reçus de la nature et de la Providence.

LE ROI.

Eh bien, on s'en servira, duc; et, quand je saurai leur nom...

LE DUC.

Eh bien?

LE ROI.

Quand je saurai leur adresse...

LE DUC.

Après?

LE ROI.

Tout ce dont je vous prie, ç'est de leur demander pour moi la permission de me présenter chez elles.

LE DUC.

Uu roi pourrait, à la rigueur, ce me semble, se dispenser de cette formalité.

LE ROI.

Pas quand il est petit-fils de Louis XIV, monsieur le duc.

LE DUC.

Monseigneur, il sera fait comme vous le désirez.

(Il continue à parler bas avec le Roi pendant quelques instants, puis s'incline et sort.)

SCÈNE IX

LE ROI, au fond; CHARLOTTE et DUBOULOY, rentrant par une porte de côté.

CHARLOTTE.

Non, je ne vous crois pas, monsieur Dubouloy.

DUBOULOY.

Je vous proteste cependant, madame, que je vous dis l'exacte vérité.

CHARLOTTE.

Comment voulez-vous que je croie aux protestations d'un homme marié?

DUBOULOY.

Oh! je le suis si peu...

LE ROI, s'approchant.

Pardon, beau masque... Mais, si animée que soit votre conversation, je vous rappellerai que j'en ai une à reprendre avec vous. Vous permettez, monsieur Dubouloy?...

DUBOULOY.

Comment donc, monseigneur!... (Bas.) Je vous verrai?

CHARLOTTE.

Vous restez ici?

DUBOULOY.

Je n'en bouge pas.

CHARLOTTE.

Je viendrai vous y rejoindre.

LE ROI, offrant son bras à Charlotte.

Eh bien, beau masque, comment vous trouvez-vous du sé-jour de Madrid?

CHARLOTTE.

A merveille, sire, et j'ai le pressentiment qu'il doit m'arri-ver quelque chose d'heureux.

(Ils sortent.)

SCÈNE X

DUBOULOY, puis ROGER.

DUBOULOY.

Elle a le pressentiment qu'il doit lui arriver quelque chose d'heureux!... Elle m'a regardé en disant cela... Si j'allais me trouver le rival d'un roi! Peste! je n'aurais rien perdu pour attendre. (A Roger, qui entre par la porte du fond.) Ah! te voilà!

ROGER.

Oui.

DUBOULOY.

Et qu'as-tu fait de ton domino?

ROGER.

Le roi vient de me le prendre en passant.

DUBOULOY.

Tiens! c'est comme à moi.

ROGER.

Mais j'ai rendez-vous avec lui dans ce salon.

DUBOULOY.

Et moi, j'y attends le mien.

ROGER.

Eh bien, qu'en dis-tu?

DUBOULOY.

De quoi? de mon domino?

ROGER.

Oui.

DUBOULOY.

Mon cher, une femme adorable!... une grande femme, enfin!... l'esprit le plus vif, le caractère le plus gai, la conversation la plus petillante?... Et le tien?

ROGER.

Tout le contraire: une petite femme naïve, sentimentale!... une véritable pensionnaire sortant de son couvent.

DUBOULOY.

Oh! ne me parle pas des pensionnaires qui sortent de leur couvent. Rien que d'y penser... Mademoiselle Louise Mauclair en sortait, de son couvent!... Mais passons à autre chose. La crois-tu jolie?

ROGER.

Dame, oui!... autant du moins qu'on en peut juger sous le masque. Un bas de figure ravissant, des dents d'émail, et, à travers son loup, des yeux comme deux étoiles. Et la tienne?

DUBOULOY.

Une peau éclatante, une main à rendre fou un statuaire, un cou de cygne; puis, pour le visage, nous verrons bien: j'ai sa parole qu'elle ne quittera pas le bal sans se démasquer.

ROGER.

Et moi aussi !

DUBOULOY.

Oh ! c'est charmant !... Toi qui as beaucoup vu le monde, as-tu quelque idée de ce qu'elles peuvent être ?

ROGER.

Non, foi de gentilhomme. J'ai rappelé tous mes souvenirs de Paris, de Compiégne, de Fontainebleau, de Versailles, de Marly, et cela ne correspond à rien de ce que je connais.

DUBOULOY.

Silence ! ce sont elles.

(Charlotte et Louise paraissent à la porte du fond.)

SCÈNE XI

LES MÊMES, CHARLOTTE, LOUISE.

ROGER, allant à Louise et l'amenant sur le devant, tandis que Dubouloy reste au fond avec Charlotte.

Ah ! voilà qui est véritablement méritoire, madame, tenir aussi consciencieusement une promesse de bal masqué.

LOUISE, du ton le plus sentimental.

Une promesse est toujours une promesse, monsieur, et, qu'elle soit faite sous le masque ou à visage decouvert, elle n'en est pas moins sacrée.

ROGER.

A la bonne heure ! voilà des principes que j'apprécie.

LOUISE.

Mais que vous vous gardez bien de suivre, n'est-ce pas ?

ROGER, tournant le dos au public.

Et qui a pu vous tenir sur mon compte de si méchants propos ?

LOUISE.

Oh ! je vous connais mieux que vous ne le pensez, vicomte !

(Roger et Louise s'éloignent. A mesure qu'ils s'éloignent, Dubouloy et Charlotte se rapprochent.)

CHARLOTTE.

Alors, s'il en est ainsi, pourquoi ne retournez-vous pas à Paris ?

DUBOULOY.

C'est parfaitement inutile, si je trouve à Madrid des Françaises qui veuillent bien m'aimer un peu.

CHARLOTTE.

Tandis que vous pourriez en trouver en France qui vous détestent beaucoup.

DUBOULOY.

. Plaît-il?

CHARLOTTE.

Ah! vous faites de ces choses-là, monsieur Dubouloy!... vous signez un contrat de mariage avec l'une, et vous enlevez l'autre! on vous attend pour épouser à Charny, et vous vous mariez à la Bastille! Puis ce n'est pas encore tout : après avoir abandonné la veille celle qui devait être votre femme, le lendemain celle qui l'était, vous venez dire à une troisième qui ne l'est pas et qui ne peut pas l'être, que vous l'adorez!... Le moyen qu'on réponde à votre amour, volage! le moyen qu'on se fie à vos serments, trompeur!

DUBOULOY.

Comment! vous connaissez tous ces détails, belle dâme?

CHARLOTTE.

C'était l'histoire à la mode quand nous avons quitté Paris, mon amie et moi. On ne parlait que de M. Dubouloy et du vicomte de Saint-Hérem. Vous faisiez véritablement à vous deux la monnaie de M. de Lauzun. (Se retournant pour gagner le fond.) Aussi, nous qui n'avions pas l'avantage de vous connaître, et qui désirions voir deux hommes si extraordinaires, sommesnous venues de Paris à Madrid pour vous rencontrer.

DUBOULOY.

Exprès?

CHARLOTTE.

Tout exprès.

DUBOULOY.

En vérité, c'est trop aimable de votre part.

LOUISE, reparaissant avec Roger.

Oh! monsieur, ne me dites pas cela ; je sais que vous détestez les amours sérieuses, et, avec nous autres femmes sentimentales, songez-y bien, ce n'est pas un simple caprice qu'il faut, c'est un attachement profond et durable.

ROGER.

Mais vous vous trompez complètement, madame; j'adore, au contraire, les femmes sentimentales, moi.

LOUISE.

Ah ! vicomte, prenez garde ! il me semble que, s'il en eût été ainsi, mademoiselle de Mérian vous convenait sous tous les rapports.

ROGER.

Et qui vous dit que je ne l'aimais pas, madame? qui vous dit que son image ne se présente pas souvent encore à mon esprit? qui vous dit qu'il ne me faut pas un amour à venir pour éteindre une passion...?

LOUISE.

Ainsi, monsieur, vous me considérez comme un moyen de guérison?

ROGER.

Non, madame; mais je dis que, pour faire oublier une femme aimable, il ne faut pas moins qu'une femme charmante. Je ne vois rien là qui puisse vous blesser, ce me semble; et c'est ce qui m'enhardit à solliciter la faveur de vous présenter mes hommages.

LOUISE.

Eh bien, nous verrons... plus tard...

ROGER. se retournant.

Mais, pour que je puisse profiter de cette gracieuse permission, il faut que vous me disiez où vous habitez.

LOUISE

Rue d'Alcala, n° 15.

ROGER.

Je demanderai?...

LOUISE.

Madame de Folmont.

(Ils continuent de parler bas, tandis que Dubouloy et Charlotte reparaissent.)

DUBOULOY.

Ainsi?...

CHARLOTTE.

Rue d'Alcala, n° 15.

DUBOULOY.

Madame?...

CHARLOTTE.

Madame de Saint-Réal.

DUBOULOY.

Maintenant, permettez que, plein du souvenir de votre esprit, j'emporte aussi celui de votre visage, et que je puisse contempler, ne fût-ce qu'en rêve, le charmant démon qui m'a luriné toute la nuit?

CHARLOTTE, à Dubouloy.

Il faut donc faire tout ce que vous voulez?

LOUISE, à Roger, qui paraît la supplier.

Vous l'exigez donc absolument?

DUBOULOY.

Je vous en conjure!

ROGER.

Je vous en supplie!

LOUISE, se démasquant.

Tenez, êtes-vous content?

CHARLOTTE, se démasquant.

Eh bien, soyez satisfait!

ROGER.

Madame Dubouloy!

DUBOULOY.

Madame de Saint-Hérem!

(Ils se retournent vivement, Dubouloy vers Roger, Roger vers Dubouloy. Pendant ce temps, Charlotte et Louise disparaissent, chacune par la porte latérale près de laquelle elle se trouve.)

SCÈNE XII

ROGER, DUBOULOY, se rapprochant l'un de l'autre.

ENSEMBLE.

ROGER.	DUBOULOY.
Mon ami,	Mon ami,
C'est elle,	C'est elle,
Louise!	Charlotte!
Charlotte!... ah!	Louise!... ah!

ROGER.

Que viennent-elles faire ici?

DUBOULOY.

Oui, que viennent-elles faire ici?

ROGER.

Mais il me semble que le duc d'Harcourt ne nous l'a pas
caché.

DUBOULOY.

Il est vrai.

ROGER.

Détruire l'influence de madame des Ursins... Quelle infamie!...

(Le Roi paraît.)

DUBOULOY.

Quelle horreur!... Le roi!

ROGER.

Silence!

SCÈNE XIII

LES MÊMES, LE ROI.

LE ROI.

Eh bien, messieurs?

ROGER, et DUBOULOY.

Monseigneur...

LE ROI.

Avez-vous appris quelque chose de nouveau?

ROGER.

Sur quoi?

DUBOULOY.

Sur qui?

LE ROI.

Mais sur ces dames; vous avez causé une heure avec elles.

ROGER.

Oh! de choses indifférentes.

DUBOULOY.

Et qui n'ont aucun intérêt pour vous, monseigneur.

LE ROI.

Mais vous les avez vues, au moins?

ROGER.

Non.

DUBOULOY.

Non.

LE ROI.

Elles ont refusé de se démasquer?

ROGER.

Oui.

DUBOULOY.

Oui.

LE ROI.

Vous savez où elles demeurent?

ROGER.

Nous l'ignorons complétement?

LE ROI.

Mais elles vous ont dit leur nom?

DUBOULOY.

Pas du tout.

LE ROI.

Ah! vous êtes bien maladroits; moi qui ne suis resté que dix minutes avec elles...

ROGER et DUBOULOY.

Eh bien?

LE ROI.

Éh bien, j'ai été plus heureux que vous.

ROGER.

Monseigneur sait comment elles se nomment?

LE ROI.

La plus grande se nomme madame de Saint-Réal.

DUBOULOY.

Et la plus petite?

LE ROI.

Madame de Folmont... Elles demeurent toutes deux rue d'Alcala, no 15... Oh! je ne l'oublierai pas; car un instant m'a suffi pour apprécier toute la grâce de ces deux Françaises... La conversation la plus piquante, les aperçus les plus fins, les plus ingénieux... et puis un tour d'esprit neuf, original, brillant... C'es là en perdre la tête!... Saint Hérem.

ROGER.

Monseigneur?...

LE ROI.

Demain matin, à onze heures, tu viendras me parler.

ROGER

Oui, monseigneur.

LE ROI.

N'y manque pas, Saint-Hérem; pour toi, je renverrai mon conseil... Ce que j'ai à te dire, vois-tu, est fort sérieux, fort important !... Nous parlerons d'elles !...

DUBOULOY.

Ah ! vous parlerez ?...

LE ROI.

Oui, oui... car je crois que j'en suis amoureux fou !... A demain, Saint-Hérem, à demain.

(Il sort.)

SCÈNE XIV

ROGER, DUBOULOY.

DUBOULOY.

Il est amoureux fou, mon cher !

ROGER.

Parbleu ! je le vois bien; mais de laquelle ?

DUBOULOY.

Tiens, au fait, de laquelle ?... est-ce de ma femme ?

ROGER.

Est-ce de la mienne ?

DUBOULOY.

Tu verras, mon ami, que nous avons assez de bonheur pour que ce soit de toutes les deux !

ACTE QUATRIÈME

Un petit salon, rue d'Alcala. A la droite du spectateur, une fenêtre donnant de plain-pied sur un jardin. Portes au fond et de côté.

SCÈNE PREMIÈRE

Un Valet, ROGER.

LE VALET.

Madame de Saint-Réal prie M. le vicomte de l'attendre un nstant au salon... Elle va venir...

ROGER.

Merci...

(Le Valet sort.)

SCÈNE II

ROGER, seul.

Madame de Saint-Réal!... c'est encore bien heureux qu'elle n'ait pas eu l'impudence de se présenter ici sous mon nom... Je suis curieux de savoir ce qu'elle va me dire... Et moi qui avais parfois la bonhomie de m'attendrir sur cette profonde douleur dans laquelle je l'avais laissée... Si elle a été vive, eh bien, à la bonne heure, au moins, elle n'a pas été de longue durée... Ah! j'entends quelqu'un... on s'approche... la porte s'ouvre... C'est elle!...

SCÈNE III

ROGER, CHARLOTTE.

CHARLOTTE.

Vous m'avez fait prier de vous recevoir, monsieur; je m'empresse de me rendre à votre désir.

ROGER, la regardant.

C'est donc bien vous, madame; car, malgré le témoignage de Dubouloy, je vous l'avoue, je doutais encore.

CHARLOTTE.

Vous aviez tort, monsieur... C'est parfaitement moi... (Lui montrant un fauteuil.) Puis-je vous offrir...?

ROGER.

Un siége?... Merci, c'est trop de bonté... Je ne reste qu'un moment;... le temps de vous demander seulement comment il se fait que vous soyez à Madrid sous un faux nom, quand je vous croyais à Paris dans votre hôtel de la rue du Bac.

CHARLOTTE.

Je suis venue à Madrid, monsieur, parce que tel a été mon bon plaisir, et que, libre comme je le suis, il m'a paru qu'il n'était point nécessaire de demander la permission à qui que ce fût.

ROGER.

Il me semble cependant, madame, qu'il existe de par le monde un homme qui devait être consulté avant que vous fissiez une pareille démarche... et qui, ne l'ayant point été, a le droit de trouver cette démarche au moins inconvenante.

CHARLOTTE.

Qui cela, monsieur?

ROGER.

Mais M. de Saint-Hérem, votre mari... moi enfin.

CHARLOTTE, avec le plus grand étonnement.

M. de Saint-Hérem... mon mari... vous!... Mais vous ignorez donc ce qui est arrivé depuis votre départ, monsieur?

ROGER.

Qu'est-il arrivé qui puisse vous dégager de l'obéissance que vous m'avez jurée, et du respect que vous devez porter à mon nom?...

CHARLOTTE.

Vous rappelez-vous comment vous m'avez quittée, monsieur?

ROGER.

A merveille.

CHARLOTTE.

Vous rappelez-vous que, lorsque vous m'offrîtes de garder votre nom, de partager votre fortune et d'habiter votre hôtel, vous rappelez-vous que je vous dis : « Vous parti, je n'ai plus besoin que d'une dot et d'un couvent? »

ROGER.

Oui, madame, et je suis bien aise de voir de quelle manière vous avez tenu votre résolution.

CHARLOTTE.

J'allai, le jour même, monsieur, me jeter aux pieds de madame de Maintenon, et la prier de me recevoir aux Carmélites... Mais ce n'était point assez que de lui demander à entrer au couvent, il fallait bien lui dire pourquoi j'y entrais... il fallait bien lui dire que vous m'aviez abandonnée, il fallait bien lui dire que, sans avoir été votre femme, j'étais votre veuve!... il fallait bien lui dire, enfin, que vous ne m'aviez jamais aimée, ou que vous ne m'aimiez plus...

ROGER.

Au fait, madame, au fait...

CHARLOTTE.

Tranquillisez-vous, monsieur, ce ne sont point des repro-
ches; je ne vous en fis point, alors, je ne vous en ferai point
maintenant. Madame de Maintenon prétendit que ce n'était
point un couvent que je devais choisir; qu'nn couvent vous
donnerait raison aux yeux de la société, en faisant supposer
que j'avais commis quelque grande faute; qu'au contraire,
c'était la vie à découvert... le monde... le jour qu'il me fallait.

ROGER.

Et madame de Maintenon avait parfaitement raison, madame... Quand on a votre esprit, votre âge, votre figure...
c'est le monde, c'est la cour même qu'il faut... Seulement,
parmi toutes les cours d'Europe, il en est une qui me parais-
sait vous être interdite, sans ma permission du moins: c'était
celle de Madrid.

CHARLOTTE.

Vous ne m'avez point laissé achever, monsieur; sans cela,
vous auriez vu que toutes les cours m'étaient permises maintenant, celle de Madrid comme les autres...

ROGER.

Je vous avoue, madame, que je ne vous comprends pas.

CHARLOTTE.

Vous allez me comprendre. Madame de Maintenon me fit
alors monter dans sa voiture, me conduisit chez Son Éminence le nonce du pape, et réclama pour moi l'annulation de
notre mariage.

ROGER.

L'annulation de notre mariage?...

CHARLOTTE.

Son Éminence écrivit aussitôt à Rome, et, comme l'affaire
avait été chaudement recommandée par Sa Majesté elle-même
à notre ambassadeur, presque courrier par courrier, madame
de Maintenon reçut le bref...

ROGER.

Qui cassait notre mariage?

CHARLOTTE.

Oui, monsieur...

ROGER.

Notre mariage est cassé?

CHARLOTTE.

Cassé, monsieur... Soyez donc heureux... soyez donc libre...
mais reconnaissez que j'ai le droit de partager, sinon le bonheur, du moins la liberté qui vous est rendue.

ROGER.

Cassé!... Alors, madame, oui, je comprends... vous êtes
libre; mais, vous en conviendrez, il n'est pas moins étrange
que vous ayez été choisir, pour user de votre liberté, la cour
de Sa Majesté Philippe V.

CHARLOTTE.

Savais-je que vous l'habitiez, monsieur ?... m'aviez-vous dit,
en partant, où vous alliez? et, depuis que vous êtes parti,
m'aviez-vous donné de vos nouvelles?... Puis, monsieur...
faut-il vous le dire, ce n'est pas de mon libre arbitre que je
suis venue ici... ce n'est pas mon choix qui m'a conduite en
Espagne, c'est un ordre de madame de Maintenon. Elle m'a dit,
un matin, qu'il me fallait partir pour Madrid... Elle m'a remis
une lettre cachetée, et dont j'ignorais le contenu, pour M. le
duc d'Harcourt... Nous sommes arrivées il y a quatre jours, je
crois. Avant-hier, nous avons été au spectacle dans la loge de
l'ambassadeur... Hier, nous avons été présentées au roi...
Nous ignorions, Louise et moi, que vous fussiez à Buen-Retiro... Nous vous avons rencontré... Notre intention d'abord
était de ne pas vous parler... Le roi vous a ordonné de prendre
notre bras... vous nous avez priées de nous démasquer, et,
comme nous n'avions aucun motif de nous refuser à vos sollicitations, nous y avons cédé... Je savais que cette reconnaissance d'hier au soir amènerait, selon toute probabilité, une
explication ce matin; mais cette explication était indispen-
sable, je ne l'ai donc ni fuie ni cherchée, je l'ai attendue...
Vous êtes venu me la demander, je vous la donne... Désirez-
vous quelque chose de plus?... Parlez, monsieur, et, s'il est
en mon pouvoir de le faire, je le ferai... Je n'oublierai jamais que j'ai eu l'honneur de porter votre nom, bien peu de
temps, sans doute... mais assez cependant pour que je regrette toute ma vie, croyez-le bien, d'avoir été forcée de le
quitter.

ROGER, dans le plus grand étonnement.

Madame, vous me dites là des choses...

CHARLOTTE.

Fort simples, monsieur, et dont, au besoin, M. le duc d'Harcourt pourra vous donner la preuve...

SCÈNE IV

LES MÊMES, LOUISE.

LOUISE.

Pardon, monsieur, pardon, ma chère Charlotte... mais par ordre supérieur !

(Elle lui parle bas.)

CHARLOTTE.

Très-bien...

LOUISE.

Alors, tu vas venir ?

CHARLOTTE.

A l'instant... à moins que M. de Saint-Hérem n'ait encore quelque chose à me dire.

ROGER.

Oh! je n'aurai pas le mauvais goût de vous retenir, madame; car je devine...

CHARLOTTE.

Oh! mon Dieu, monsieur, c'est tout simplement le duc d'Harcourt qui me fait demander si je suis visible.

ROGER.

Le duc d'Harcourt?... Ah! oui... oui... je sais... vous êtes sous sa protection immédiate... Que je ne vous retienne donc pas, madame... Moi-même... j'ai... je dois... il faut...

CHARLOTTE, faisant la révérence.

Monsieur...

ROGER.

Madame... je me retire... Je ne prendrai pas la liberté de me présenter de nouveau... il y aurait sans doute indiscrétion...

CHARLOTTE.

Nullement, monsieur !... et, toutes les fois que vous le voudrez, bien certainement, en qualité de compatriote, j'aurai grand plaisir à vous revoir.

(Charlotte et Louise saluent et sortent.)

SCÈNE V

ROGER, seul.

Eh bien, mais c'est encore heureux!... J'ai la permission de me présenter chez ma femme... qui n'est plus ma femme... Au bout du compte, ce bref fait admirablement mon affaire! c'est tout ce que je désirais, moi; c'est tout ce que je pouvais désirer... Me voilà libre... parfaitement libre... libre comme l'air...

SCÈNE VI

ROGER, DUBOULOY, un Valet.

LE VALET, annonçant.

M. Dubouloy.

ROGER.

Ah! justement...

DUBOULOY.

Te voilà, mon ami! Je suis passé chez toi, et, comme je ne t'y ai point rencontré, j'ai pensé que je te retrouverais ici...

ROGER.

Mon cher, fais-moi tous les compliments... félicite-moi...

DUBOULOY, effrayé.

Ah! mon Dieu... ce n'est pas la tienne... que le roi...? Alors... alors, mon ami, c'est donc la mienne?

ROGER.

Bah! il n'est plus question de cela, et puis, d'ailleurs, maintenant, quand ce serait Charlotte que le roi aimerait, ça me serait parfaitement indifférent... absolument égal.

DUBOULOY.

Je ne comprends pas.

ROGER.

Mon ami, je suis libre... mademoiselle de Mérian n'est plus ma femme. Sur la demande de madame de Maintenon, le pape a cassé notre mariage...

DUBOULOY.

Oh! le saint homme!... Mon cher Saint-Hérem, reçois toutes mes félicitations... Mais j'y pense, moi... le pape a cassé ton mariage, dis-tu?

ROGER.

Oui.

DUBOULOY.

Alors... le mien... mon mariage à moi... comme on nous a mariés ensemble... on a dû nous démarier ensemble?

ROGER.

Probablement!...

DUBOULOY.

Comment! tu ne t'es pas informé de cela, égoïste?,..

ROGER.

Inutile!... ça ne fait pas de doute.

DUBOULOY.

En effet!... ce serait l'injustice des injustices... Ainsi, mon ami, nous sommes libres... ainsi, je suis toujours garçon... ainsi, je puis écrire à mon père que sa colère n'a plus de motifs. Ah! voilà ce qui m'explique maintenant le côté politique du voyage de ces dames... leur changement de nom... Peste!... que madame des Ursins se tienne ferme, si c'est mademoiselle Louise Mauclair qui a l'honneur de plaire à Sa Majesté... A propos de Sa Majesté, tu as été chez elle ce matin?

ROGER.

Ah! mon Dieu, tu m'y fais penser... je l'avais parfaitement oublié.

DUBOULOY.

Diable!... le roi t'attendait à onze heures... (Regardant sa montre.) Et voilà qu'il va être midi...

ROGER.

Tu es sûr?

DUBOULOY.

Je crois bien, c'est ma fameuse montre... Mon ami, elle ne s'est pas dérangée de dix minutes depuis le moment où tu m'as appelé par la fenêtre à Saint-Cyr...

ROGER.

Et toi, tu restes?

DUBOULOY, s'établissant dans un fauteuil.

Oui, mon cher... oui, je reste... Je ne suis pas fâché, tu le comprends bien, d'avoir une explication avec mademoiselle Louise Mauclair, et d'apprendre de sa jolie bouche que nous sommes rendus à notre mutuelle liberté... Va donc chez le roi, mon ami, va, et tâche, par curiosité, de savoir celle que son cœur...

ROGER.

Oui, **oui**... et, comme nous sommes maintenant désintéres-
sés dans la question... cela sera très-amusant!...

DUBOULOY.

Oui, très-amusant !

ROGER.

Au revoir, Dubouloy, au revoir.

(Il sort.)

SCÈNE VII

DUBOULOY, seul.

Quelle chose étrange que la puissance d'un **mot**... libre!...
qu'y a-t-il de si extraordinaire dans l'assemblage de quelques
lettres, que cela change ainsi la face des choses? C'est que
véritablement je respire à cette heure avec une facilité qui
m'étonne... Ah !...

SCÈNE VIII

DUBOULOY, LOUISE.

LOUISE.

Tiens! c'est vous, monsieur Dubouloy !

DUBOULOY.

Mademoiselle...

LOUISE.

Enchantée de vous voir, monsieur Dubouloy... Ah! c'est
bien aimable à vous d'être venu nous faire une petite visite...

DUBOULOY, saluant.

Mademoiselle...

LOUISE.

Asseyons-nous donc, je vous prie.

DUBOULOY.

Avec grand plaisir.

LOUISE.

Enfin, vous voilà donc !

DUBOULOY.

Comment donc, mademoiselle! mais vous deviez bien vous
douter qu'en apprenant votre présence inattendue à Madrid,
je m'empresserais...

10.

LOUISE.

De partir pour la France... Je connais vos habitudes, monsieur Dubouloy.

DUBOULOY.

Oui, je comprends, vous faites allusion... Mais les circonstances étant changées... (A part.) Elle ne répond rien... (Haut.) Les positions n'étant plus les mêmes... (A part.) Elle ne répond rien encore... (Haut.) Vous comprenez que je n'avais plus de motifs... C'est un beau pays que l'Espagne, n'est-ce pas, mademoiselle?

LOUISE.

Mais oui, du moins jusqu'ici il m'a paru charmant; des cavaliers pleins de galanterie, des femmes délicieuses.

DUBOULOY.

Oh! les femmes, les femmes! voyez-vous, ne parlons pas des Espagnoles devant les Françaises... Moi, ce que je sais, c'est qu'il n'y a pas une Espagnole, fût-elle de Séville ou de Cadix, fût-elle Navarraise ou Grenadine, qui puisse faire oublier nos ravissantes Françaises; il n'y a que les Françaises, mademoiselle, il n'y a que les Françaises!

LOUISE.

Mais je ne vous reconnais plus, monsieur Dubouloy; vous êtes d'une galanterie...

DUBOULOY.

Vous m'avez si peu vu... Mais, je l'espére, maintenant, mademoiselle, nous nous verrons davantage, si vous restez à Madrid surtout. Restez-vous à Madrid?

LOUISE.

Mais oui!... le roi a été très-bon pour nous.

DUBOULOY.

Le roi!... quel charmant cavalier, n'est-ce pas? C'est l'homme le plus élégant, le plus poli du royaume.

LOUISE.

Et le plus galant, j'en suis certaine.

DUBOULOY.

Ah! il a été avec vous...?

LOUISE.

D'une galanterie charmante.

DUBOULOY.

Il est ainsi près de toutes les jolies femmes... Vous ne devez donc pas vous étonner, mademoiselle.

LOUISE.

Ah ça! monsieur Dubouloy, je vous demande bien pardon, mais je remarque que, depuis le commencement de notre conversation, vous commettez l'erreur de m'appeler mademoiselle.

DUBOULOY.

Je commets l'erreur, dites-vous?

LOUISE.

Sans doute...? Est-ce que vous auriez oublié, par hasard...?

DUBOULOY.

Quoi?

LOUISE.

Certaine nuit de la Bastille, pendant laquelle vous m'avez fait l'honneur de me prendre pour femme?

DUBOULOY.

Et vous, mademoiselle, est-ce que vous auriez oublié certain bref arrivé de Rome?

LOUISE.

Quel bref?

DUBOULOY.

Le bref du pape.

LOUISE.

Quel pape?

DUBOULOY.

Eh bien, mais... le pape... le saint-père... Sa Sainteté... Il n'y a qu'un pape, enfin...

LOUISE.

Ah! oui...

DUBOULOY.

Allons donc!

LOUISE.

Le bref qui casse le mariage de M. de Saint-Hérem et de mademoiselle de Mérian?

DUBOULOY.

Oui.

LOUISE.

Mais quel rapport?

DUBOULOY.

Comment! quel rapport?...

LOUISE.

Sans doute; cela ne nous regarde pas, nous.

DUBOULOY.

Comment, cela ne nous regarde pas?

LOUISE.

Non.

DUBOULOY.

Nous ne sommes pas compris dans le même bref?

LOUISE.

Non.

DUBOULOY.

On n'a pas fait la même demande pour nous que pour eux?

LOUISE.

Oh! si fait...

DUBOULOY.

Ah!... (A part.) Elle me fait des peurs!... (Haut.) Eh bien?

LOUISE.

Eh bien, le pape a répondu que ces ruptures-là étaient bonnes pour des gens de noblesse qui pouvaient avoir des causes graves... des motifs sérieux de briser une union mal assortie, soit comme position, soit comme caractère... mais que, des causes pareilles, des motifs semblables n'existant pas pour nous autres gens de finance,... notre mariage...

DUBOULOY.

Notre mariage?...

LOUISE.

Notre mariage était maintenu.

DUBOULOY.

Notre mariage est maintenu!... (Prenant son chapeau.) Mademoiselle, vous comprenez que, du moment que c'est à madame Dubouloy que j'ai l'honneur de parler...

LOUISE.

Eh bien, monsieur?

DUBOULOY.

Cela change entièrement notre position respective... Souffrez donc que je prenne congé de vous...

SCÈNE IX

Les Mêmes, ROGER.

ROGER, entrant.

Eh bien, mon ami?

DUBOULOY.

Sacrifié, mon cher, sacrifié comme toujours !...

ROGER.

Ton mariage tient?

DUBOULOY.

Oh! mon Dieu, oui... Et toi, as-tu vu Sa Majesté?

ROGER.

Oui.

DUBOULOY.

Et as-tu quelque idée de celle...?

ROGER.

Mon cher Dubouloy, je crois que c'est fort heureux que madame de Saint-Hérem ne soit plus ma femme.

DUBOULOY.

Eh bien, c'est au moins une consolation pour moi... Adieu, mon ami... (A Louise.) Adieu, mademoiselle.

LOUISE.

Madame...

DUBOULOY.

Madame !..,

LOUISE

Au revoir, monsieur...

(Dubouloy sort.)

SCÈNE X

LOUISE, ROGER.

ROGER.

Madame... de grâce... pourrais-je parler à madame de Saint-Hérem?

LOUISE.

A mademoiselle de Mérian, voulez-vous dire.

ROGER.

C'est vrai, j'oubliais...

LOUISE.

Impossible en ce moment; elle est occupée.

ROGER, à part.

Elle attend le roi !

LOUISE.

Mais dites-moi ce que vous avez à lui faire savoir.

ROGER.

Non... C'est à elle-même, à elle seule.

LOUISE.

Alors, plus tard... ce soir... demain..

ROGER.

C'est que, d'ici à demain, il peut arriver...

LOUISE.

Quoi?

ROGER.

Tel événement...

LOUISE.

Que voulez-vous qui nous arrive, placées directement, comme nous le sommes, sous la protection de Sa Majesté?

ROGER.

Eh bien, justement, ma chère madame Dubouloy, c'est cette protection qui m'inquiète.

LOUISE.

De la jalousie, vicomte?

ROGER.

De la jalousie!... moi!... et comment? Pourquoi serais-je jaloux?... Mais, vous le comprenez, je ne puis oublier qu'elle a porté mon nom!

LOUISE.

Il est un peu tard pour vous en souvenir.

ROGER.

Cependant, il me semble...

LOUISE.

Vous vous inquiétez de ce qui peut arriver à une femme que vous avez quittée, sans vous demander si ce mariage à la Bastille n'avait pas été prévenu, préparé par une autre qu'elle?

ROGER.

Par une autre qu'elle?... Achevez.

LOUISE.

Ne se peut-il pas enfin qu'une autre que Charlotte ait tout dit, tout révélé à madame de Maintenon?

ROGER, vivement.

C'est vous!

LOUISE.

Hélas!... oui, moi-même, monsieur; Charlotte ignorait tout, je vous le jure...

ROGER.

Mais convenez à votre tour que, si j'ai eu des torts envers madame de Saint-Hérem, elle a bien pris sa revanche... A qui dois-je la confiscation de mes biens? à qui dois-je que la terre de France me soit interdite?

LOUISE.

Mais tout cela vous est rendu, monsieur... Le duc d'Harcourt est chargé de vous le signifier aujourd'hui même. Oui... votre exil est radié! Le séquestre mis sur vos biens est anéanti... Et à qui devez-vous tout cela?

ROGER.

A qui je le dois?

LOUISE.

A elle, monsieur, à elle.

ROGER, étonné.

A Charlotte?

LOUISE.

Oui, à Charlotte, ingrat que vous êtes !... à elle seule! Elle a été trouver le roi, et elle a supplié; et ce que personne n'eût obtenu de Sa Majesté, à force de démarches, de sollicitations, de prières, elle l'a obtenu.

ROGER.

Vous comprenez, madame, que, si ce que vous me dites là est vrai, c'est une raison de plus pour que je désire lui parler sans retard.

LOUISE.

Malheureusement, comme je vous l'ai dit, monsieur le vicomte, dans ce moment la chose est impossible.

ROGER.

Impossible! Et pourquoi cela?

LOUISE.

Parce que Charlotte attend quelqu'un.

(Charlotte paraît.)

ROGER.

Mais je vous dis que c'est précisément cette personne qu'il ne faut pas qu'elle reçoive. Je vous dis que, si elle la reçoit, elle est perdue.

SCÈNE XI

LES MÊMES, CHARLOTTE.

CHARLOTTE, s'avançant.

Perdue, monsieur! que voulez-vous dire?

ROGER.

Ah! c'est vous, madame, enfin! Le hasard permet que je vous voie. (A Louise.) Ma chère madame Dubouloy, au nom du ciel! veillez à ce qu'on ne nous dérange pas. Il y va de son bonheur, du mien, du vôtre peut-être; allez, allez.

CHARLOTTE.

Va, Louise.

(Louise sort.)

ROGER, à Charlotte.

Oui, madame, oui, comme vous entriez, je le disais à votre amie, on veut vous perdre.

CHARLOTTE.

Me perdre, moi?

ROGER.

Il y a un complot contre vous, contre votre honneur.

CHARLOTTE.

Contre mon honneur, un complot?

ROGER.

Le roi va venir, n'est-ce pas?

CHARLOTTE.

Ah! monsieur, qui a pu vous faire supposer...

ROGER.

Le roi vous aime...

CHARLOTTE.

Vous croyez?...

ROGER.

J'en suis sûr; mais, puisque vous semblez l'ignorer, madame, je vais vous dévoiler le but de cette mission: vous êtes destinée à remplacer madame des Ursins dans le cœur de Sa Majesté Philippe V.

CHARLOTTE.

Monsieur...

ROGER.

C'est la pure vérité; je la sais de source certaine...

CHARLOTTE.

Au fait, les femmes ont joué un grand rôle dans le siècle qui vient de s'écouler; et plus d'une fois les puissances européennes se sont émues en apprenant qu'un roi avait changé de maîtresse.

ROGER.

Oui; mais, madame, songez-y!... quels étaient les rôles de ces femmes?

CHARLOTTE.

Les uns, grands pour l'orgueil; les autres, tristes pour le cœur; les autres, dangereux pour la vie... Madame de Montespan, mademoiselle de la Vallière, Gabrielle d'Estrées.

ROGER.

Vous oubliez madame d'Étampes, qui a failli perdre la France...

CHARLOTTE.

Vous oubliez Agnès Sorel, qui l'a sauvée!

ROGER.

Ainsi, madame, il paraît que vous n'êtes pas trop effrayée du rôle que madame de Maintenon vous a donné à apprendre, et que M. le duc d'Harcourt est chargé de vous faire répéter!... Cela fait honneur à votre courage, car beaucoup de femmes, à votre place, s'en épouvanteraient.

CHARLOTTE.

Je comprends, monsieur... il y a dans le monde des êtres privilégiés, qui ont des parents, une famille... des femmes heureuses, qui ont un mari qu'elles aiment et qui les aime, des enfants qui les appellent leur mère... des frères qui les appellent leur sœur... un père et une mère qui les appellent leur fille... A celles-là, monsieur, de grands devoirs sont imposés; à elles l'obligation de conserver intact un nom qu'elles doivent rendre pur... A celles-là la crainte de faire partager leur honte à ceux qui ont fait leur gloire! Mais il en est d'autres, vous l'oubliez, monsieur, à qui Dieu a pris leur famille, à qui un caprice a enlevé leur mari, qui n'ont plus ni le nom qu'elles ont reçu de leurs ancêtres, ni le nom qu'elles devaient transmettre à leurs fils! il est de malheureuses créatures, enfin, abandonnées, seules au monde, et ne devant compte à personne ni de leur vertu, ni de leur honte, ni de leur élévation, ni de leur abaissement: celles-là, monsieur, quand une nation jette les yeux sur elles, croyant par elles obtenir un grand résultat, celles-là doivent bénir le sort qu'on les ait jugées bonnes encore à quelque chose, et qu'on ne les ait pas oubliées dans la nuit de leur malheur, comme des êtres inutiles, inférieurs et méprisés.

ROGER.

Ah ! je comprends alors, madame, pourquoi ces vives sollicitations en ma faveur, pourquoi cette hâte de briser une union qu'on avait eu tant d'empressement à former ? Mais faites-y attention, madame, il y a des gens qui ne souffriront jamais que la femme qu'ils ont aimée, que la femme qui a porté leur nom... Et tenez, tenez, moi, par exemple...

CHARLOTTE.

Vous, monsieur?

ROGER.

Moi, je vous le déclare, tant que je vivrai, madame, tant que j'aurai une voix pour protester contre une pareille infamie... tant que j'aurai un bras pour porter une épée... je vous le déclare, mademoiselle de Mérian ne sera pas la maîtresse de Philippe V, dussé-je...

CHARLOTTE.

Quoi?

ROGER.

Dussé-je la tuer!... J'ai dit, madame.

LE VALET, annonçant.

M. le comte de Mauléon !

CHARLOTTE, au Valet.

A l'instant! à l'instant!

ROGER.

Le roi!... Vous m'avez dit qu'il ne devait pas venir!

CHARLOTTE.

Je vous ai dit que je ne l'attendais pas.

ROGER.

Vous m'avez dit qu'il n'était pas amoureux de vous.

CHARLOTTE.

Je vous ai dit que rien ne me portait à le croire.

ROGER.

C'est bien! nous verrons quelle cause l'amène.

CHARLOTTE.

Vous savez, monsieur, qu'il est contre les règles de l'étiquette qu'un étranger...

ROGER.

C'est juste. J'oubliais encore que je n'ai plus le droit... Je me retire donc, madame; mais vous êtes prévenue... je veille sur vous... je ne vous perds pas des yeux... songez-y bien!... et, si vous ne m'aimez plus, du moins, comme je ne veux pas de sentiments intermédiaires, j'aurai soin que vous me haïssiez! Adieu! madame, adieu!

(Il sort.)

CHARLOTTE, seule.

Il m'aime! il m'aime! Oh! mon Dieu! mon Dieu! que je suis heureuse!

SCÈNE XII

LE ROI, CHARLOTTE.

LE ROI.

Vous avez eu la bonté de permettre au comte de Mauléon de se présenter chez vous, madame; et vous voyez qu'il profite avec reconnaissance, et surtout avec empressement, de la permission.

CHARLOTTE.

Sire...

LE ROI.

On a véritablement raison de dire que les nuits sont les jours des femmes... Vous nous avez fait l'honneur de passer la nuit presque entière à notre petite fête, et je vous retrouve, après cette nuit sans sommeil, plus fraîche, plus ravissante que jamais.

CHARLOTTE.

Ah! c'est que le bonheur est un fard magique... et que rien n'éclaire le visage comme un cœur joyeux.

LE ROI.

Vous êtes donc heureuse, madame?

CHARLOTTE.

Oui, sire, oui, bien heureuse.

LE ROI

C'est un miracle tout nouveau à la cour d'Espagne, madame, que cette joie et que cette gaieté... Ne la perdez pas, madame, car elle vous va à ravir, et je ne vous ai jamais vue si belle...

CHARLOTTE.

Votre Majesté n'a pas eu le temps de faire de longues études sur les variations de mon visage; car, si je ne me trompe, j'ai eu l'honneur de lui être présentee hier pour la première fois.

LE ROI.

Oui, vous m'avez été présentée hier pour la première fois, c'est vrai; mais, moi, je vous connaissais depuis longtemps, madame.

CHARLOTTE.

Vous me connaissiez, sire?

LE ROI.

Des yeux et du cœur seulement, c'est vrai; je vous avais remarquée à Saint-Cyr, pendant les représentations d'*Esther*.

CHARLOTTE.

Ainsi, au bal, hier...?

LE ROI.

Oui, quand vous vous croyiez inconnue, et que, dans la confiance de votre incognito, vous vous livriez à tout l'abandon de votre esprit, à toute la richesse de votre imagination, sous votre masque, je suivais toutes les expressions de votre visage, tous les mouvements de votre physionomie; vous pensiez que votre parole seule arrivait jusqu'à moi. Détrompez-vous, madame, à travers le velours devenu inutile, je vous voyais comme je vous vois à présent.

CHARLOTTE.

Mais savez-vous, sire, que c'est une véritable trahison?

LE ROI.

Que voulez-vous! nous autres pauvres rois, il faut bien que nous prenions l'habitude de lire sous les masques tout ce qui nous approche, nous trompe, ou cherche à nous tromper; et quand, à travers le masque, nous sommes arrivés à lire sur le visage, reste encore le visage, qui nous empêche de lire dans le cœur.

CHARLOTTE.

Pardon, sire, mais il me semble...

LE ROI.

Ah! puisque vous êtes si heureuse, madame, laissez-moi me plaindre de mon malheur; puisque vous êtes si joyeuse, laissez-moi vous dire un peu ma tristesse.

CHARLOTTE.

Vous triste, vous malheureux, sire?

LE ROI.

Oui, bien triste, bien malheureux, je vous le jure; car n'est-ce pas le comble du malheur pour un jeune prince à l'esprit aventureux, au cœur aimant, à l'âme ardente, d'être enfermé sans cesse dans le cercle étroit et glacé de la politique, d'être entouré de vieux conseillers au cœur éteint, qui combattent, compriment, étouffent tout ce qu'il y a de jeune dans son âme; de n'avoir jamais un espoir qui puisse devenir une volonté; de s'entendre répondre à chaque désir qu'on exprime : « Sire, la France veut! » ou : « Sire, l'Autriche ne veut pas! » Voilà pourtant où j'en suis, avec cette ombre de puissance qu'on m'a faite. Oh! croyez-moi, madame, il n'y a qu'une royauté réelle, incontestable, despotique, une royauté de droit divin : c'est celle de la beauté, de la grâce et de l'esprit. Cette royauté, madame, c'est la vôtre. (Lui prenant la main.) Permettez donc que votre plus humble sujet vous rende hommage et se déclare à tout jamais votre féal et fidèle serviteur.

CHARLOTTE.

Sire...

LE ROI.

Aussi, jugez de mon bonheur, madame, lorsque je vous ai vue, m'apportant sur cette terre d'Espagne, où je suis exilé, un reflet de ma jeunesse passée, un parfum de ma patrie perdue. J'ai couru à vous, comme un voyageur égaré court à la lumière. Cette lumière, c'était une flamme ardente, et cette flamme m'a atteint, m'a saisi, m'a dévoré... Je vous aime, madame!

CHARLOTTE, à part.

Ciel!

LE ROI.

Je vous aime... Oh! lorsqu'une telle parole est sortie de la bouche, après avoir été si longtemps renfermée dans le cœur, il faut qu'elle soit entendue, il faut qu'on y réponde. Eh! madame, qu'y a-t-il donc de si effrayant dans ces trois mots?

CHARLOTTE.

Il y a d'effrayant, sire, que je ne puis y répondre sans crime... Sire, je suis mariée...

LE ROI.

Oui; mais votre mari est absent, éloigné, à l'autre bout du monde.

CHARLOTTE.

Mon mari est ici, à cette cour, près de vous.

LE ROI.

Votre mari ici, à cette cour?

CHARLOTTE.

C'est votre favori, votre ami le plus dévoué!

LE ROI.

Saint-Hérem?

CHARLOTTE.

Oui, sire.

LE ROI.

Vous seriez la femme de Saint-Hérem... cette jeune fille qu'il a enlevée à Saint-Cyr... puis abandonnée?

CHARLOTTE.

Hélas!

LE ROI.

Mais, puisqu'il vous a si indignement traitée, c'est qu'il ne vous aime pas!

CHARLOTTE.

Détrompez-vous, sire, il m'aime; l'orgueil seul l'avait éloigné de moi, la jalousie l'en a rapproché, et tout à l'heure, cette joie, ce bonheur que Votre Majesté lisait sur mon visage... eh bien, ce bonheur, cette joie, me venaient de la certitude d'être aimée.

LE ROI.

Ah! je serai donc trompé par tout ce qui m'entoure, trahi par tout ce qui m'approche! il n'y aura donc pas un bonheur qui devienne une réalité, pas une félicité qui ne s'évanouisse comme une ombre! Mais faites-y attention, madame! que Saint-Hérem y réfléchisse!... peut-être réclamerai-je mes droits et mes prérogatives... peut-être me souviendrai-je enfin que cette royauté qu'on m'a imposée comme un éternel fardeau, me donne au moins le droit, quand je désire, de dire : « Je veux! »

CHARLOTTE.

Oh! sire! sire! écoutez-moi donc. Vous n'avez été trahi, vous n'avez été trompé par personne. C'est madame de Maintenon qui, me voyant si malheureuse, si désespérée, m'a fait partir pour Madrid en me recommandant à M. le duc d'Harcourt. Pour que son projet réussit, le secret le plus profond devait être gardé. Jugez donc ce qu'elle dirait, si elle allait apprendre que j'ai eu le malheur de vous plaire; elle dirait que c'est moi qui, par ma coquetterie...

LE ROI.

Oh! tenez, ne me parlez pas de madame de Maintenon... Elle a déjà assez tourmenté le duc d'Anjou, sans qu'elle poursuive encore Philippe V. A Versailles, son despotisme me pesait; à Madrid, il m'est insupportable. Et, grâce au ciel! à Madrid, je puis le secouer. Oui, madame, oui. On m'a mis un sceptre à la main, dût-il me sécher le bras! on m'a mis une couronne sur la tête, dût-elle me brûler le front! on m'a fait roi, enfin, roi malgré moi. Eh bien, puisque je le suis, je veux l'être... je le serai!

CHARLOTTE.

Mais M. de Saint-Hérem...

LE ROI.

Oui, jaloux... n'est-ce pas?... Eh bien, moi aussi, je suis jaloux.

CHARLOTTE.

Oh! mon Dieu, mon Dieu!

LE ROI.

Qu'il prenne garde!

LOUISE, entrant.

Charlotte... Pardon, sire... Charlotte, M. de Saint-Hérem est là dans l'antichambre; il veut entrer, il insiste, il menace.

CHARLOTTE, à part.

S'ils se rencontrent, il est perdu!

LE ROI.

M. de Saint-Hérem veut entrer quand le roi...?

CHARLOTTE.

Sire, je suis chez moi. C'est donc à moi de faire respecter ma maison et les personnes qui s'y trouvent.

LE ROI.

Mais...

CHARLOTTE, à un Valet qui paraît au fond.

Dites à M. de Saint-Hérem qu'il n'est pas mon mari, que je ne veux pas le recevoir, que je ne le connais pas.

LE ROI.

Oh! madame, que de reconnaissance!... que je suis heureux!...

CHARLOTTE.

Oui; mais, sire, sire, au nom du ciel, retirez-vous!

LE ROI.

Je vous reverrai?...

CHARLOTTE.

Ah! sire!... mais vous ne devinez pas que, toute libre que
je suis, la présence de certaine personne à Madrid serait pour
moi un reproche.

LE ROI.

Oui, vous avez raison, Saint-Hérem doit partir.

CHARLOTTE.

Un exil?

LE ROI.

Oh! non! une mission.

CHARLOTTE.

Une mission? (A part.) Quelle idée!... si j'osais... (Haut.) Oui,
sire, oui, une mission hors d'Espagne.

LE ROI.

Oh! il partira ce soir, ce soir, pour la Hollande.

CHARLOTTE.

Mais, sans doute, il faut une décision du conseil, la signa-
ture d'un ministre?

LE ROI, regardant autour de lui.

Il faut, madame... il faut une plume, du papier, voilà tout.

CHARLOTTE, lui montrant une table.

Sire!

LE ROI, écrivant.

Oh! Dieu merci, madame, il n'en est pas de nous comme
de ces pauvres rois d'Angleterre, obligés de tout soumettre à
leur parlement, et dont les ordres sont impuissants s'ils ne
sont contre-signés d'un secrétaire d'État. Oh! non! madame!
non! devant ce papier, toutes les portes s'ouvriront, et qui-
conque le lira, ne le lira que le chapeau à la main; car il est
signé du roi.

CHARLOTTE.

Maintenant, donnez-moi cet ordre, sire.

LE ROI.

Pourquoi cet ordre à vous?

CHARLOTTE.

Vous ne comprenez pas? M. de Saint-Hérem peut se présenter de nouveau chez moi; il peut, comme ce matin, essayer
de forcer la porte. Cet ordre contient pour lui l'injonction
de partir à l'instant même?

LE ROI.

A l'instant! Et, dès qu'il se sera éloigné, dès qu'il aura quitté Madrid...

CHARLOTTE.

Vous saurez, sire, quels étaient mes véritables sentiments, et j'espère que vous ne m'en estimerez pas moins pour les avoir si longtemps renfermés dans mon cœur. (Saluant.) Maintenant, Votre Majesté permet...?

LE ROI.

Vous me quittez?

CHARLOTTE.

M. de Saint-Hérem est toujours en Espagne, sire.

(Elle rentre. Au même moment, Saint-Hérem reparaît.)

LE ROI.

Oh! je suis le plus heureux des hommes!

SCÈNE XIII

LE ROI, ROGER, DUBOULOY.

ROGER.

A nous deux maintenant!

DUBOULOY,

Que veux-tu faire?

ROGER.

Il y a une voiture dans la ruelle. Entres-y par ce balcon.

DUBOULOY.

Comment?

ROGER.

Tu frapperas trois coups dans ta main pour m'avertir, et, si je réussis... ce soir, nous enlevons Charlotte.

DUBOULOY.

Mais...

ROGER.

Silence! Le roi!

(Dubouloy disparaît.)

11.

SCÈNE XIV

LE ROI, ROGER.

LE ROI, se retournant.

Saint-Hérem !

ROGER.

Oui, sire, lui-même.

LE ROI, à part.

Elle avait raison ; car il s'est bien hâté de revenir. (Haut.)
Vous venez à propos, monsieur, j'allais vous faire chercher.

ROGER.

Je suis heureux que le hasard épargne à Votre Majesté une
si grande peine. Me voici, sire. Parlez, j'écoute. Que désirez-
vous de moi ?

LE ROI.

Vous m'avez plus d'une fois exprimé le regret de ne m'être
agréable que comme compagnon de plaisir... Un roi n'est pas
toujours maître de sa volonté ; il me fallait une occasion, une
circonstance... Cette mission que vous sollicitiez hier encore,
je vous l'accorde maintenant.

ROGER.

Maintenant, sire, il est trop tard.

LE ROI.

Trop tard ?

ROGER.

Oui, et je la refuse.

LE ROI.

Comment ! quand vous-même, hier, au bal...?

ROGER.

C'est que j'ai pénétré certain secret qui, pour le moment,
sire, me force de rester à Madrid.

LE ROI.

Et ce secret, quel est-il ? peut-on le savoir ?

ROGER.

Oh ! parfaitement, sire.

LE ROI.

Dites-le donc, monsieur.

ROGER.

C'est qu'un grand seigneur... un très-grand seigneur de la
cour du roi Philippe V aime la même femme que moi. Vous

voyez que j'aurais fait un mauvais diplomate, puisque je joue à jeu découvert.

LE ROI.

Et la femme aimée par ce grand seigneur, quelle est-elle?

ROGER.

Celle qui fut la mienne, sire.

LE ROI.

Et que vous avez si cruellement abandonnée, monsieur. Ce grand seigneur, vous le voyez bien, ne fait donc que réparer votre injustice.

ROGER.

C'est un soin dont je me charge moi-même; c'est plus que cela, sire, c'est un droit que je réclame et que je saurai défendre, fût-ce même...

LE ROI.

Achevez...

ROGER.

Même contre vous, sire.

LE ROI.

Monsieur, savez-vous que vous manquez au respect que vous devez à votre roi?

ROGER.

Sire, je suis né en France, et je ne reconnais d'autre maître que Sa Majesté le roi Louis XIV.

LE ROI.

Mais vous êtes en Espagne, monsieur, vous êtes à Madrid dans mon royaume, ne l'oubliez pas.

ROGER.

Alors, sire, je suis votre hôte, et c'est vous qui, en abusant de votre pouvoir, manquez à l'hospitalité que vous m'avez offerte.

LE ROI.

Sortez, monsieur, sortez!

ROGER.

Sire, votre aïeul Henri IV aurait dit: « Sortons. »

LE ROI.

C'est bien, monsieur! Dans un quart d'heure, vous aurez quitté Madrid, et, dans trois jours, l'Espagne.

ROGER.

Et si je refuse d'obéir à cet ordre?

LE ROI.

Dans vingt minutes, vous serez conduit à la forteresse.

(Il sort.)

ROGER.

Eh bien, Votre Majesté saura où me faire arrêter, alors ; je reste ici ; j'attends.

SCÈNE XV

ROGER, puis CHARLOTTE,

ROGER.

Oui, oui, ici, sous ses yeux ; nous verrons jusqu'où elle poussera l'indifférence ! nous verrons... (Charlotte paraît.) Ah ! venez, madame, venez.

CHARLOTTE.

Ah ! monsieur, vous voilà, enfin !

ROGER.

Oui, me voilà ; mais soyez heureuse. Je ne vous lasserai plus de mes instances, je ne vous fatiguerai plus de mes poursuites : vous allez être debarrassée de moi.

CHARLOTTE.

Débarrassée de vous ?... Oh ! mais attendez donc avant de m'accuser.

ROGER.

Oh ! madame, votre esprit a mesuré d'un coup toutes les difficultés. Le mariage vous liait : brisé ; le mari vous importunait : chassé... La même ville, le même royaume ne pouvaient voir votre élévation et sa honte : exilé !...

CHARLOTTE.

Mais non, ce n'est point un exil, c'est une mission.

ROGER.

Que j'ai refusée, madame.

CHARLOTTE.

Malheureux !

ROGER.

Oh ! mais attendez... ce n'est pas tout. Alors, le roi a insisté, et, moi, j'ai provoqué, j'ai insulté le roi !

CHARLOTTE.

Provoqué, insulté le roi! Alors, monsieur, sans perdre un instant, une minute, une seconde, il faut partir.

ROGER.

Fuir? quitter Madrid?... Vous quitter?

CHARLOTTE.

Non; mais fuir ensemble.

ROGER.

Que dites-vous?...

CHARLOTTE.

Je dis que c'est moi, monsieur, qui, pour mettre **vos jours** à l'abri, ai sollicité cette mission du roi ; je dis que, vous une fois hors d'Espagne, nulle puissance humaine ne m'eût retenue et que j'eusse été vous rejoindre, fût-ce au bout du monde! Je dis que cette rupture était une feinte, ce bref de Rome un mensonge, mon indifférence un calcul. Je suis toujours votre femme, je vous aime, je n'ai jamais aimé, je n'aimerai jamais que vous, et, comme le devoir d'une femme qui aime son mari est de le suivre partout, même en exil, je suis prête à vous suivre. Prenez-moi donc, monsieur, et emmenez-moi où vous voudrez. Me voilà, monsieur, me voilà !

ROGER.

Oh ! laissez-moi vous demander pardon à genoux !... Maintenant, vienne le roi, je l'attends, je le brave : je suis aimé ! je suis aimé !...

CHARLOTTE.

Oh ! j'espère qu'il pardonnera. Une plus longue dissimulation m'était impossible. Je lui ai écrit, je lui ai tout avoué ; j'ai fait un appel à son cœur, à sa générosite. Comme il sortait d'ici, ma lettre lui a été remise...

SCÈNE XVI

LES MÊMES, DUBOULOY.

DUBOULOY, entrant par la fenêtre.

Eh bien, mon ami, tu es donc sourd? Depuis une heure, je fais le signal convenu, et tu ne réponds pas.

ROGER.

Oh! Dubouloy! elle m'aime!... elle m'aime!... elle m'a
toujours aimé!

DUBOULOY.

Alors, il paraît que l'enlèvement se fera sans difficulté.

CHARLOTTE.

Comment?

ROGER.

Oui, j'avais pénétré ici dans l'intention de vous enlever.
Une voiture est là, dans la ruelle.

CHARLOTTE.

Alors, alors, partons...

SCÈNE XVII

Les Mêmes, LOUISE.

LOUISE.

Charlotte! Charlotte! oh! mon Dieu!

CHARLOTTE.

Qu'as-tu?

LOUISE.

Des alguazils, des soldats, toutes les issues gardées...

CHARLOTTE.

Que faire?... Fuyons!

DUBOULOY, indiquant la fenêtre.

Par ici...

ROGER.

Il n'est plus temps!

SCÈNE XVIII

Les Mêmes, un Officier, Soldats.

L'OFFICIER.

Lequel de vous deux, messieurs, est le vicomte de Saint-
Hérem?

ROGER.

C'est moi, monsieur.

L'OFFICIER.

J'ai reçu l'ordre de m'assurer de votre personne.

ROGER.

Il suffit.

CHARLOTTE, à l'Officier.

Un instant, monsieur, attendez; de qui est l'ordre que
vous avez?

L'OFFICIER·

De l'alcade mayor, madame.

CHARLOTTE.

Cet ordre est nul; en voici un de Sa Majesté, qui pres-
crit à M. de Saint-Hérem de partir sur-le-champ pour
La Haye.

L'OFFICIER·

Il m'est enjoint, madame, de retirer cet ordre de vos mains
(mouvement général), et de vous remettre celui-ci.

CHARLOTTE.

Du roi! (Elle lit.) « Après avoir trahi tous ses devoirs d'é-
poux, après avoir manqué au respect qu'il devait à une tête
couronnée, M. de Saint-Hérem peut et doit s'attendre à une
justice prompte et à une punition. terrible! » (S'interrompant.)
Ah! mon Dieu! « Mais le châtiment atteindrait une personne
qui, elle aussi, fut offensée par lui, et cependant a demandé
sa grâce; pour elle, pour elle seule, qu'il soit donc fait comme
elle le désire; mais que M. et madame de Saint-Hérem quit-
tent à l'instant même l'Espagne, et que l'officier chargé de
cet ordre les conduise jusqu'à la frontière... L'ami oublie, le
roi pardonne! — Moi, le roi. » Oh! je le savais bien!... (A
l'Officier.) Nous vous suivons, monsieur, nous partons... Viens,
Louise, viens.

DUBOULOY.

Un instant, un instant. La voiture ne contient que trois
places; ainsi, madame...

LOUISE.

J'en suis vraiment désolée! Moi aussi, j'avais hâte de remettre moi-même à votre père...

DUBOULOY.

A mon père?

LOUISE.

Ce brevet que, sur mes instances, le duc d'Harcourt...

DUBOULOY.

Un brevet?

LOUISE.

Un brevet de baron.

DUBOULOY.

Un brevet de baron pour moi?

LOUISE.

Pour vous!... mais puisque...

(Elle s'apprête à le déchirer.)

DUBOULOY.

Diable! c'est bien différent!... attendez...

LOUISE.

Il n'y a place que pour trois?

DUBOULOY.

Je peux monter sur le siége.

———

POST-SCRIPTUM

Si la pièce qu'on vient de lire a soulevé des critiques, au moins tout le monde s'est trouvé d'accord pour constater l'admirable ensemble avec lequel elle a été jouée au Théâtre-Français, qui reste, quoi qu'on en dise, pour la tragédie et la comédie, le premier théâtre du monde.

Il est impossible de déployer plus de dignité, plus d'âme, plus d'aristocratie que ne l'a fait ma ravissante comtesse de Saint-Hérem; il est impossible d'éparpiller plus de grâce, d'esprit et de gentillesse que ne l'a fait ma jolie baronne Dubouloy. Ce n'est pas ainsi qu'étaient faites les pensionnaires de madame de Maintenon? Tant pis pour elles! voilà tout ce que je puis dire.

Quant à Firmin, il y a longtemps que, pour la première fois, je lui ai adressé mes remercîments. Ma reconnaissance pour lui date de *Henri III;* il y a juste quatorze ans de cela, et, en quatorze ans, comme chacun le sait, les intérêts doublent le capital.

Merci aussi à Regnier, si franc, si jovial, si entêté! Il a fait, du rôle de Dubouloy, le rôle dangereux de l'ouvrage, un type charmant de gentilhomme bourgeois et de bourgeois gentilhomme. Au reste, le public a pris l'avance sur moi, et je ne lui traduis ici que ses applaudissements de chaque soir.

Mais le rôle véritablement sacrifié, le rôle qu'un comédien seul pouvait sauver, c'est celui de Philippe V. Brindeau s'en était chargé avec un peu de crainte, et l'a joué avec beaucoup de talent. Il en résulte que, de mauvais qu'il était, le rôle est devenu bon.

28 juillet 1843.

ALEX. DUMAS.

FIN DES DEMOISELLES DE SAINT-CYR

LOUISE BERNARD

DRAME EN CINQ ACTES, EN PROSE

Porte-Saint-Martin. — 18 novembre 1843.

DISTRIBUTION

ANTOINE BERNARD.........................	MM.	RAUCOURT.
HENRI DE VERNEUIL......................		EUGÈNE GRAILLY.
LE MARQUIS DE LANCY....................		PERRIN.
LEBEL, valet de chambre du Roi..............		BRÉMONT.
L'EXEMPT.................................		LYONNET.
UN VALET................................		PONTONNIER.
HERMINIE D'HACQUEVILLE.................	Mlle	GRAVE.
LA BARONNE D'HACQUEVILLE..............	Mme	SAINT-FIRMIN.
BERTHE, femme de chambre..................	Mlle	HÉLOISE.

— Le premier acte, au château d'Hacqueville; les deuxième et quatrième actes, dans la maison du Garde; les troisième et cinquième actes, au château de Marly, sous le règne de Louis XV. —

ACTE PREMIER

Un salon du temps.

—

SCÈNE PREMIÈRE

HERMINIE, BERTHE, puis HENRI.

HERMINIE, en costume de chasse; elle est devant une glace et achève de poser un petit chapeau sur sa tête.

Un peu plus incliné sur le côté... La!... très-bien ainsi!... Que dis-tu de ce costume de chasse, Berthe?

BERTHE.

Je dis qu'il est d'un goût adorable, et qu'il va à ravir à mademoiselle.

HERMINIE.

Vraiment!... Et crois-tu que Henri sera de ton avis?...

BERTHE.

Informez-vous-en à lui-même... Tenez, le voilà...

HENRI, passant sa tête entre les battants de la porte.

Peut-on entrer?...

HERMINIE.

Sans doute.

BERTHE.

M. le chevalier arrive à merveille... Voici mademoiselle Herminie qui désirait savoir...

HERMINIE.

Mais silence donc!... Que dites-vous là, mademoiselle!...

HENRI.

Savoir quoi?... Voyons, Berthe!

BERTHE.

Si vous la trouvez jolie sous ce costume de chasse.

HENRI.

Charmante! D'ailleurs, vous connaissez mon opinion à votre égard, ma chère cousine; il n'y a vraiment que vous pour savoir vous habiller, pour choisir les couleurs qui vont à votre visage, les nuances qui accompagnent votre teint. Vous avez ce qui ne s'acquiert pas... c'est-à-dire le sentiment de la suprême élégance : aussi, si, ce dont Dieu me garde! nous vivions jamais à la cour, je vous prédis que vous y feriez mourir tous les hommes d'amour et toutes les femmes de jalousie.

HERMINIE.

Flatteur!...,

HENRI.

Non, sur ma parole, chère cousine; je ne dis que ce que je pense... Vous savez bien, d'ailleurs, l'effet que vous y avez produit quand vous y avez été présentée, il y a deux ans... Le bruit m'en est revenu... au détroit de Magellan, où j'étais à cette époque-là.

HERMINIE.

J'étais en grand deuil.

HENRI.

Eh bien, qu'est-ce que cela prouve?... Que le noir vous va à merveille, voilà tout...

HERMINIE.

Allons, trêve de flatteries... ou, lorsque vous me direz que vous m'aimez, je croirai encore que vous me faites un compliment... Berthe, voyez si madame la baronne est prête, et faites-lui dire que nous attendons ses ordres.

(Berthe sort.)

SCÈNE II

HERMINIE, HENRI.

HENRI, suivant des yeux Berthe, qui s'éloigne, et saisissant la main de sa cousine.

Chère Herminie! voilà, pour aujourd'hui, le seul moment de liberté que nous aurons pour parler de notre amour... Cette maudite chasse...

HERMINIE.

Qui sait!... et si je vous ménageais une surprise?

HENRI.

Une surprise?...

HERMINIE.

Oh! un enfantillage que vous ne comprendrez peut-être pas...

HENRI.

Vous doutez bien de mon esprit, ce me semble...

HERMINIE.

Ce n'est pas une question d'esprit, c'est une affaire de cœur.

HENRI.

Alors, vous n'en êtes que plus injuste à mon égard... Voyons, dites...

HERMINIE.

Vous connaissez cette petite maison de garde qui est à cinq minutes de la porte du parc?...

HENRI.

Et que j'ai toujours vue fermée?...

HERMINIE.

C'est cela même.

HENRI.

Eh bien ?

HERMINIE.

Eh bien, je veux vous y conduire, Henri. Cette maison, c'est celle qu'habitait ma nourrice... c'est celle où j'ai été élevée, avec une petite sœur de lait qui est morte... Rien n'a été changé dans cette maison... Comprenez-vous, Henri!... Chaque meuble est encore aujourd'hui à la même place où il était à cette époque-là... Seulement, la pauvre nourrice est morte il y a huit ans, et le bon nourricier est mort il y en a cinq.

HENRI.

Et il ne reste personne aujourd'hui de toute cette honnête famille?

HERMINIE.

Si fait; il doit rester un fils qui se nommait Antoine, si je ne me trompe, et que je revois comme dans un rêve; j'avais trois ans quand il a quitté le pays : depuis ce temps, il court le monde, faisant ce que ces gens-là appellent, je crois, leur tour de France... Nous ne l'avons pas revu depuis quinze ans... oui, car voilà quinze ans bientôt qu'il est parti... En attendant, nous lui conservons la maison où il est né...

HENRI.

Oh! ma tante est si bonne!... et vous, chère Herminie, vous la secondez si bien dans sa bonté !

HERMINIE.

Mais non, ce n'est pas de la bonté, cela; c'est presque de la reconnaissance... Ces gens-là sont à notre service de père en fils, depuis des siècles, de sorte qu'à force de se trouver en contact avec nous, ils ont fini par être un peu de la famille. Le père Guillaume, par exemple... eh bien, il se mêlait des affaires de la maison, donnait son avis quand on le lui demandait... quelquefois même quand on ne le lui demandait pas ; et je me rappelle avoir entendu dire souvent à mon père que cet avis n'était pas toujours le plus mauvais...

HENRI.

Et votre nourrice?

HERMINIE.

Oh! ma nourrice, c'est autre chose : elle en était arrivée à gronder ma mère...

HENRI.

Et vous croyez que votre voyageur reviendra un jour à sa petite maison vide?

HERMINIE.

Aussi sûrement que l'hirondelle revient à son nid. Oh! je sais que, vous autres marins, vous ne comprenez pas cela : vous n'avez ni famille ni patrie; votre famille, c'est votre équipage; votre patrie, c'est votre vaisseau... Comme les oiseaux de passage, vous ne faites que toucher terre... vous vous reposez un instant, les ailes ouvertes... puis vous repartez et l'espace vous engloutit!... Savez-vous que c'est vraiment une bien grande duperie, à nous autres malheureuses femmes, condamnées à la retraite et à l'immobilité, que d'aimer un homme que la première brise emporte, que le premier souffle enlève, qui va on ne sait où... où Dieu le mène!... qui revient on ne sait quand... lorsque le hasard le permet!... et cela, sans compter les combats et les naufrages!... Oh! Henri, Henri!... tenez, je pense quelquefois à tout cela, quand je suis seule... la nuit, lorsque l'éclair brille à travers mes vitres, lorsque la pluie bat ma fenêtre, lorsque le vent s'engouffre et gémit dans les corridors... et alors... alors je me gronde bien fort d'avoir été assez folle pour aimer un marin...

HENRI.

Oh! il n'en sera pas ainsi pour nous, chère Herminie, et je vous jure...

HERMINIE.

Ah! oui, jurez, je vous le conseille... avec cela que vous vous appartenez bien à vous-même pour faire des serments! Vous venez de vous unir à une femme que vous aimiez et qui vous aime...Vous êtes marié depuis un mois, depuis huit jours, depuis une heure;... un caprice passe par la tête d'un homme que vous ne connaissez pas... qui demeure à deux cents lieues de vous, et qu'on appelle le ministre de la marine;... un courrier part, un coup de canon se fait entendre... Il faut tout quitter... Où allez-vous?... Vous n'en savez rien: le capitaine ouvrira ses dépêches en mer... Combien de temps serez-vous absent?... Le temps de faire le tour du monde... Si bien que la pauvre abandonnée, qui vous voit disparaître au moment où elle s'y attend le moins, ne sait même plus de quel côté de l'horizon elle doit se tourner pour vous en-

voyer le reste de la phrase qu'elle n'a pas eu le temps de vous
dire... et la moitié du baiser qu'elle n'a eu le temps de
vous rendre.

HENRI.

Hélas ! oui... je suis forcé de l'avouer, ma chère Herminie,
il y a beaucoup de choses vraies dans ce que vous me dites
là... et peut-être avez-vous eu tort d'aimer un marin... Mais,
du moment que vous l'aimez...

HERMINIE.

Oh ! mon Dieu, oui... notre histoire, à nous, c'est la lutte
éternelle du cœur avec la raison... Malheureusement, le cœur
l'emporte toujours, soyez tranquille... et c'est justement par
un caprice du cœur, dont vous vous moquerez peut-être,
monsieur le philosophe, que je veux vous conduire aujour-
d'hui dans cette petite maison où j'ai été élevée... et que je
veux que vous aimiez... parce que je l'aime...

HENRI.

Oh ! oui, oui, nous irons... et je vous jure que je serai
bien heureux de la voir...

SCÈNE III

Les Mêmes, LA BARONNE D'HACQUEVILLE.

LA BARONNE.

Ah ! j'étais bien sûre de vous trouver ensemble...

HENRI, lui baisant la main.

Et où vouliez-vous donc que je fusse, ma bonne tante,
sinon près d'Herminie?...

HERMINIE.

Bonjour, ma mère...

LA BARONNE, l'embrassant au front.

Bonjour, mon enfant.

HENRI.

D'ailleurs, je voulais vous guetter au sortir de votre chambre pour savoir si vous aviez reçu une réponse...

LA BARONNE.

Non, rien encore...

HENRI.

Mon Dieu, comme cette autorisation du roi se fait attendre !... Nous ne sommes cependant qu'à quelques lieues de Versailles...

LA BARONNE.

Eh bien, mon neveu, un roi est-il obligé de répondre à un de ses sujets courrier par courrier, comme un marchand ? D'ailleurs, Sa Majesté n'est-elle pas depuis quelque temps à Fontainebleau ?...

HENRI.

Allons, c'est trois ou quatre jours encore d'anxiété...

LA BARONNE.

Qu'est-ce que cela pour un homme qui a attendu jusqu'aud'hui ?...

HERMINIE.

Puis que pouvons-nous craindre ?... quel motif voulez-vous qu'ait Sa Majesté de refuser son agrément à notre mariage ?

HENRI.

Je suis marin, chère Herminie, vous le disiez tout à l'heure, et plus il y a longtemps que le ciel est beau, plus je crains une tempête... Tenez, à votre place, ma chère tante, puisque cette union entrait dans vos convenances, j'aurais commencé par marier ensemble mon neveu et ma fille... puis, ensuite... j'aurais demandé l'agrément du roi.

LA BARONNE.

Allons donc, monsieur ! est ce que la chose était possible ? Quand Sa Majesté, il y a cinq ans de cela, après avoir eu la bonté de nous remarquer dans la galerie, le matin, et de causer cinq minutes, le soir, avec nous, au jeu de la reine, a pris la peine de me dire en propres termes : « N'oubliez point, baronne, que le père de cette belle enfant était mestre de camp de nos armées, qu'il est mort à notre service, et que, par conséquent, c'est à nous qu'il appartient de pourvoir sa fille ! »

HENRI.

Sans doute, ma tante... oui, le roi vous a dit cela, il y a cinq ans... comme il vous aurait dit autre chose... et, à cette heure, il ne se souvient certes plus de ce qu'il vous a dit.

LA BARONNE.

Détrompez-vous, chevalier : le roi est l'homme qui a le plus de mémoire de son royaume !... et, vous le savez bien, Henri... quand il chasse dans la forêt de Saint-Germain, il est rare qu'il ne daigne pas pousser jusqu'à notre château ;

et, chaque fois, Sa Majesté a eu la bonté de me rappeler ses royales paroles... Après cela, vous voulez que je dispose de la main d'Herminie sans l'agrément du roi?... Mais vous n'y pensez pas, chevalier!... ce serait un crime de haute trahison.

HENRI.

Pardon, ma tante, j'ai tort!... mais mettez-vous à ma place, et comprenez mon inquiétude... Ma frégate peut, d'un moment à l'autre, recevoir l'ordre de remettre à la voile!... Mes craintes vont plus loin encore : si le roi allait avoir sur ma cousine d'autres projets que les vôtres... et allait refuser son consentement... Eh bien, madame la baronne, que feriez-vous?...

LA BARONNE.

Ce que je ferais, monsieur... vous le demandez ?... J'obéirai au roi !...

HENRI.

Et vous nous sépareriez l'un de l'autre, nous qui nous aimons depuis que nous nous connaissons... vous feriez le malheur de vos deux enfants... pour obéir à un caprice de Sa Majesté !

HERMINIE.

Oh! ma mère !

LA BARONNE.

Mademoiselle, il y a des familles pour lesquelles le passé porte obligation de l'avenir. Ouvrez l'histoire, et vous verrez qu'en 1426, un Robert d'Hacqueville offrit au roi Charles VII ses six enfants mâles montés sur six chevaux de bataille et suivis de six écuyers armés en guerre pour aller combattre les Anglais;... qu'en 1535, Sigismond d'Hacqueville vendit ses domaines, son argenterie et jusqu'aux joyaux de sa femme pour payer à Charles-Quint la rançon de François Ier ;... qu'en 1638, Hermance d'Hacqueville, s'empressant d'obéir aux ordres du roi Louis XIII, quitta son époux, Adalbert de Crussac, qui était protestant, et qui la rendait parfaitement heureuse, pour épouser Berthold d'Entraigues, qui, au bout de dix-huit mois, la fit mourir de chagrin;... enfin, qu'en 1712...,

HERMINIE.

Je sais, ma mère... je sais tout cela,

LA BARONNE.

Eh bien, si vous savez tout cela, mademoiselle, vous devez comprendre qu'après une fidélité de quatre siècles, les d'Hacqueville ne commenceront pas à déroger aujourd'hui.

HENRI.

Vous le voyez, Herminie !...

HERMINIE.

Oui, mais le roi ne refusera pas. Quel motif voulez-vous que le roi ait de refuser ?

UN VALET, entrant.

La voiture de madame la baronne est prête.

HERMINIE.

Et nos chevaux ?

LE VALET.

Sont sellés.

LA BARONNE.

En effet, il va être dix heures, et nous avons à peine le temps d'arriver au rendez-vous. Comme l'invitation vient de notre part, il ne faut pas nous faire attendre.

HENRI.

Ma tante, voulez-vous prendre mon bras ?

LA BARONNE, en passant devant la fenêtre.

Tiens ! qu'est-ce que cette voiture ?

HENRI.

Où donc ?

LA BARONNE.

Tenez... là-bas... sur la route...

HERMINIE.

En effet ; une chaise de poste ! Attendiez-vous quelqu'un, ma mère ?

LA BARONNE.

Non... personne.

HENRI.

Cette chaise s'arrête cependant au château. O Herminie ! Herminie !

HERMINIE.

Eh bien ?

HENRI.

Tout événement inattendu me paraît une catastrophe menaçante.

LE VALET, reparaissant.

M. le marquis de Laney, envoyé par Sa Majesté, sollicite la faveur de présenter ses hommages respectueux à madame la baronne.

HENRI.

Le marquis de Lancy !

LA BARONNE.

Vous le connaissez ?

HENRI.

Beaucoup.

LA BARONNE.

Faites entrer.

(Le Valet s'éloigne.)

HERMINIE.

Qu'est-ce que ce marquis de Lancy ?

HENRI.

Je vous l'ai dit : un de mes amis, fort élégant, fort spirituel, fort noble... et, je crois, fort ruiné... mais, du reste, admirablement en cour.

LA BARONNE.

En tout cas, qu'il soit le bienvenu, puisqu'il vient de la part du roi.

LE VALET, annonçant.

M. le marquis de Lancy.

SCÈNE IV

LES MÊMES, LE MARQUIS DE LANCY.

LE MARQUIS, s'arrêtant à la porte.

Mon cher chevalier, quoique je représente à cette heure Sa Majesté Très-Chrétienne, à tout seigneur tout honneur. Faites-moi donc la grâce, je vous prie, de me présenter à madame la baronne d'Hacqueville.

HENRI.

Volontiers, mon cher marquis. (Prenant la main du Marquis et le conduisant à la Baronne.) Ma tante, M. le marquis de Lancy...

LE MARQUIS.

Madame la baronne, croyez que je suis heureux et fier qu'un message du roi me mette à même de vous offrir l'hommage de mes sentiments les plus respectueux.

HENRI, même jeu.

Ma belle cousine!

LE MARQUIS.

Mademoiselle, je sais, par mon ami de Verneuil, quels engagements vous lient depuis longtemps à lui. Aussi, vous le voyez, je n'ai voulu m'approcher de vous que sous son patronage.

HERMINIE, saluant.

Monsieur le marquis !...

LA BARONNE.

Et vous arrivez de Fontainebleau, monsieur?

LE MARQUIS.

Directement, madame, et sans m'arrêter... excepté pourtant dans les ornières... Vos chemins de traverse sont d'un affreux !...

LA BARONNE.

Et qu'y a-t-il de nouveau à la cour?...

LE MARQUIS.

Oh! des choses inouïes, extraordinaires, miraculeuses !...

LA BARONNE, inquiète.

Mais le roi se porte bien?

LE MARQUIS.

Aussi bien que peut se porter un roi amoureux depuis plus de trois mois, ma foi, sans être payé de retour...

LA BARONNE.

Oh! mon Dieu !... et qu'elle est l'ingrate?...

LE MARQUIS.

Madame de la Tournelle, qui refuse d'être duchesse de Châteauroux... et qui, depuis trois mois, fait une résistance... scandaleuse !...

LA BARONNE.

Vraiment ?... Ce n'est point une tradition de famille cependant !...

LE MARQUIS.

Que voulez-vous! c'est au point que le duc de Richelieu, lui-même, en a la tête à l'envers... et qu'après avoir essayé de tous les moyens de distraire le roi, il a fini par n'en pas trouver de plus ingénieux que de lui conseiller de s'adresser ailleurs.

12.

LA BARONNE.

Ah ! que voila bien un conseil comme les donne M. de Richelieu !

HENRI.

Mon cher marquis, toutes ces nouvelles sont des plus intéressantes... Mais vous oubliez qu'il en est une...

LE MARQUIS.

Qui vous touche plus directement, n'est-ce pas?

HENRI.

Je l'avoue...

LE MARQUIS.

Et je comprends votre désir. (Tirant une lettre de sa poche.) Madame, voici la réponse à la lettre que vous avez écrite à Sa Majesté.

LA BARONNE.

La hâte que j'ai de connaître les ordres du roi est mon excuse... et vous permettez?...

LE MARQUIS.

Comment!... (A Henri.) Mon cher chevalier, reçois tous mes compliments... Ta fiancée est charmante!... d'ailleurs, c'est l'avis du roi. (A Herminie.) Mademoiselle, croyez que c'est un grand bonheur pour moi que d'avoir été choisi pour messager d'une nouvelle que vous attendiez sans doute avec impatience...

LA BARONNE, après avoir lu.

Oh ! mon Dieu !...

HENRI.

Quoi donc?

HERMINIE.

Qu'y a-t-il?

HENRI.

Cette lettre contient-elle un refus?

HERMINIE.

Le roi s'opposerait-il...?

LA BARONNE.

Monsieur le marquis, il faut que j'aie tretien particulier.

LE MARQUIS.

A vos ordres, madame...

LA BARONNE.

Laissez-nous seuls, mes enfants.

HENRI, vivement.

Mais un mot au moins.

HERMINIE, de même.

Oh! de grâce, ma mère !...

LA BARONNE.

Vous saurez tout dans un instant... Du reste, mon cher
Henri, vous n'ignorez pas combien je vous suis attachée...
Quelque chose qui puisse arriver, j'aime à croire que votre
amitié pour moi n'en restera pas moins inaltérable... Vous,
ma fille, n'oubliez jamais ce que notre famille doit de res-
peet et d'obéissance aux volontés du roi... Henri, faites dire
à nos amis que l'on attaque toujours, et que nous rejoindrons
la chasse... Vous, Herminie, rentrez dans votre appartement... Je vous ferai appeler quand je serai de retour dans
le mien.

(Henri et Herminie sortent chacun d'un côté, en s'interrogeant tous deux du
regard.)

SCÈNE V

LA BARONNE, LE MARQUIS.

LE MARQUIS.

Nous voilà seuls, madame la baronne, j'écoute.

LA BARONNE.

Le roi ne vous a rien dit de particulier en vous chargeant
de ce message, monsieur?

LE MARQUIS.

Rien autre chose qu'un souhait d'heureux voyage...

LA BARONNE.

Et vous ignorez ce que contient la dépêche que vous venez
de me remettre ?

LE MARQUIS.

Complètement!... seulement, j'ai dû penser qu'elle était
relative au mariage de mademoiselle d'Hacqueville...

LA BARONNE.

Oui... c'est, en effet, de son mariage qu'il est question.

LE MARQUIS.

Le roi n'aurait-il point répondu selon vos souhaits, madame?

LA BARONNE.

Pas précisément... Mais, mon intention ayant toujours été de subordonnér mes désirs, sur ce point, à ceux de Sa Majesté, cette lettre, quelque ordre qu'elle contienne, ne peut que m'être agréable... Vous êtes en grande faveur, monsieur le marquis !

LE MARQUIS.

Mes ennemis le disent... il faut bien que cela soit !

LA BARONNE.

Le roi me l'écrit !

LE MARQUIS.

Sa Majesté est trop bonne...

LA BARONNE.

Il ajoute que cette faveur repose sur votre grand mérite.

LE MARQUIS.

Dites sur sa grande indulgence, madame.

LA BARONNE.

Il ajoute encore que vous portez un beau nom.

LE MARQUIS.

Mes ancêtres l'ont fait ce qu'il est... Ce n'est donc pas à moi de m'en vanter.

LA BARONNE.

Mais que votre fortune est fort dérangée...

LE MARQUIS.

Ah! ceci, c'est autre chose, et mes ancêtres n'y sont pour rien... C'est de ma façon !...

LA BARONNE.

Au reste, Sa Majesté annonce qu'elle se charge de payer vos dettes.

LE MARQUIS.

Vraiment? Ce sera d'autant plus galant de sa part que la chose lui arrivera pour la quatrième fois... et que je craignais, sur ma parole, qu'elle ne commençât à se lasser.

LA BARONNE.

Il paraît que non, comme vous voyez...

LE MARQUIS.

Le roi est un grand roi ! voilà tout ce que je puis dire... Mais, sans indiscrétion, madame, est-ce que je pourrais vous demander comment, dans une lettre relative au mariage de mademoiselle d'Hacqueville, il se fait qu'il soit si fort question de votre serviteur ?

LA BARONNE.

Comment ! à mes questions, vous ne devinez pas ?

LE MARQUIS.

Non, je vous jure...

LA BARONNE, lui tendant la lettre.

Lisez alors.

LE MARQUIS, lisant.

« Ma chère baronne... » (S'arrêtant.) Vous parliez de ma faveur, madame ; c'est moi qui vous demanderai de me protéger...

LA BARONNE.

Continuez, monsieur.

LE MARQUIS, lisant.

« Je vous ai dit que, mademoiselle d'Hacqueville étant la la fille d'un mestre de camp de nos armées, mort à notre service, c'était à nous de la pourvoir... Nous avons donc, en vertu de l'engagement pris de notre part, songé à son établissement, et nous avons trouvé que le parti le plus convenable pour elle était notre fidèle serviteur le marquis Maximilien de Laney, que, dans plusieurs missions importantes, nous avons déjà honoré de notre confiance... Il porte un nom qui peut dignement s'allier au vôtre. Et, quant à sa fortune, qui pourrait ne pas vous paraître suffisante, comme c'est à notre service qu'elle s'est dérangée, ce sera notre affaire que de la rétablir. Si mon protégé vous paraît mériter le sacrifice de vos premiers projets, partez immédiatement pour Marly, où je désire que le mariage se fasse, afin que je puisse signer au contrat et présenter moi-même mon cadeau de noce à la belle fiancée.

» Votre affectionné

» Louis.

» Je vous invite à descendre directement à Marly, où un pavillon sera préparé pour vous recevoir. »

LA BARONNE.

Eh bien, monsieur, que dites-vous de cette lettre ?

LE MARQUIS.

Je dis, madame la baronne, que je suis confondu, tant j'étais loin de m'attendre à ce que les faibles services que j'ai eu le bonheur de rendre à Sa Majesté eussent mérité une si grande récompense.

LA BARONNE.

Ainsi, vous êtes disposé à obéir aux ordres du roi?

LE MARQUIS.

Avec reconnaissance, madame... Mais tout le monde ici n'aura pas le même respect que moi pour les désirs de Sa Majesté...

LA BARONNE.

Je vous entends, monsieur, et cela me regarde. Mademoiselle d'Hacqueville a été élevée dans la stricte observation de ses devoirs ; elle sait ce qu'elle doit de respect à la volonté de sa mère et de soumission aux ordres du roi. Ne craignez donc rien de ce côté.

LE MARQUIS.

Cependant, madame la baronne, si ce mariage devait par trop contraindre les sentiments de mademoiselle d'Hacqueville...

LA BARONNE.

J'apprécie cette délicatesse, monsieur ; mais nous sommes avant tout, je crois, fidèles sujets de Sa Majesté... et, quand Sa Majesté a manifesté un désir, c'est à nous de nous y soumettre.

LE MARQUIS.

Quant à moi, madame la baronne, vous comprenez que l'obéissance me sera facile.

LA BARONNE.

Nous avions invité pour aujourd'hui nos voisins de campagne à une chasse à courre... Nous sommes déjà d'une heure en retard, et les convenances veulent que nous y paraissions, mademoiselle d'Hacqueville et moi... Quant à vous, monsieur le marquis, vous devez être beaucoup trop fatigué...

LE MARQUIS.

Moi?... Point du tout, je vous jure... Le roi m'a habitué à cela ; depuis qu'il m'a fait l'honneur de me choisir pour son courrier extraordinaire, je n'ai pas cessé d'être en route vers un des quatre coins du monde ; mon équipage en est une preuve. Je descendais de cheval, lorsque Sa Majesté me jeta en voiture sans me donner le temps de me reconnaître. Je suis donc à vos ordres, madame la baronne... et cela, quand vous voudrez.

LA BARONNE.

Nous ferons une simple apparition ; puis nous reviendrons au château... En attendant, regardez-vous ici comme chez vous, et, si vous avez besoin de quelque chose que ce soit, appelez.

LE MARQUIS.

Mille grâces, madame!

(La Baronne sort.)

SCÈNE VI

LE MARQUIS, seul.

Eh bien, le diable m'emporte si je me doutais, quand je suis monté en voiture, que mon ambassade aurait pour dénoûment un mariage... le mien!... Mais, pour n'être pas prévu, le dénoûment n'en est pas moins agréable : une jolie femme!... un beau nom!... mes dettes payées... Mais c'est très-acceptable, tout cela! Seulement, parole d'honneur, je suis désolé pour ce pauvre chevalier!... Et moi qui lui faisais des compliments sur sa fiancée... moi qui me suis fait présenter à elle par lui... Ah! véritablement, c'est trop fort... Mais aussi qui diable aurait pu s'imaginer...? Ah! le voici; je me doutais bien que je ne tarderais pas à le voir.

SCÈNE VII

HENRI, LE MARQUIS.

HENRI.

Je vous cherchais, monsieur le marquis.

LE MARQUIS.

Et vous me trouvez désespéré, chevalier, sur l'honneur!...

HENRI.

Trêve de politesses ou plutôt de railleries... Venons au fait, monsieur... D'un mot, la baronne vient de tout me dire... Connaissez-vous le contenu de la lettre dont vous étiez porteur?

LE MARQUIS.

Je l'ignorais, foi de gentilhomme.

HENRI.

C'est bien!... il m'en eût coûté de renoncer à vous estimer.

LE MARQUIS.

N'êtes-vous donc venu ici, mon cher chevalier, que pour me renouveler les assurances de votre estime?

HENRI.

Je suis venu pour vous demander quelles étaient vos intentions.

LE MARQUIS.

Mes intentions?... Mais elles sont celles d'un fidèle serviteur de Sa Majesté.

HENRI.

Ainsi...?

LE MARQUIS.

J'obéirai au roi...

HENRI.

Et vous croyez que je le souffrirai?

LE MARQUIS.

Et par quel moyen comptez-vous vous y opposer?

HENRI.

J'espérais que vous le devineriez sans que je vous fisse l'injure de vous le dire!

LE MARQUIS.

Un duel? Allons donc, mon cher chevalier!... c'est bien ridieule, bien usé... et cela ne mène à rien!

HENRI.

Savez-vous, monsieur, qu'il faut être aussi sûr de sa réputation que vous l'êtes, pour oser répondre à un rival ce que vous me répondez là?

LE MARQUIS.

Eh! pardieu! chevalier, vous le savez bien... ma réputation, elle est faite sous ce rapport... Je me suis battu douze fois... Pour quels motifs?... Le diable m'emporte si je me souviens d'un seul... J'ai donné sept coups d'épée, j'en ai reçu cinq... et j'ai été trois fois à la Bastille; la première lois, pour huit jours; la seconde fois, pour six semaines; la troisième fois, pour quatre mois. Pour peu qu'on soit mathématicien, on voit que la progression est effrayante! Or, mon cher chevalier, pendant ces quatre derniers mois de reclusion, je me suis juré cent fois à moi-même de ne plus me battre que pour des choses graves et qui en vaillent la peine... Voyons, franchement, croyez-vous que l'occasion soit venue de manquer à mon serment?

HENRI.

Ainsi, monsieur, vous ne regardez pas comme une chose grave d'enlever à un ami la femme qu'il aime?

LE MARQUIS.

D'abord, mon cher chevalier, où avez-vous vu que j'enlève quoi que ce soit au monde?... Le roi me charge d'une lettre... Je crois qu'elle renferme une nouvelle qui peut vous être agréable... Je pars ventre à terre, je cours sur les routes les plus barbares et les moins civilisées, j'arrive moulu... brisé... rompu! La lettre renferme, quoi? L'ordre de me marier... Ah çà! mais... est-ce que vous croyez que c'est bien amusant, de se marier comme cela tout à coup... avec une femme qui en aime un autre, et surtout quand cet autre est un joli garçon... qui a mille chances pour une de prendre sa revanche?... Allons donc, chevalier, allons donc!... attendez six mois seulement, et vous verrez que, dans six mois, c'est moi peut-être qui serai assez sot, à mon tour, pour vous prier de vous couper la gorge avec moi.

HENRI.

Eh bien, alors, pourquoi acceptez-vous?

LE MARQUIS.

Et le moyen de refuser quand le roi ordonne? Et puis, mon cher chevalier, moi, je suis galant homme avant tout; je me dois à mes créanciers. Vous ne connaissez pas ces espèces-là, vous... mais ça n'attend que dans l'espoir de mon mariage futur; et, si cela venait à apprendre que j'ai trouvé une occasion de payer mes dettes, et que je l'ai laissée échapper, cela ferait des cris qu'il n'y aurait plus moyen de s'entendre.

HENRI, avec ironie.

Ainsi c'est par spéculation... par calcul...?

LE MARQUIS.

Mais non, mon cher; ce n'est rien de tout cela... C'est parce que je me trouve dans une de ces positions où l'on n'est pas maître de sa volonté... Je n'ai pas dirigé les événements de ce côté-là... les événements m'entraînent... je me laisse faire... et voilà tout.

LE VALET, entrant.

Madame la baronne fait demander à M. le marquis s'il est prêt à l'accompagner.

LE MARQUIS.

Parfaitement!

VIII.   13

LE VALET.

Madame la baronne attendra M. le marquis au bas du perron.

LE MARQUIS.

Comment donc!... dites-lui que je vais au-devant d'elle pour lui offrir mon bras. Et tenez, mon cher chevalier, c'est comme cette partie de chasse... est-ce que vous croyez que cela m'amuse, après avoir été pendant quatre heures cahoté à rendre l'âme, d'aller courre le daim pendant cinq ou six heures?... Eh bien, non; cela m'ennuie à la mort... J'y vais cependant, et pourquoi?... Parce que, comme je le disais tout à l'heure à la baronne, le roi m'a habitué à cela... Je suis une chose que l'on met à cheval ou en voiture, qui part, qui passe, qui arrive et qui repart, le tout au galop... Bref, je suis comme le Juif errant, j'ai éternellement aux oreilles une voix qui me crie: « Marche! marche!... » et je marche. Ainsi donc, au revoir, mon cher chevalier!

(Il sort.)

SCÈNE VIII

HENRI, puis HERMINIE.

HENRI.

Bien, bien, marquis!... c'est une lutte entre nous; nous la soutiendrons!...

HERMINIE, entr'ouvrant la porte.

Êtes-vous seul, Henri?

HENRI.

C'est vous, Herminie! Savez-vous ce qui se passe?

HERMINIE.

Je sais tout.

HENRI.

Qu'avez-vous décidé?

HERMINIE.

Rien encore.

HENRI.

M'aimez-vous toujours?

HERMINIE.

Vous le demandez, Henri!

HENRI.

Alors il faut que je vous voie!..

HERMINIE.

Où cela?

HENRI.

Dans cette petite maison où vous vouliez me conduire.

HERMINIE.

En voici la clef...

(Elle la lui donne.)

HENRI.

A quelle heure y viendrez-vous?

HERMINIE.

Je ne puis vous le dire; je tâcherai de m'échapper...

HENRI.

Je vais vous y attendre.

HERMINIE.

Ma mère et le marquis! Partez, partez vite!

HENRI.

Je compte sur vous, Herminie.

(Il rentre par la porte de côté.)

SCÈNE IX

LA BARONNE, passant au fond, et donnant le bras au MARQUIS;
HERMINIE, sur le devant.

LA BARONNE.

Venez-vous, Herminie?

HERMINIE.

Me voilà, ma mère...

(Elle s'éloigne par la porte du fond.)

ACTE DEUXIÈME

La maison du Garde.

—

SCÈNE PREMIÈRE

HENRI, seul.

Pourra-t-elle s'échapper?... Il y a longtemps que j'attends... Déjà, deux ou trois fois, j'ai entendu la chasse se rapprocher et s'éloigner... Mais sans doute il ne la quitte pas des yeux... il veille déjà sur elle comme si elle était sa femme!... Sa femme!... Ah!... je ne me trompe pas... Le galop d'un cheval... Il s'approche... il s'arrête...

SCÈNE II

HENRI, LE MARQUIS.

LE MARQUIS, ouvrant la porte.
Ah! dis donc, l'ami! y a-t-il quelqu'un à la maison?...
HENRI, à part.
Le marquis!... Se douterait-il?...
LE MARQUIS.
Tiens! c'est vous, chevalier... Enchanté de vous rencontrer!... Vous me direz où je suis, et je n'en serai pas fâché... (S'asseyant.) Ah! mon cher! quelles jambes ils ont, vos daims d'Hacqueville!... Parlez-moi des daims de Rambouillet... ça se fait battre dans trois ou quatre lieues carrées... ce sont des bêtes de bonne maison... Mais les vôtres!... elles prennent des partis d'enfer!... et je me suis égaré... je ne connais pas le pays.

HENRI.
En suivant cette avenue, vous serez bientôt au château... Vous n'en êtes qu'à cinq cents pas...
LE MARQUIS.
Oh! un instant, mon cher... que diable!... je trouve une occasion de me reposer, et je me repose... Quel démon que

votre cousine, mon cher Henri !... c'est une véritable ama-
zone, sur ma parole... Au beau milieu de la chasse, je la vois
piquer une pointe... Je crois que son cheval se dérobe ou
l'emporte... je mets le mien à sa poursuite... Ah bien, oui !...
au bout de cinq minutes, disparue dans les branches... Alors,
je regarde autour de moi : plus de chasse... Je veux m'orien-
ter : des forêts sans fin, qui datent du troisième jour de la
création... Je marche, je marche... je marche, selon ma destinée... Enfin, j'avise cette petite maison... Cela me rappelle
que je suis éreinté... et que... pardon du détail... il est peu
poétique... et que je meurs de faim... vu que, ce matin, au
château, quand la baronne m'a dit de me regarder comme
chez moi, j'ai eu la sottise de me maniérer... ce qui fait que,
parole d'honneur, je n'en puis plus... Dites donc, chevalier,
vous vouliez me tuer ce matin ; très-bien... cela se fait entre
gentilshommes... mais vous ne voudriez pas me laisser mourir d'inanition... ce serait par trop barbare... Est-ce qu'il n'y
a pas ici, comme dans toutes les maisons de garde que j'ai
vues, un pâté de gibier et quelques bouteilles de vin de Bordeaux... hein?...

HENRI.

Je suis désespéré, monsieur ; mais cette maison n'est point
habitée.

LE MARQUIS.

Cette maison n'est point habitée? Eh bien, mais qu'y faites-
vous donc, alors? Vous y venez pour jouir du paysage?... Le
fait est qu'il est délicieux !... des allées à perte de vue... un
horizon charmant...

HENRI, à part.

Je suis au supplice !...

LE MARQUIS.

Une perspective !... mais comment donc !... une perspective
des plus animées... Une chasseresse qui se dirige au galop de
ce côté... Mademoiselle d'Hacqueville ! Ah ! mon cher chevalier... pardon... cent fois pardon ! je suis un sot... j'oubliais
que, lorsque le cheval d'une jolie femme s'emporte, l'intelli-
gent animal a toujours quelque motif pour cela...

HENRI.

Monsieur !...

LE MARQUIS.

Eh! mon Dieu! c'est trop juste... Je suis tombé au milieu

de vous comme une bombe... vous n'avez pas eu le temps de vous dire le plus petit mot d'adieu... Vous en empêcher, ce serait tyrannique! ce serait cruel!... et il va vous paraître singulier que je quitte, en ce moment, cette masure... Eh bien, pas du tout... c'est de la raison... D'abord, je ne veux pas me faire ab'horrer de ma future... Sa vertu... ses principes... je n'ai rien à craindre... et puis, ce rendez-vous d'adieu... c'est dans l'ordre... ça doit être, et j'aime mieux que vous l'ayez avant le mariage qu'après... c'est plus moral... et moins dangereux... Allons, marquis, marche! marche encore!... Il est écrit là-haut que je ne me reposerai pas aujourd'hui... Au revoir, mon cher chevalier...

(Il sort par la porte du fond; Henri le suit jusqu'au dehors. Une porte latérale s'ouvre, Herminie paraît.)

SCÈNE III

HENRI, HERMINIE.

HERMINIE, entrant avec timidité.

J'ai vu un cheval attaché à la porte... Henri ne serait-il pas seul?...

HENRI, rentrant.

Oh! venez, venez, Herminie... j'ai bien besoin de vous voir...

HERMINIE.

Aussi, suis-je venue, Henri, au risque d'être vue, au risque...

HENRI.

Ainsi donc, maintenant, vous regardez comme coupable une entrevue avec moi? ainsi, c'est un sacrifice que vous croyez me faire? ainsi, un mot de votre mère a tout rompu entre nous... même les liens de famille, qui permettent qu'entre parents...?

HERMINIE.

Mon Dieu, Henri, tout ce qui nous arrive est si imprévu, si étrange, si inattendu, que je suis encore tout étourdie du coup qui nous atteint... Il me semble que je rêve... et, je vous l'avoue, je ne vois clair ni dans ce que je fais ni dans ce que je dois faire.

HENRI.

Ce que vous faites, c'est ce que votre cœur vous conseille...
ce que vous devez faire, c'est ce que je vais vous dire... Ne
vous effrayez pas, Herminie.

HERMINIE.

Vous allez donc me proposer quelque chose d'impossible
que vous me prévenez d'avance?

HENRI.

Non; car, faites-y attention, Herminie, notre position, à
nous, est tout exceptionnelle... Notre mariage était approuvé
par votre mère... Quelle cause vient le rompre? Une cause
étrangère... un caprice du roi, qui veut récompenser un de
ses favoris, reconstruire une fortune qui tombe, relever un
nom qui s'éteint! Eh bien, supposez, Herminie, que cet ordre
du roi, au lieu d'arriver la veille de notre mariage, fût arrivé
le lendemain... nous n'en étions pas moins unis à tout jamais... nous n'en étions pas moins heureux pour toujours...
Votre mère, si absolu que fût son dévouement au prince, votre
mère était bien forcée de demeurer impuissante devant une
impossibilité... Eh bien, Herminie, il faut, sans que votre
mère ait rien à se reprocher, il faut que vous soyez ma
femme...

HERMINIE.

Mais comment cela?... Expliquez-vous... Il me semble,
Henri, que ce n'est pas possible!

HENRI.

Rien de plus facile, Herminie, et un mariage secret...

HERMINIE.

Un mariage secret?... Oh! mon Dieu, que me proposez-
vous là?

HENRI.

Ce qui devait être... ce qui devait s'accomplir à la face du
monde... ce qui devait faire notre bonheur à tous deux...
Écoutez, Herminie, nous sommes dans une circonstance suprême... Il s'agit d'être éternellement heureux, ou malheureux pour toujours! Croyez-vous que vous puissiez aimer le
marquis?... croyez-vous que vous puissiez être heureuse
avec lui?

HERMINIE.

Oh! jamais, jamais! vous savez bien, Henri, que c'est vous

que j'aime... vous savez bien que tout mon bonheur à venir
reposait sur vous !

'HENRI.

Eh bien, alors...?

HERMINIE.

Eh bien, que voulez-vous, Henri ! il y a là une voix inté-
rieure, une voix qui parle plus haut que mon amour, et qui
me dit... que... je ferais mal...

HENRI.

Je vous en supplie, au nom du ciel, au nom de notre amour...
si vous ne voulez pas que je fasse quelque folie, Herminie,
consentez, consentez!...

HERMINIE.

Écoutez, à votre tour, Henri... Laissez-moi essayer de fléchir ma mère... Vous savez comme elle m'aime... vous savez
que j'ai toujours obtenu d'elle tout ce que j'ai voulu.

HENRI.

Oui, mais vous savez aussi jusqu'à quel fanatisme elle porte
son dévouement et son obéissance au roi... vous savez que,
pour elle, tout désir émané de Versailles devient un ordre
absolu.

HERMINIE.

Je la prierai, je la supplierai... A peine si j'ai eu le temps
de la voir.

HENRI.

Mais, en attendant, vous allez demain à Marly!

HERMINIE.

Aussi est-ce aujourd'hui, est-ce en rentrant au château,
est-ce tout à l'heure que je la verrai...

HENRI.

Et si elle refuse... si elle refuse, voyons!...

HERMINIE.

Oh! n'exigez rien de moi, ne demandez rien de moi en cet
instant... Je prendrai conseil des circonstances, de l'inspiration du moment. Laissez faire à mon amour pour vous,
Henri!... laissez faire à mon cœur... il n'est que trop votre
complice... Et maintenant, partez, laissez-moi seule... Ma
mère m'a vue m'éloigner... ma mère peut se douter que nous
sommes ici... ma mère peut venir...

HENRI.

Oui, oui..., D'ailleurs, nous nous reverrons au château...

Peut-être ne pourrons-nous pas nous parler; mais, si votre mère est inflexible, si vous comprenez que votre refus, c'est le désespoir de toute ma vie... eh bien, en sortant de table, laissez tomber votre bouquet... Alors je saurai que vous consentez à tout... j'irai tout préparer... et demain... demain, nous serons chez ma mère, qui vous aime, vous le savez, comme si vous étiez sa fille...

HERMINIE.

Oui, oui... Adieu... Non, non, par cette porte...

(Elle indique une porte latérale.)

HENRI.

Adieu !

(Il sort par le côté.)

SCÈNE IV

HERMINIE, seule.

Oui, je parlerai à ma mère... oui, je lui dirai que ce mariage, c'est mon malheur éternel, et, si elle me refuse... ô mon Dieu ! que deviendrai-je?... Et pas une sœur, pas une amie a qui demander un conseil !... Oh ! ma mère m'écoutera !... j'ai de l'espoir encore...

SCÈNE V

HERMINIE, ANTOINE, avec un bâton au bout duquel pend son bagage.

ANTOINE, entrant sans voir Herminie.

Enfin, m'y voilà !... c'est ici !

HERMINIE, le regardant.

Quel est cet homme?

ANTOINE, de même.

C'est bien cela !... rien n'a été changé... tout est encore à la même place.

HERMINIE.

Que voulez-vous?... que demandez-vous, mon ami?

ANTOINE.

Pardon, mademoiselle ; je ne vous voyais pas... Ce que je veux?... ce que je demande?... Je conçois... vous devez être

13.

étonnée de me voir entrer ainsi tout droit, sans frapper...
C'est une vieille habitude... Ah! si vous saviez...

HERMINIE.

Cette émotion...

ANTOINE.

Est bien naturelle, mademoiselle... Mais il faudrait n'avoir
pas de cœur, n'avoir pas d'âme, pour revoir sans émotion la
maison où l'on est né!... la chambre... où le père et la mère
sont morts!...

HERMINIE.

Oh! mon Dieu! est-ce que vous seriez...?

ANTOINE.

Oh! mademoiselle, vous ne pouvez pas savoir qui je
suis...

HERMINIE.

Peut-être... D'ailleurs, en rappelant mes souvenirs, il me
semble que je vous reconnais... Vous êtes Antoine Bernard.

ANTOINE.

Vous avez dit mon nom!... vous savez mon nom!... Oui,
Antoine Bernard... Mais, dites-moi, mademoiselle, comment
savez-vous mon nom? est-ce que vous êtes de ce pays? est-ce
que vous seriez par hasard...?

HERMINIE.

Herminie d'Hacqueville.

ANTOINE.

Herminie!... vous êtes Herm...? Oh! pardon... c'est qu'autrefois je vous appelais comme cela, Herminie tout court...
Dame, j'avais douze ans de plus que vous... il faut m'excuser... et puis vous étiez la sœur de lait de ma petite Louise

HERMINIE, lui tendant la main.

Mon bon Antoine, te voilà donc de retour!...

ANTOINE.

Oh! vous me donnez la main! oh! vous me tutoyez...
Merci!... Tenez... oh! que c'est drôle... voilà que je pleure
de joie!... Vous m'avez reconnu!... Eh bien, je n'en aurais
pas fait autant, moi, parole d'honneur... Comme vous êtes
grandie!... Il est vrai que vous n'aviez que trois ans quand
j'ai quitté le pays... Comme vous êtes embellie!... Laissez-
moi vous regarder à mon aise... comme cela... Et quand je
pense que je vous faisais danser dans mes bras... vous, de ce
côté-ci, ma pauvre petite sœur de l'autre... On ne peut vrai-

ment pas se figurer comme ça... quand il y a longtemps...
Dieu! que vous étiez méchante! dans vos petites colères,
vous m'arrachiez des poignées de cheveux... et, quand je
voulais me fâcher, ma mère me criait : « Veux-tu bien te
laisser faire, Antoine!... c'est la fille d'une baronne! »

HERMINIE.

Je te demande bien pardon, mon pauvre ami...

ANTOINE.

Oh! je ne vous en veux pas, mademoiselle... Les cheveux
ont repoussé, comme vous voyez... Et vraiment, vous ne
m'aviez pas oublié tout à fait?

HERMINIE.

Tu le vois bien, puisque je t'ai reconnu aux premiers mots
que tu as dits.

ANTOINE.

C'est vrai.

HERMINIE.

Et puis j'ai souvent entendu parler de toi.

ANTOINE.

Tant pis!... tant pis!... attendu qu'il n'y a pas grand bien
à en dire, de moi...

HERMINIE.

Et pourquoi cela ?

ANTOINE.

Oh! parce que je suis un vaurien... un vagabond... un
coureur!... J'aurais dû rester ici, près de mes parents...
pour les aimer, pour les soigner... pour leur épargner de la
peine et du travail dans leurs vieux jours... Ah bien, oui!...
le besoin de voir du pays, la démangeaison de se mettre en
route... la rage de courir le monde... On est jeune, on a
comme la fièvre, on ne peut pas rester en place, on désire,
quoi?... On n'en sait rien... Ça vous prend comme un accès!...
Une occasion se présente... un camarade passe et vous emmène... On part, on quitte tout... on veut être libre... on
l'est... et l'on croit que l'on a tout gagné, parce qu'on n'a
plus la vieille mère qui moralise, et le vieux père qui
gronde... On oublie le pays... on oublie ceux qu'on y a lais-
sés... on oublie tout le monde... Puis, un beau matin, en
sortant d'une bombance où l'on a bien ri, bien chanté, bien
fait les fous, on reçoit une lettre avec un cachet noir... Elle
vient du curé .. elle annonce... elle annonce que les vieux

parents sont partis!... qu'on ne les reverra plus... que c'est fini pour toujours!... Alors on se repent, alors on s'en veut, alors on se dit des injures; mais c'est trop tard... On n'était pas là pour leur serrer la main au dernier moment, on n'était pas là pour leur fermer les yeux, on n'était pas là pour les suivre jusqu'à leur tombe et mettre une pauvre croix de bois dessus... Et, quand on revient au pays, plus de famille, plus d'amis, plus personne... On ne sait pas même où aller pleurer.

HERMINIE.

Antoine!...

ANTOINE.

C'est bien fait, coureur! c'est bien fait, vagabond!

HERMINIE.

Mon ami!...

ANTOINE.

Voyez-vous, ça ne serait pas arrivé si je n'avais pas perdu ma petite sœur Louise!... elle m'aurait attaché à la maison, cette enfant... ou bien, si j'étais parti tout de même, à la mort de la mère Gertrude et du père Guillaume, quand j'aurais su qu'elle restait toute seule, la pauvre petite, je serais revenu!... Ah! oui!... et elle n'aurait manqué de rien... car je suis bon ouvrier, au fond, mademoiselle... allez, quand je m'y mets, j'en abats, du travail... Dame, c'est le tout de m'y mettre... Mais pardon... je vous parle là d'un tas de choses qui ne vous regardent pas et que vous êtes bien bonne d'écouter, ma foi...

HERMINIE.

Non, je t'entends parler de tes parents avec plaisir... Je les aimais beaucoup... et, si cela peut te consoler, mon, ami, je puis t'assurer qu'ils n'ont manqué de rien...

ANTOINE.

Oh! je m'en rapporte bien à vous, mademoiselle Herminie, et à madame la baronne d'Hacqueville... Et sa santé est toujours bonne?

HERMINIE.

Excellente !

ANTOINE.

Tant mieux! tant mieux!... Demain, avec sa permission, je mettrai mes habits du dimanche, et j'irai lui faire une visite...

HERMINIE.

Demain, Antoine?... demain?... Il faudra venir de bien bonne heure, alors.

ANTOINE.

Tiens ! moi qui croyais qu'elle ne se levait qu'à midi...

HERMINIE.

C'est que, demain, nous allons à Marly...

ANTOINE.

Près de Versailles.... où il y a une machine... Je connais ça... j'y suis resté six mois... chez le père Robert... oh! un fameux menuisier, allez... qui avait la pratique du château... Eh bien, mademoiselle Herminie, moi, je n'ai pas de chance, que vous vous en alliez comme cela quand j'arrive... Mais vous ne vous en allez pas pour longtemps, j'espère?... ce n'est qu'une promenade?

HERMINIE.

Non... je resterai dorénavant à Versailles... On veut me marier !

ANTOINE.

Oh! de quel air triste vous me dites cela, mademoiselle... Oh! je comprends tout : quelqu'un que vous n'aimez pas... tandis que peut-être... dame, je n'ose pas dire... tandis que, peut-être, vous en aimez un autre.

HERMINIE.

Hélas!...

ANTOINE.

Et il n'y a pas eu moyen d'empêcher cela? on n'a pas pu faire entendre raison à la baronne? Elle vous aime pourtant bien, la baronne.

HERMINIE.

C'est le roi qui a voulu...

ANTOINE.

C'est le roi?... Eh bien, je vous demande un peu de quoi il se mêle, le roi! Ah bien... si j'étais à votre place!... Oh! pardon, mademoiselle... ah! bon! c'est joli, ce que je fais là!... je m'aperçois que je vous donne des conseils... un paysan... un ouvrier... à vous !

HERMINIE.

O mon ami, mon bon Antoine... dis... dis ce que tu voulais dire...Tu sais que le baron demandait quelquefois des conseils au vieux père Guillaume... et que ma mère écoutait souvent ce que lui disait la tienne.

ANTOINE.

C'est, ma foi, vrai, je m'en souviens... Mais ils étaient vieux... ils avaient de l'expérience... le père Guillaume était un esprit juste... ma mère était une sainte femme... tandis que moi... moi...

HERMINIE.

Toi, tu as un bon cœur!... toi, tu me plains!... toi, tu m'aimes!

ANTOINE.

Oh! si je vous aime, mademoiselle d'Hacqueville!

HERMINIE.

Eh bien, tu me disais donc?...

ANTOINE.

Eh bien, je vous disais qu'on ne vient qu'une fois au monde... et qu'il faut se faire la vie heureuse... Est-il gentil, ce jeune homme? est-il riche comme vous? est-il noble comme vous?... vous aime-t-il comme vous méritez d'être aimée?

HERMINIE.

Il m'aime autant que je l'aime moi-même.

ANTOINE.

Eh bien, à votre place, moi, je ferais d'abord tout ce que je pourrais pour changer la détermination de ma mère... je la prierais, je la supplierais, et, si, malgré mes prières, mes supplications, mes larmes, elle refusait... eh bien, il n'est pas difficile de trouver un prêtre, deux témoins... et une chapelle. La maman crie d'abord... puis elle pleure, puis elle sanglote... puis elle pardonne... Les mamans, ça pardonne toujours... c'est venu au monde pour ça.

HERMINIE, à part.

Et lui aussi, il me conseille... (Haut, en voyant entrer la Baronne.) Ma mère!...

ANTOINE, à part.

Comment! la baronne? Si je l'aurais reconnue, par exemple!...

SCÈNE VI

Les Mêmes, LA BARONNE.

LA BARONNE.

Ah! vous voilà, Herminie? Je vous cherchais... J'ai vu votre cheval s'emporter, et j'étais inquiète.

HERMINIE.

Vous le voyez, ma mère, il ne m'est arrivé aucun accident... Mon cheval s'est calmé à quelques pas de cette maison... j'y suis entrée pour me remettre... Un instant après, ce garçon est arrivé... et, depuis lors, je causais avec lui...

LA BARONNE.

Avec ce garçon?

ANTOINE, saluant.

Bonjour, madame la baronne.

HERMINIE.

C'est Antoine Bernard, ma mère...

LA BARONNE.

Mais c'est vrai... oui, c'est bien lui... Approche donc!... J'aurais dû le reconnaître à son air de famille.

ANTOINE.

Oh! moi, j'ai vu tout de suite que c'était madame la baronne... Vous n'êtes pas changée du tout, quoi!... la même que le jour où je suis parti.... la même absolument. (A part.) Je dis ça pour lui faire plaisir; mais elle a drôlement mûri, la baronne.

LA BARONNE.

Et te voilà de retour?

ANTOINE.

Oh! mon Dieu, oui, il y a une heure.

LA BARONNE.

Pour longtemps?

ANTOINE.

Pour toujours, madame la baronne... Assez de voyages comme ça... Pierre qui roule n'amasse pas de mousse, comme on dit... et il est temps que je m'établisse.

LA BARONNE.

Tu étais menuisier, je crois...

ANTOINE.

Je le suis encore... et, pour mon état, je ne crains personne, je puis le dire... Mais, avec tout cela, je ne suis pas
ambitieux, moi!... Votre pratique, celle de deux ou trois châteaux des environs, c'est tout ce qu'il me faut... Qu'est-ce que
je demande?... Juste le nécessaire et un peu de superflu, pas
davantage... Je vas chercher une petite boutique.

LA BARONNE.

Pour quoi faire?

ANTOINE.

Je vous le dis, pour m'établir.

LA BARONNE.

Eh bien, mais... n'as-tu pas cette maison?

ANTOINE.

Comment, cette maison?

LA BARONNE.

Sans doute, cette maison... c'est celle qu'habitaient ton père
et ta mère... et, comme nous comptions toujours que tu re-
viendrais un jour ou l'autre... eh bien, nous te l'avons gardée, mon garçon.

ANTOINE.

Comment, madame la baronne, bien vrai?... ça n'est pas
pour vous amuser comme ça un peu?... ça n'est pas pour
vous moquer du pauvre Antoine?

LA BARONNE.

Non, mon ami... non... sois tranquille.

ANTOINE.

Oh! la la... est-ce possible? quel bonheur! qu'ai-je donc
fait pour mériter cela?... Quoi! je pourrai rester ici... toujours!... entouré de mes souvenirs de jeunesse?... Madame la
baronne, mon dévouement, mon bras, ma scie, mon cœur,
mon rabot... tout ça, c'est à vous, à votre service, la nuit
comme le jour... le dimanche comme le lundi...

LA BARONNE, souriant.

Bien, mon garçon, bien! je te crois.

ANTOINE.

Ah! mon Dieu, que je suis donc heureux! Seulement, j'ai
peur que ça ne soit un rêve, un conte de fée... j'ai peur de
me réveiller.

LA BARONNE.

Pour te faire croire à la réalité, nous te laissons chez toi, dans ta maison.

ANTOINE.

Ma maison!

LA BARONNE, à Herminie.

On nous attend au château, ma voiture est à la porte... partous, Herminie.

HERMINIE.

Oui, ma mère, et, pendant la route, je vous supplierai de m'écouter; car j'ai une prière à vous adresser.

LA BARONNE.

J'écouterai tout ce que vous avez à me dire, pourvu que vos désirs soient conformes aux ordres du roi. (A Bernard.) Adieu, mon ami.

ANTOINE.

Adieu, madame la baronne; merci, madame la baronne, cent fois merci!

(Elles sortent par le fond, il les reconduit.)

SCÈNE VII

ANTOINE, seul, poussant la porte du fond.

Enfin, les voilà parties, et je reste seul avec mes souvenirs d'enfance... Personne là pour m'empêcher de rire ou de pleurer si j'en ai envie... (Regardant autour de lui.) Voilà donc la chambre où je suis venu au monde, voilà mon berceau... Dire que j'ai tenu là dedans!... est-ce drôle! (Le repoussant.) Il a servi aussi à ma petite sœur Louise... Pauvre enfant!... Elle aurait aujourd'hui l'âge de mademoiselle d'Hacqueville... et moi, j'aurais une sœur, une amie!... je ne serais pas tout seul comme cela dans le monde... Tiens! voilà le rouet de la vieille mère... Combien de fois elle a posé son pied là-dessus!... Voilà la quenouille... M'en a-t-elle donné des coups sur les doigts, de cette quenouille-là... quand j'emmêlais son fil! Bonne femme, va!... Le fauteuil du père, où il se mettait à dormir quand il avait fait sa tournée dans les bois de madame la baronne... C'est qu'on doit être joliment bien là dedans! (Il va pour s'asseoir.) Eh bien, Antoine, que je te voie! Faut respecter cela! tu n'es pas digne de t'asseoir là-dessus. (Il aperçoit un

martinet pendu au mur.) Ah! je te reconnais, toi!... tu m'as appris
à lire... J'avais la tête dure, mais tu y as mis de l'obstination ;
c'est toi qui m'as fait connaître mes lettres... Tiens! à propos
de lettres, ça me rappelle que M. le curé vient de m'en donner
une. (La tirant de sa poche et la regardant.) « Elle vient du père Guillaume, » m'a-t-il dit. D'ailleurs, je reconnais son écriture...
Comme c'est cacheté! que peut-il y avoir là dedans?... Son
testament!... Son testament, pour quoi faire?... Il n'avait rien
à me laisser, pauvre cher homme!... Ah! si fait... une dette
à payer peut-être... Eh bien, sois tranquille, papa Guillaume,
on la payera, ta dette... Voyons. (Lisant.) « Mon cher enfant,
ce n'est qu'à un homme et à un homme d'honneur que nous
pouvions confier le secret que ta mère et moi emportons avec
nous en mourant. Aussi disons-nous à M. le curé de brûler
cette lettre si tu ne revenais pas dans le pays, ou si tu y revenais avec un mauvais renom... » (S'arrêtant.) Hein?... Qu'est-
ce que cela signifie? (Lisant.) « Pendant que tu étais en ap-
prentissage, ta sœur et la fille de madame la baronne
d'Hacqueville, qui étaient du même âge et que ta mère nour-
rissait ensemble, tombèrent toutes deux malades, et cela si
dangereusement, que le médecin nous prévint que nous fe-
rions bien d'écrire à madame la baronne, qui, pour quelque
temps, habitait alors une de ses terres dans le fond de la Bre-
tagne. Nous fîmes ce que disait le médecin; puis nous atten-
dîmes la volonté de Dieu. Enfin, un soir, malgré tous nos
soins, l'une des deux pauvres petites créatures expira... Personne ne connaissait encore cet événement, arrivé depuis une
heure à peine, lorsqu'une femme entra, égarée, presque folle;
et, s'élançant vers l'enfant qui vivait encore, elle s'écria : « C'est
le mien, n'est-ce pas? c'est le mien! » Et, prenant notre enfant dans ses bras, elle la couvrit de larmes et de baisers...
En ce moment, nous n'eûmes pas la force de la désabuser...
nous lui laissâmes croire tout ce qu'elle voulut. C'était notre
bienfaitrice... et, en lui disant tout de suite la vérité, nous lui
brisions le cœur. Elle emporta notre fille au château... Le
soir, la sienne fut conduite à son dernier asile sous le nom de
Louise Bernard!... » (S'interrompant.) Ah! mon Dieu! qu'est-ce
que je lis là!... Louise, ma sœur... tout à l'heure, là... je l'ai
vue, je lui ai parlé... (Lisant.) « Tous les jours, nous voulions
révéler à la baronne la fatale vérité, et, tous les jours, nous
reculions devant la crainte de la rendre malheureuse. Main-

tenant que ta mère est morte, et que, moi, je vais mourir, le
secret que je te confie reste entre le ciel et toi ! Fais-en l'usage
qu'il conviendra à un honnête homme d'en faire. Si haut placée que soit notre fille, le malheur peut l'atteindre, la baronne
peut mourir, une fortune peut se perdre. N'oublie jamais que
mademoiselle d'Hacqueville est ta sœur. » Oh ! sois tranquille,
père, sois tranquille ! je veillerai sur elle, je serai son appui,
son soutien... je te le jure !... Et, si jamais je la voyais près de
commettre quelque faute... Ah ! mon Dieu ! elle m'a parlé
d'un amour contrarié, et, moi, je l'ai encouragée, je lui ai
conseillé de n'écouter que son cœur... Ah ! mon Dieu ! elle va
fuir peut-être !... Si je courais au château ? si je prévenais la
baronne ?... Antoine, qu'est-ce que tu dis là ? Ce serait une
lâcheté ! Cependant je ne dois pas laisser Louise exposée... je
ne peux pas souffrir que ma sœur... Tu ne peux pas ?... tu ne
dois pas ?... Et comment feras-tu, toi, pauvre paysan ? toi,
misérable ouvrier ? toi, qu'on fera mettre à la porte, par des
valets, si tu oses élever la voix ?... O mon Dieu ! que faire ?
que devenir ?... Si je pouvais la voir un instant seulement, je
la prendrais dans mes bras, je la serrerais sur mon cœur... je
l'embrasserais... et alors... L'embrasser... et à quel titre ?...
Jamais ! jamais !... Ah ! il y a de quoi devenir fou !... Il me
semble qu'on marche, il me semble que j'entends du bruit...
Mais oui... je ne me trompe pas... on s'approche de cette
porte... on essaye de l'ouvrir...

SCÈNE VIII

ANTOINE, HERMINIE.

HERMINIE, du dehors.

Antoine !... Antoine !...

ANTOINE.

C'est elle ! c'est sa voix !

HERMINIE.

Antoine !... ouvre-moi !...

ANTOINE.

Oui, oui... (Il ouvre.) Entrez !...

HERMINIE entre. Elle est enveloppée d'une manto.

Regarde si je n'ai pas été suivie.

ANTOINE.

Suivie !... et par qui ?...

HERMINIE.

Regarde !

ANTOINE.

Personne.

HERMINIE.

Ah! je respire!...

ANTOINE.

Qu'y a-t-il donc?... Dites, mademoiselle!...

HERMINIE.

Il y a... il y a, mon ami... que je suis bien malheureuse!

ANTOINE.

Malheureuse, vous?... (A part.) Allons, il paraît que je suis revenu à temps.

HERMINIE.

Oh! oui, bien malheureuse.

ANTOINE.

Eh bien, voyons, contez-moi cela...

HERMINIE.

Oh! je t'ai déjà dit la cause... Ma **mère veut** absolument que j'épouse le marquis.

ANTOINE.

Un vieux, un laid, un ruiné, peut-être?

HERMINIE.

Mais non, Antoine... Il est jeune, il est bien; et, s'il n'est pas riche, il a la faveur du roi, qui remplace la fortune.

ANTOINE.

Eh bien, alors, mademoiselle?...

HERMINIE.

Eh bien, j'en aime un autre... j'aime mon cousin Henri de Verneuil... Je l'aime... tu sais bien... je te l'ai dit... tu m'as même répondu en me donnant le conseil de voir ma mère.

ANTOINE.

Et vous l'avez vue?

HERMINIE.

Oui, je l'ai vue, priée, suppliée... je me suis jetée ses genoux... Ma mère, qui m'aime tant, comprends-tu?. . eh bien, elle a été inflexible... Alors, je me suis décidée...

ANTOINE, avec crainte.

A quoi?

HERMINIE.

Eh bien, je me suis décidée à m'abandonner à la loyauté de mon cousin... et dans un instant...

ANTOINE.

Eh bien ?

HERMINIE.

Il va être ici.

ANTOINE.

Ici ?... Pardon, mademoiselle... pardon, excuse, si j'ose vous parler ainsi... mais c'est par intérêt... mais c'est qu'il me semble que vous faites mal en agissant ainsi.

HERMINIE.

Mais, Antoine... mais je suis le conseil que tu m'as donné toi-même.

ANTOINE.

Eh ! oui, je le sais bien.

HERMINIE.

Ne m'as-tu pas dit ici...?

ANTOINE.

Oui, oui, je l'ai dit... Mais j'ai eu tort... cent fois tort!... Et, depuis que vous êtes partie,... eh bien, j'ai réfléchi que c'était impossible.

HERMINIE.

Comment, impossible?...

ANTOINE.

Oui, impossible... Les enfants, voyez-vous, ça doit obéir aux parents!... nos pères et nos mères savent mieux que nous ce qui nous convient. D'ailleurs, s'ils nous forcent, ils en ont la responsabilité devant Dieu !

HERMINIE.

Mais le malheur!... en attendant, le malheur est pour nous !...

ANTOINE.

Et croyez-vous que vous serez bien heureuse quand vous aurez désobéi à votre mère ; quand vous vous serez sauvée, la nuit, du château; quand vous saurez que la baronne pleure, gémit, et vous maudit peut-être?...

HERMINIE.

Mais, tu me l'as dit, les mères pardonnent toujours!

ANTOINE.

Oui; mais il y en a qui ne pardonnent pas, qui meurent sans pardonner... Et si votre mère était de celles-là?

HERMINIE.

D'où te vient ce changement? d'où te viennent ces réflexions?...

ANTOINE.

D'où elles me viennent, mademoiselle? En regardant le berceau de ma petite sœur, j'ai pensé à Louise et puis à vous... Je me suis demandé si j'aurais donné à Louise le conseil que je venais de donner à mademoiselle Herminie... et je me suis répondu : « Non, Antoine, non ; toi, son frère, non, tu ne lui aurais pas donné ce conseil-là !... au contraire, tu lui aurais dit: « Louise, ma sœur, ma pauvre enfant, songe qu'il vaut » mieux être malheureuse sans avoir rien à se reprocher » qu'heureuse avec un remords au fond du cœur... D'ailleurs, » on n'est pas heureuse avec un remords... » Puis je lui aurais dit: « Louise, ma chère Louise, vois-tu, au nom de notre » père qui est mort... au nom de notre mère, au nom de tout » ce que tu as de sacré... ne fais pas une pareille chose!... » Encore Louise... Louise... elle avait un frère, un frère qui aurait pu la défendre, la soutenir, la venger, si on la trompait... dans les bras de qui elle pouvait venir pleurer sa faute et chercher une consolation à sa douleur ; mais vous, mademoiselle, songez-y, vous êtes seule, vous n'avez personne à qui conter vos chagrins, car vous ne voudriez pas d'un pauvre diable comme moi pour consolateur... Ainsi vous !... vous !... vous seriez perdue tout à fait... entièrement perdue!...

HERMINIE.

Oh ! oui... oui... je sais... Crois-tu que je ne me sois pas dit et redit tout cela ?... Mais lui... lui à qui j'ai promis... lui qui m'attend... lui qui va venir...

ANTOINE, consterné.

Il va venir?...

HERMINIE.

Oui... Ce matin, je lui ai donné rendez-vous ici... et, ce soir, comme il me l'avait dit, j'ai laissé tomber le bouquet...

ANTOINE.

Il va venir! vous enlever, vous, à mes yeux?... et vous croyez que je le souffrirai?

(Il va fermer la porte et en prend la clef.)

HERMINIE.

Antoine, je conçois que, vis-à-vis de Louise, dont vous me parliez tout à l'heure, vous ayez le droit d'agir ainsi... mais... mais, vis-à-vis de moi...

ANTOINE.

Aussi, vis-à-vis de vous, je ne fais que prier, qu'implorer... Tenez, la voilà, la clef de cette porte... Mais, voyez, mademoiselle, voyez, je suis à genoux devant vous, pour vous supplier de ne pas l'ouvrir... Oh! si je pouvais vous dire tout ce que j'ai dans le cœur... oh! je suis bien sûr que vous n'insisteriez plus... Eh! tenez, vous-même, vous-même, en ce moment, écoutez ce que vous dit votre conscience; écoutez la voix de votre mère, qui crie du fond du désespoir où vous allez la jeter... Et dites... dites si ces deux voix ne vous répètent pas les mêmes paroles que vous dit en ce moment le pauvre Antoine Bernard?

HERMINIE.

Bernard... mon ami!... O mon Dieu! mon Dieu! que faire?...

ANTOINE.

Le devoir... le devoir d'abord, mademoiselle... Puis, après, viendra le bonheur, ou le malheur, peu importe; car vous aurez fait ce que vous aurez dû.

HERMINIE.

Mais que veux-tu que je lui dise?

ANTOINE.

Rien... Il ne faut pas le voir... il faut revenir au château... il faut ne pas quitter votre mère... il faut vous remettre sous la protection de Dieu... et laisser tout conduire à sa sagesse!

HERMINIE.

Antoine, c'est mon malheur éternel.

ANTOINE, voulant l'entraîner.

Qu'il retombe sur moi, alors!... Mais venez, venez!...

(On frappe au fond, au dehors.)

HERMINIE.

On frappe!... c'est lui!

ANTOINE.

Partons !... partons !...

HENRI, du dehors.

Herminie !... Herminie !...

HERMINIE.

Henri !... Henri !... pardonne-moi !...

ANTOINE, l'entraînant par la petite porte de côté.

Sauvée, père ! sauvée !...

ACTE TROISIÈME

Un petit salon à pans coupés. Une porte au fond, deux portes latérales dans les angles. Une cheminée à droite du spectateur. A gauche, en face de la cheminée, une porte secrète perdue dans la boiserie.

—

SCÈNE PREMIÈRE

LA BARONNE, LEBEL.

LEBEL.

Ainsi, madame la baronne est satisfaite ?

LA BARONNE.

Je serais par trop difficile s'il en était autrement, monsieur Lebel ; nous n'avons qu'à exprimer un désir pour qu'il soit accompli.

LEBEL.

C'était l'ordre de Sa Majesté, madame la baronne, et chacun s'est empressé d'obéir.

LA BARONNE.

Oui, oui, nous sommes dans le pays des miracles... Mais, si habiles que soient vos farfadets, vos sylphes et vos lutins, je doute que l'appartement que vous me destinez soit prêt pour ce soir.

LEBEL.

Je venais pour dire à madame la baronne qu'elle pouvait en prendre possession quand elle voudrait... ce pavillon-ci,

comme elle le sait, étant exclusivement destiné aux nouveaux
époux.

LA BARONNE.

Ah! par exemple, monsieur Lebel, voilà qui tient de la
magie!... Un appartement commencé ce matin et fini ce
soir!

LEBEL.

Notre souverain est tellement aimé, qu'il y a un mot avec
lequel on soulève des montagnes : « Le roi le veut!... » Et,
d'ailleurs, je sais quelle influence a ce mot sur madame la
baronne elle-même, puisque, pour suivre les désirs du roi,
elle a rompu un mariage arrêté...

LA BARONNE.

Oui... mon pauvre Henri... Avec ma sévérité apparente,
j'en ai bien réellement souffert au fond du cœur... Mais nous
sommes des serviteurs trop dévoués à nos souverains pour ne
pas tout sacrifier à notre devoir.

LEBEL.

Et le roi vous en est bien reconnaissant, madame. Aussi,
voyez comme il a voulu entourer ce mariage de tous les honneurs qui émanent de sa personne... Les témoins sont choisis
par lui, le notaire est le sien, le chapelain est celui de Versailles... Et lui-même revient de Fontainebleau et arrive ce
soir à Marly, pour que madame la marquise de Laney lui soit
présentée par son époux et par sa mère... Ah! voici M. le
marquis...

SCÈNE II

LES MÊMES, LE MARQUIS, suivi de QUELQUES FEMMES portant
des cartons.

LE MARQUIS.

C'est vous, monsieur Lebel... Votre serviteur... Madame la
baronne, voulez-vous donner vos ordres pour qu'on dépose
ceci dans certaine chambre où je n'ai pas encore le privilège
de mettre le pied?... J'espère que tout cela sera du goût de
mademoiselle d'Hacqueville. C'est ma sœur, la duchesse de
Cerney, qui a choisi cela elle-même chez ses faiseuses... Ah!
à propos, madame la baronne, est-ce que vous savez où est
votre neveu, M. Henri de Verneuil?

LA BARONNE.

Mais sans doute sur la route de Brest pour rejoindre son
bord... Sa permission est près d'expirer, je crois... Il faut.
qu'il se hâte... Mais pourquoi cette question ?

LE MARQUIS.

C'est que je viens de voir mon oncle, le ministre de la marine, et je l'ai entendu donner des ordres qui nécessitent le
prompt retour à bord des officiers de *la Calypso*... Mais
puisque le chevalier est parti... (A Lebel, pendant que la Baronne
fait entrer les Femmes dans la chambre à coucher d'Herminie.) Eh bien,
monsieur Lebel, qu'y a-t-il de nouveau ? Madame de la Tournelle se laisse-t-elle attendrir enfin ? Oh ! j'ai entendu chanter
aujourd'hui par les rues de mauvaises chansons de M. de
Maurepas sur elle... J'avoue que, si j'étais roi, je ne garderais
pas vingt-quatre heures un ministre qui fait de si méchants
vers... Mais qui donc ai-je vu dans le salon ?

LEBEL.

Je pense que ce sont vos témoins, monsieur le marquis.

LE MARQUIS.

Nos témoins ?... (A la Baronne, qui revient en scène.) Comment,
madame la baronne ! ces messieurs sont déjà arrivés ? Et quels
sont-ils ?

LA BARONNE.

M. de Meuse, le duc de Lauraguais, M. de Chavigny et
M. Duverney.

LE MARQUIS.

Oh ! oh ! il me semble qu'on nous encanaille un peu... Il y
a de la finance dans tout cela... Mais n'importe... puisqu'ils
viennent de la part de Sa Majesté, ils sont les bienvenus, et je
vais leur présenter mes hommages.

(Le Marquis entre au salon.)

LEBEL.

Madame la baronne n'a aucun ordre à me donner ?

LA BARONNE.

Ce serait moi qui bien plutôt aurais à vous demander ceux
de Sa Majesté...

LEBEL.

Je ne puis que vous répéter ce que j'ai déjà dit : Sa Majesté
désire que le contrat soit signé ce soir à sept heures, que le

mariage soit célébré à huit, et que marquise lui soit présentée à neuf.

LA BARONNE.

Cela sera fait, monsieur Lebel.

LEBEL.

Alors, les désirs de Sa Majesté seront comblés.

(Lebel s'incline respectueusement et sort.)

SCÈNE III

LA BARONNE, un Valet, puis ANTOINE.

LA BARONNE.

Ce que le marquis vient de me dire... ce prochain départ de la frégate... tout cela m'inquiète!... Hier, en quittant le château, Henri m'a effrayée en prenant congé de nous... Pourvu qu'il ne nous fasse pas quelque folie!

UN VALET.

Il y a là un ouvrier qui insiste pour entrer, disant que madame la baronne l'a fait demander...

LA BARONNE.

Un ouvrier?... quel ouvrier?

LE VALET.

Un menuisier.

LA BARONNE.

Je n'ai fait demander personne... Comment s'appelle-t-il?...

ANTOINE, au dehors.

Antoine... (Haussant la voix.) Madame la baronne, c'est moi... c'est Antoine.

LA BARONNE.

Comment! Antoine Bernard?...

ANTOINE, une scie sous un bras, un rabot sous l'autre. Au fond.

Lui-même, madame la baronne.

LA BARONNE.

C'est bien, c'est bien... Laissez entrer.

(Le Valet se retire.)

SCÈNE IV

LA BARONNE, ANTOINE.

ANTOINE.

Je vous demande bien pardon, madame la baronne, d'avoir dit que vous me faisiez demander... Mais, avec ces gaillards-là, il faut mentir un petit peu, ou, sans cela, on n'arrive à rien... Heureusement, je n'ai pas eu trop de peine, Dieu merci, et ça, grâce à ces outils que j'ai sous le bras... ce qu a donné un petit air de vérité à mon mensonge.

LA BARONNE.

Comment! te voilà à Marly, mon garçon?

ANTOINE.

Oh! mon Dieu, oui... Voyez un peu ce que c'est que le hasard : hier, après votre départ du château, je me disposais comme ça à acheter un établi, du bois, et à trouver des pratiques, quand je rencontre un camarade qui me propose de lui donner un coup de main pour une besogne pressée... et ça, juste à Marly! V'là que tout à l'heure je me souviens que vous y êtes aussi, à Marly... qu'on va marier mademoiselle Herminie, la fille de mes bienfaiteurs; alors j'ai pensé que la prière d'un pauvre paysan montait au ciel comme la prière d'un gentilhomme, et ça m'a donné la hardiesse devenir vous dire : Madame la baronne, voulez-vous permettre à Antoine d'assister, dans un petit coin de l'église, à la cérémonie nuptiale, et de prier pour le bonheur de la fille de ses maîtres?

LA BARONNE.

Merci pour tes bons sentiments, mon ami. A l'église, tu peux y venir : c'est la maison du bon Dieu, elle est ouverte au pauvre comme au riche. Mais, ici, tu comprends, c'est la maison du roi!

ANTOINE.

C'est juste!... une veste, c'est assez pour le bon Dieu... Mais, pour le roi, il faut un habit!... Alors, je m'en vas, madame la baronne, je m'en vas... je prierai de loin... Rien qu'un petit mot encore... Est-ce ici que vous logez les nouveaux époux?

LA BARONNE.

Oui, mon ami. (Montrant le côté.) Voici la chambre de ma fille... Moi, j'habiterai là, au bout de l'avenue... au chalet... C'est là que tu me trouveras si tu as besoin de moi... (En sortant.) Adieu, Bernard, et crois bien que j'apprécie ton attachement à tes anciens maîtres.

SCÈNE V

ANTOINE, puis LEBEL.

ANTOINE.

Oui, oui, les anciens maîtres, on les aime, on les vénère;
mais, aujourd'hui, ce n'est pas pour eux qu'on est venu!...
c'est pour ma sœur Louise! Louise dans un château comme
celui-ci!... quel luxe!... quelle richesse!... Des factionnaires
partout, des domestiques superbes!... et tout ça, au service
de ma sœur... oui, ma sœur... vous avez beau faire, c'est de
mon sang! Dieu! suis-je content!... Content? Non, faut pas
l'être!... Louise doit s'affliger; car il paraît qu'elle aimait
beaucoup son cousin... Je n'ai vu ma sœur qu'un instant,
hier matin, elle ne m'a dit que deux mots; mais ces deux
mots-là m'ont diablement serré le cœur : « Tu as fait le malheur de ma vie, Bernard, mais je te pardonne. » Pauvre petite
Louise!... mais je ne me repens pas... je sens là que j'ai fait
ce que je devais faire...

(Pendant ces derniers mots, Lebel a paru au fond.)

LEBEL, à part, en examinant Antoine.

Quel est cet homme?

ANTOINE, à part.

Comme il me regarde!... C'est ma veste qui fait son effet,
et, comme dit la baronne, on va me mettre à la porte!

LEBEL, à part.

Mais ne serait-ce pas l'ouvrier...? (S'approchant.) Dis-moi, tu
es menuisier?

ANTOINE, hésitant.

Un peu... oui, monsieur.

LEBEL.

Et pourquoi es-tu ici?... M. Martin a dû cependant te dire
où je viendrais te trouver...

ANTOINE.

M. Martin?...

LEBEL, impatienté.

Oui, M. Martin, ton maître...

ANTOINE, à part.

Voilà un moyen de rester ici!

LEBEL.

Réponds !

ANTOINE.

Comment donc, s'il me l'a dit ! il me l'a dit deux fois, le pauvre cher homme !

LEBEL.

Venir justement dans ce pavillon !... (A lui-même.) Ceux qui l'habitent aujourd'hui n'auraient eu qu'à questionner cet homme... tout était dérangé !... (A Antoine.) Enfin, pourquoi te trouvé-je ici ?

ANTOINE.

Dame !... c'est la première fois que je viens, et vous concevez... vos grands corridors, vos galeries, vos appartements, je me suis perdu dans tout ça... moi qui n'ai qu'une mansarde et l'escalier pour antichambre...

LEBEL.

C'est bien, c'est bien ! Tu vas me suivre !

ANTOINE.

Parfaitement.

LEBEL.

Tu sais de quoi il est question ?

ANTOINE.

Puisque je suis menuisier, il ne peut être question que de... (Il fait le mouvement d'un homme qui scie) et de...

(Il fait le mouvement d'un homme qui rabote.)

LEBEL, avec mystère.

Deux heures de travail... vingt-cinq louis payés d'avance... les voici... et dix ans de Bastille si tu souffles jamais un mot de ce que tu auras vu... Allons, suis-moi.

ANTOINE.

Dites donc, dites donc ! dix ans de quoi avez-vous dit ?...

LEBEL.

Tu en sais trop maintenant pour reculer... On vient... Suis-moi, te dis-je !

ANTOINE, à part.

Au fait, en se taisant, rien à craindre... (Haut.) Je vous suis, monsieur...

SCÈNE VI

HERMINIE, puis HENRI.

HERMINIE, sortant de sa chambre.

Le jour baisse, déjà!... Dans dix minutes, le contrat; dans une heure, le mariage... On croit que le moment terrible n'arrivera jamais... on compte sur quelque événement inattendu, impossible... Puis les heures se passent... puis les minutes, puis les secondes... puis, au terme fixé, la fatalité vient qui vous prend par la main... et il faut obéir!

HENRI, qui est entré sur les derniers mots.

Oui, si l'on manque de courage.

HERMINIE.

Quoi!... vous, ici?... Je tremble!... Henri, après notre dernière et triste entrevue, après avoir obtenu mon pardon de n'être pas restée dans la maison du garde à vous attendre, Henri, vous m'aviez promis de rejoindre votre vaisseau!

HENRI.

Eh bien, je vous avais trompée... ou plutôt je m'étais trompé moi-même. Herminie, il est encore temps... personne ne se doute que je suis ici... jetez un voile sur votre tête et suivez-moi.

HERMINIE.

Impossible! impossible!...

HENRI.

Prenez garde, Herminie!... moi aussi, j'ai juré que ce mariage ne se ferait pas.

HERMINIE.

Et comment l'empêcheriez-vous, mon Dieu?

HENRI.

Je n'en sais rien... Mais, eussiez-vous signé au contrat, eussiez-vous le pied sur les marches de l'église, fussiez-vous à genoux devant l'autel, ce mariage ne se fera pas!

HERMINIE.

Henri, de grâce, écoutez-moi! M. de Lancy...

HENRI.

Herminie, un mot encore...

HERMINIE.

S'il nous voyait ensemble...

HENRI.

Eh! que m'importe!

HERMINIE.

Mais il m'importe, à moi, Henri; dans une heure, je serai sa femme, et il est de mon devoir de respecter le nom que je porterai dans une heure... Adieu, Henri.

HENRI.

Comment, adieu?

HERMINIE.

Adieu, Henri... et pour toujours!

(Elle sort.)

SCÈNE VII

HENRI, LE MARQUIS, entrant.

LE MARQUIS.

Comment! chevalier, à Marly?... Au fait, je devais m'y attendre... N'importe! enchanté de vous rencontrer, car je vous demandais à tout le monde.

HENRI.

Serais-je assez heureux pour que vous acceptassiez à Marly la proposition que je vous ai faite au château d'Hacqueville?

LE MARQUIS.

Il s'agit bien de cela, mon cher!... Je vous dirai une chose qui doit vous intéresser... à ce que je pense du moins... C'est que tout à l'heure, en allant présenter mes très-humbles hommages à mon oncle, le ministre de la marine, je l'ai entendu dire à son secrétaire d'expédier par courrier extraordinaire l'ordre à *la Calypso* de partir à l'instant même pour Gibraltar. N'êtes-vous pas lieutenant en premier à bord de *la Calypso*?

HENRI.

Oui, monsieur... et je vous remercie de l'avis; mais vous comprenez que, venant de vous, il m'est quelque peu suspect.

LE MARQUIS.

Venant de moi? Et quel intérêt ai-je, je vous prie, à vous éloigner?

HENRI.

La présence d'un rival gêne toujours...

LE MARQUIS.

Dites qu'elle afflige, mon cher chevalier, quand ce rival est
un homme d'honneur comme vous, quand ce rival est victime
d'une fatalité à laquelle on ne peut rien soi-même, et quand
on fait le malheur de ce rival, non pas de son propre mouvement, mais en obéissant à une puissance supérieure... Alors,
vous serez dans la vérité... Mais vous vous en éloignez, et
très-fort même, quand vous me croyez capable de tels sub-
terfuges !

HENRI.

Oui, vous avez raison, marquis... je vous connais... je sais
que vous êtes homme d'honneur, et... et je donnerais dix ans
de ma vie pour qu'il en fût autrement.

LE MARQUIS.

Eh bien, écoutez-moi donc... Vous êtes venu avec quelque
permission, n'est-ce pas?

HENRI.

Un congé... qui expire aujourd'hui.

LE MARQUIS.

Eh bien, chevalier, je vous répète ce que je vous ai dit... je
vous le répète sérieusement... après-demain, *la Calypso* lève
l'ancre; sautez dans une chaise de poste, de l'or plein les po-
ches, crevez tous les chevaux... à peine encore aurez-vous le
temps d'arriver.

HENRI.

Que m'importe !

LE MARQUIS.

Faites-y attention, chevalier !... ce n'est pas à moi de vous
apprendre la sévérité du conseil de l'amirauté... Vous n'ignorez pas qu'après le dernier coup de canon, signal du départ,
tout officier qui n'est pas à bord est considéré comme déserteur... Voyons, chevalier, épargnez-nous un grand malheur !

HENRI.

Le malheur sera le bienvenu... je le cherche !

LE MARQUIS.

Chevalier...

HENRI.

Assez, monsieur le marquis !... assez !... Vous savez qu'il y a
guerre déclarée entre nous... Je ne me regarde pas encore

comme battu, et, tant que vous ne serez pas le mari d'Herminie, ne vous regardez pas comme vainqueur!

(Il salue et sort.)

LE MARQUIS.

Mais, chevalier, c'est de l'entêtement, c'est de la folie... Eh
bien, morbleu! je le sauverai malgré lui : je le fais enlever!
(Il court après Henri. Aussitôt, un panneau de la boiserie s'ouvre; Antoine
passe au travers, une lanterne éteinte à la main, et vient rouler au milieu
de la chambre. Le panneau se referme. Obscurité complète.)

SCÈNE VIII

ANTOINE, seul, assis par terre.

Pardon, excuse, si j'entre sans me faire annoncer... Personne?... Tant mieux!... Eh bien, en voilà une sévère!... si
je sais où je suis, par exemple!... Le monsieur que j'ai suivi
tout à l'heure me conduit... où?... Chez le roi!... non pas
dans son antichambre, non pas dans son salon... mais dans
sa chambre à coucher, sa vraie chambre à coucher. Puis, arrivé là, mon conducteur allume une lanterne, me fait entrer
dans l'alcôve, lève une tapisserie, presse un bouton, pousse
une petite porte, passe le premier, me dit de le suivre, referme la porte derrière lui, et nous voilà dans un couloir, où
on ne voyait ni ciel ni terre. Nous faisons cinquante pas, et
nous trouvons quatre marches... dont deux parfaitement dé-
tériorées... Le monsieur me montre le dégât, et je dis : « C'est
bon! je comprends... Ce sont deux marches à refaire, n'est-ce
pas? — Pas autre chose, mon ami... Voilà des planches, des
clous, un marteau... Combien de temps te faut-il pour finir
cette besogne? — Dame, en travaillant bien, il me faut une
heure! — Eh bien, mets-toi à l'ouvrage, et, dans une heure,
on viendra te chercher... Adieu... » Et il s'en va par où il
était venu... C'est bien! je me mets à la besogne, tout en me
disant à part moi : « A quoi diable peut servir un couloir qui
donne dans l'alcôve du roi?... C'est pas pour aller chez la
reine : entre gens mariés, il n'y a pas besoin de tant de fa-
çons... Allons, Bernard, mon ami, que je me disais toujours,
fais de ton mieux, et que le roi ne se casse pas le cou... » Et
je rabotais, je rabotais royalement! si bien que je donne un
grand coup de rabot dans la lanterne, que je la culbute, et

qu'en la culbutant, je l'éteins... Bon! me voilà sans lumière...
plus moyen de travailler... Alors, je me lève, je prends ma
lanterne, je vas en trébuchant devant moi, me doutant bien
que le corridor conduit quelque part... Je trouve une porte,
je cherche, je tâtonne, je mets la main sur un bouton, je
pousse de toutes mes forces, et vlan! je passe au travers... et
me voilà... où?... (Riant.) Je n'en sais rien... Non... Mais si!...
où devait aller le roi... J'arrive en courrier pour préparer les
logements... Ne vous dérangez pas... C'est égal, il faut me
sauver bien vite... attendu que ces quelques mots que l'on
m'a dits sur la Bastille ne me flattent pas le moins du monde.
(Regardant la cheminée.) Tiens! tiens!... voilà du feu... J'ai ma
lanterne, un bout de papier dans ma poche... C'est l'affaire!
(Il rallume sa lanterne, le théâtre s'éclaire.) Ah! c'est donc ici que le
roi compte entrer incognito!... (Riant et se frottant les mains.) Allons, allons, je comprends. (Regardant autour de lui et examinant.)
Qu'est-ce que je vois? Il me semble que je connais cet appartement... Oui, oui... c'est celui où je suis venu tantôt... c'est
le boudoir... c'est le boudoir qui donne dans la chambre à
coucher de mademoiselle Herminie d'Hacqueville... ou plutôt
de Louise Bernard, de ma sœur.. Qu'est-ce que cela signifie,
mon Dieu?... J'ai donc bien fait de venir, moi!... j'ai donc
bien fait de les suivre!... mon père avait donc eu raison de
me recommander de veiller sur sa fille!... Sois tranquille,
père!... j'ai obéi, et je suis là!... La voici!... oh! c'est le
ciel qui l'envoie! oui, le ciel!

SCÈNE IX

ANTOINE, HERMINIE.

Herminie s'avance tristement, sans voir Antoine.

ANTOINE, à part.

Mais comment la protéger?... Si je dis un mot, la Bastille!... Et, une fois là... qui veillerait sur elle?

HERMINIE, l'apercevant.

Antoine!

ANTOINE.

Oui, mamselle!... c'est moi qui viens vous voir encore! et
qui me promettais tant de plaisir!... Eh bien, non!... toute
ma joie, disparue... Vous avez l'air si malheureux!

HERMINIE.

Ah! Bernard, qu'as-tu fait?

ANTOINE.

Oui, oui, je sens maintenant que j'ai eu tort... Et pourtant, dame, j'avais agi pour le mieux... J'avais cru, moi, que la cour, les honneurs, les diamants, les beaux tapis, les robes de bal, les appartements dorés, tout cela vous soulagerait le cœur.

HERMINIE.

Oh! comme tu t'es trompé, mon pauvre ami! Vois-tu, une robe de toile, une cabane comme celle que t'a laissée ton père... et la liberté... la liberté d'aimer qui je voudrais... voilà le bonheur!

ANTOINE.

Mille pardons, mamselle... mais je vous ai parlé comme j'aurais parlé à ma sœur... Ce que je vous ai dit, c'est ce que j'aurais dit à Louise Bernard...

HERMINIE.

Oh! que ne suis-je cette pauvre Louise dont tu parles! Au moins, si je n'épousais pas l'homme que j'aime, on ne me forcerait point à me marier à celui que je n'aime pas... car j'aurais quelqu'un qui me comprendrait, qui aurait pitié de moi, n'est-ce pas?

ANTOINE, vivement.

Comment!... vrai... vous aimeriez mieux être une pauvre et simple fille que la riche, que la noble mademoiselle Herminie d'Hacqueville? et vous ne vous en repentiriez pas? et vous vous habitueriez à la médiocrité, à la gêne peut-être?

HERMINIE.

A tout, Antoine, à tout pour être libre de mon cœur. Mais un tel miracle est impossible.

ANTOINE.

Rien n'est impossible à Dieu, mamselle.

HERMINIE.

Que dis-tu, Antoine?

ANTOINE.

Je dis... On vient... On ne doit pas me voir ici; mais espérez, mamselle, je suis là.

(Il se retire un peu à l'écart.)

SCÈNE X

LA BARONNE, LE MARQUIS, puis QUATRE SEIGNEURS.

LA BARONNE.

Mais venez donc, marquis! Songeons vite à signer le contrat. Le roi vient d'entrer dans ses petits appartements de Marly... Je me suis trouvée dans la galerie, sur son passage... Il m'a reconnue, puis s'est approché de moi en me disant: « Le mariage est conclu, j'espère, madame la baronne? — Oui, sire, ai-je répondu; » car, à la manière dont Sa Majesté m'a questionnée, j'ai jugé qu'elle se serait irritée.

LE MARQUIS.

Et vous avez très-bien fait... Il faut toujours dire comme le roi dit.

LA BARONNE.

Alors, il a gracieusement tiré ce papier de sa poche, et me l'a remis en ajoutant : « De ma part, au marquis de Lancy. »

LE MARQUIS, prenant la lettre.

De la part du roi!... Que diable cela peut-il être?

LA BARONNE.

Quelque nouvelle faveur, sans doute; quelque titre, quelque décoration.

LE MARQUIS.

Non... une nouvelle ambassade...

LA BARONNE.

Importante?

LE MARQUIS.

Très-importante.... et très-pressée, à ce qu'il paraît.

HERMINIE.

Oh! mon Dieu!

LA BARONNE, voyant entrer les quatre Témoins.

Allons, Herminie, revenez à vous. Voici MM. les témoins qui viennent nous chercher.

LE MARQUIS, à part.

Qu'est-ce que cela veut dire? L'ordre de partir pour le Danemark ce soir même. Est-ce que par hasard Sa Majesté...? Diable! diable!... mais doucement, doucement, sire!

LA BARONNE.

Allons, marquis, la main à votre fiancée.

HERMINIE.

Ah! je me sens mourir.

(Herminie fait un effort pour se lever et retombe.)

ANTOINE, s'avançant.

Mais vous voyez bien qu'elle est évanouie, la pauvre enfant!

LE MARQUIS.

Qu'est-ce que ce pauvre garçon, madame la baronne?

LA BARONNE.

Ah! un ancien serviteur de la famille... Ne faites pas attention. (A Antoine.) Ton zèle t'aveugle, mon garçon... Va!... va!... cela ne te regarde pas.

ANTOINE.

Comment, cela ne me regarde pas? (Herminie veut se lever.) Non... non... restez encore...

LA BARONNE, au Valet.

Faites sortir cet homme. Allons, mademoiselle, le roi le veut!

HERMINIE.

Tu le vois, ils le veulent, ils le veulent!

ANTOINE.

Ils le veulent!... Eh bien, moi, je ne le veux pas...

LA BARONNE.

Mais cet homme est fou!

ANTOINE.

Ah! c'est comme cela!... Avec de la noblesse, des châteaux, des équipages, de belles robes et de beaux diamants, on peut mourir de désespoir... Je ne le croyais pas... Mais je le vois maintenant. Eh bien, on renoncera à tout cela, aujourd'hui, à l'instant même... On n'aura plus d'équipages, on n'aura plus de laquais, on ne sera plus marquise; mais on sera libre, ou sera heureuse! on ne s'appellera plus mademoiselle Herminie d'Hacqueville... c'est vrai, c'est un beau nom qu'on perd... Mais on s'appellera Louise Bernard... et c'est un nom honnête qu'on retrouve.

HERMINIE.

Que dis-tu, Bernard?

ANTOINE.

La vérité! je dis, je dis que vous êtes ma sœur!

LE MARQUIS.

Sa sœur?

ANTOINE, donnant une lettre à la Baronne.

Lisez, madame, lisez. (A Louise.) Si c'était pour ton bonheur, je te dirais : Obéis, ma petite Louise, obéis; car la baronne, vois-tu, elle t'a aimée dix-huit ans comme son enfant... La baronne, c'est ta seconde mère... Mais ce qu'on t'ordonne là, c'est ton malheur, ton désespoir et ta honte.

LE MARQUIS.

Misérable!

ANTOINE.

J'ai dit sa honte, c'est le mot, et je ne le reprendrai pas... Vous ne savez pas ce que je sais, moi, vous ne pouvez pas comprendre... Oui, je le répète, c'est pour son malheur, son désespoir et sa honte ! (A Louise.) Sois tranquille, Louise, sois tranquille, mon enfant, une vie bien simple, bien douce, et la liberté de donner ton cœur à un brave garçon, voilà ce que je te promets.

LA BARONNE, atterrée.

Qu'ai-je lu, mon Dieu !

LE MARQUIS.

Mais, madame, est-ce que, par hasard, cet homme...?

LA BARONNE.

Oui, monsieur le marquis, seul, maintenant, il a des droits sur mademoiselle !

(Elle remet la lettre à Antoine; en ce moment, les Témoins se retirent silencieusement.)

LE MARQUIS, à part.

C'est un coup du ciel !... Écrivons à Sa Majesté que, ne me mariant pas, mon ambassade devient inutile !

ANTOINE, à Herminie.

Et maintenant, à la garde de Dieu !

HERMINIE, à la Baronne, en lui prenant la main, qu'elle embrasse.

Madame, permettez qu'une dernière fois...

ANTOINE.

Viens, Louise! viens, ma sœur!

(La Baronne tombe anéantie sur un fauteuil. Antoine entraîne sa sœur; arrivée au fond, Herminie se retourne pour voir encore la Baronne. Le Marquis salue la Baronne.)

ACTE QUATRIÈME

La cabane du Garde.

—

SCÈNE PREMIÈRE

ANTOINE, seul.

Allons, Antoine, mon garçon, te voilà de retour à la maison du père, te voilà menuisier à ton compte ; il faut travailler ferme, il faut travailler pour deux. Eh bien, oui, je me dis ça toute la journée, et je n'en fais rien. Quand elle n'y est pas, je pense à elle ; quand elle y est, je la regarde, et puis le temps se passe, et le rabot se croise les bras. (Il écoute.) Il me semblait pourtant l'avoir entendue remuer dans sa chambre : il est huit heures du matin ; au surplus, quand elle se lèverait un peu tard, il n'y aurait là rien d'étonnant : à minuit, elle ne dormait pas encore. J'en suis bien sûr, je me suis levé trois fois pour écouter. Qui pouvait donc la faire veiller ainsi ? Ah ! dame, j'ai entendu dire que, dans les grandes maisons, on faisait les visites à minuit, et qu'on se couchait à deux heures du matin. C'est peut-être ça. On ne perd pas en un jour des habitudes de dix-huit ans. Après ça, moi, je puis me coucher tard aussi. Je dormirai un peu moins, voilà tout. Ah ! je ne m'étais pas trompé, elle était levée. J'entends ses petits pas.

SCÈNE II

LOUISE, ANTOINE.

LOUISE.

Bonjour, frère.

ANTOINE.

Bonjour, mademoiselle.

LOUISE.

Comment, mademoiselle ? qu'est-ce que cela signifie ?

ANTOINE.

Cela signifie qu'il est aussi difficile de s'habituer, à ce qu'il paraît, au bonheur qu'à la peine ; cela signifie que je ne puis pas me convaincre moi-même que vous êtes ma sœur. Cela signifie que je crois toujours que vous allez vous fâcher, si je vous appelle Louise.

LOUISE.

Mon bon Antoine !

ANTOINE.

Oh ! oui, votre bon Antoine, et qui vous aime, vous pouvez vous en vanter, ce qui ne l'empêche pas, de temps en temps, de se dire à lui-même qu'il pourrait bien avoir fait une sottise en disant qu'il était votre frère.

LOUISE.

Oh ! mon ami, non, non, croyez-moi, tout est pour le mieux.

ANTOINE.

S'il n'y avait pas eu ce corridor, non, je n'aurais rien dit, voyez-vous : mais ce satané corridor...

LOUISE.

Voilà déjà deux ou trois fois que vous me parlez de ce corridor... Voyons, que voulez-vous dire ?

ANTOINE.

Chut ! vous avez raison, je n'en ai que trop parlé ; gare la Bastille ! parlons d'autre chose, parlons de vous, mademoiselle.

LOUISE.

Encore mademoiselle !

ANTOINE.

Je n'ose pas, c'est plus fort que moi, et c'est votre faute, aussi.

LOUISE.

A moi ? ma faute ?

ANTOINE.

Oui, vous ne me tutoyez plus... Et, quand vous étiez une grande dame, vous me tutoyiez. Tenez, je le vois bien, vous aurez autant de mal à me dire *tu*... que moi à cesser de vous dire *vous*; mais passons à autre chose. Disons-nous *vous*, disons-nous *tu*... disons-nous comme nous pourrons, ça viendra avec le temps.

LOUISE.

Qu'avez-vous donc à me regarder ainsi, Antoine?

ANTOINE.

Ce que j'ai? J'ai que je vous trouve jolie comme un amour sous ce nouveau costume. Et cependant ce n'est rien, mon Dieu, une robe toute simple, cinq ou six aunes de laine, pas autre chose. Ah! et puis plus de poudre, c'est vrai. Eh bien, tenez, c'est cela qui vous va si bien. Est-il possible, quand le bon Dieu vous a donné des cheveux pareils, des cheveux fins comme des fils de la Vierge! est-il possible de les couvrir d'une espèce de farine blanche! Allons donc, à la bonne heure, voilà des cheveux, de véritables cheveux... Eh. bien où allez-vous donc?

LOUISE.

A l'église, à la messe.

ANTOINE.

C'est juste, il faut prier le bon Dieu, beaucoup pour vous, et un peu pour moi. Adieu...

LOUISE.

Adieu, Bernard!

ANTOINE.

Adieu, ma...

LOUISE.

Eh bien?

ANTOINE.

Eh bien, ma foi, adieu, ma sœur.

LOUISE.

Et puis...

ANTOINE.

Et puis quoi?

LOUISE.

Vous voyez bien que j'attends.

ANTOINE.

Vous attendez que, moi, je...? Écoutez, c'est vous qui le voulez.

LOUISE.

Embrasse-moi donc, Bernard.

ANTOINE.

Ah! ma foi... (Il l'embrasse.) Va, ma petite Louise, va, et reviens bien vite

LOUISE.

Sois tranquille.

(Elle sort.)

SCÈNE III

ANTOINE, seul.

Eh bien, je la tutoie, ça va... Moi qui croyais que ça n'irait jamais. Et puis, il faut le dire, la pauvre enfant, elle fait tout ce qu'elle peut pour que je ne m'aperçoive pas de sa peine; malheureusement, il y a les yeux rouges qu'on ne peut pas cacher; les larmes, c'est comme le feu, ça brûle, et elle a pleuré, j'en suis sûr... Mon Dieu si je pouvais savoir la véritable cause de ces larmes. Oh! mais, j'y pense, comment ai-je fait cela? Antoine mon ami, comment n'as-tu pas réfléchi qu'en ramenant ta sœur ici, Louise Bernard serait trop près de mademoiselle Herminie d'Hacqueville? Imbécile que je suis! Je veux qu'elle oublie ce qu'elle a été, et je la ramène devant le château où s'est écoulée sa jeunesse! je veux lui sauver les humiliations, et je montre la pauvre paysanne à ceux qui ont connu la noble baronne! Oh! cela ne se peut pas; non, ce serait la résignation en personne, qu'elle ne s'habituerait pas. Eh bien, mais, s'il n'y a que cela, on trouvera une autre maison dans un autre village; on quittera... Ah! mon Dieu! c'est pourtant bien triste et bien terrible, de quitter tout cela, de perdre de vue les objets que j'avais eu tant de bonheur à retrouver... de fermer la porte sur le trésor de ses souvenirs, et de se dire : « Le voilà perdu, enfoui pour jamais; il n'y faut plus penser. » Oh! mais qui m'empêche de garder la clef, d'y revenir quelquefois seul, sans lui rien dire, sans qu'elle sache où je vais? Elle va à l'église... elle... Eh bien, moi, je viendrai ici; elle a le bon Dieu, à qui elle va demander du courage; j'aurai, moi, mon père, à qui je viendrai demander la force. Allons, c'est dit ; sans lui rien apprendre, demain je me mets en quête, je cherche et... Eh bien, mais qu'est-ce que c'est donc? et que venez-vous faire ici, vous?

SCÈNE IV

ANTOINE, HENRI.

HENRI.

Mon ami, mon ami, cache-moi, je suis poursuivi]

ANTOINE.

Vous cacher, vous? D'abord, qui êtes-vous?

HENRI.

Un honnête homme, je le jure.

ANTOINE.

Un instant, je ne crois pas comme ça les gens sur parole : d'abord, les honnêtes gens ne se cachent pas.

HENRI.

Oh! sois tranquille, tu peux me donner asile, à moi; vois, je suis militaire.

ANTOINE.

Militaire? Ah! c'est autre chose... Cependant...

HENRI.

Je suis officier de marine, lieutenant de frégate; je n'ai pas rejoint mon bâtiment, malgré l'ordre que j'avais reçu, et tu vois...

ANTOINE.

Poursuivi?

HENRI.

Ils ont perdu ma trace; alors, je me suis souvenu de cette cabane, que je connaissais, et j'ai espéré... Mon ami, tu ne voudrais pas me livrer, n'est-ce pas?

ANTOINE.

Vous livrer?... Allons donc! pour qui me prenez-vous? Vous êtes bien ce que vous dites, n'est-ce pas, un déserteur?

HENRI.

Sur l'honneur, je te le jure.

ANTOINE.

C'est bon. En ce cas, soyez tranquille : déserter, c'est mal; mais, au bout du compte, il y a souvent un motif qui excuse la désertion.

HENRI.

Oh! si jamais faute de ce genre mérite d'être excusée, mon ami, c'est la mienne. Imagine-toi...

ANTOINE.

Eh bien, mais est-ce que vous pensez que, quand une fois
je vous ai dit : « Je vous crois, » est-ce que vous pensez que
je ne vous crois pas ? Les honnêtes gens ne sont pas confiants
à demi, monsieur l'officier ; vous dites que vous êtes honnête
homme ; moi aussi, je le suis ; c'est bon, voilà comme nous
arrangerons cela, voyez-vous : vous resterez caché ici jusqu'au
soir, une journée est bientôt passée, et, quand la nuit sera
venue, on quittera ce bel uniforme, on mettra une veste, une
casquette, on prendra sous le bras une scie, un rabot, une
varlope, un instrument quelconque ; j'ai encore mon livret ;
eh bien, grâce à lui et à ce costume, vous irez au bout du
monde sans être inquiété.

HENRI.

Merci, mon ami, merci.

ANTOINE.

Il n'y a pas de quoi. Entrez là dedans, restez-y tranquille ;
si on approche de la chambre, cachez-vous dans la grande
armoire, l'armoire aux habits, et tenez-vous là sans bouger ;
pendant ce temps-là, je leur ferai prendre une fausse piste ;
je suis fils de garde-chasse, rapportez-vous-en à moi. Alerte,
les voilà !

(Henri sort. Antoine se met à table et feint de déjeuner.)

SCÈNE V

UN EXEMPT, DES SOLDATS, ANTOINE.

L'EXEMPT·

Eh ! l'ami ! est-ce que tu es sourd, par hasard ?

ANTOINE.

Non ; mais c'est que, quand je mange, ça m'occupe. Pardon
de ne pas avoir été vous recevoir à la porte ; car vous venez
de la part du roi, ce me semble. Messieurs, que voulez-vous ?
et en quoi puis-je être agréable à Sa Majesté ?

L'EXEMPT.

Ah ! tu es jovial, à ce qu'il paraît ?

ANTOINE.

Oui, quand je n'ai aucun motif d'être triste ; c'est mon
caractère comme cela.

L'EXEMPT·

Et est-ce aussi ton caractère de répondre franchement aux
questions qu'on te fait?

ANTOINE.

Dame, c'est selon! si les réponses peuvent me compromettre...

L'EXEMPT.

Oui, elles peuvent te compromettre, si tu ne dis pas la
vérité.

ANTOINE.

Alors, interrogez, j'écoute.

L'EXEMPT, aux Soldats.

Que deux d'entre vous se détachent et veillent aux environs. (A Antoine.) Nous avons perdu de vue, à cent pas de ta
maison, un homme qui doit être ici.

ANTOINE.

Un homme! quel homme?

L'EXEMPT·

Un officier.

ANTOINE.

Un officier... ici? Ah çà! mais il y serait donc entré en se
rendant invisible?

L'EXEMPT.

Fais-y attention, mon ami, ne plaisante pas avec les gens
du roi; si tu y étais pris, ce serait pour toi une mauvaise
affaire.

ANTOINE.

Ah! mais attendez donc, attendez donc!... je me rappelle.

L'EXEMPT.

Que te rappelles-tu?

ANTOINE.

Un homme enveloppé d'un manteau, n'est-ce pas?

L'EXEMPT.

D'un manteau bleu.

ANTOINE.

C'est cela, avec un uniforme dessous.

L'EXEMPT.

Eh bien, cet homme, tu l'as donc vu?

ANTOINE.

Comment, si je l'ai vu? Comme je vous vois! Ah çà! mais
j'ai donc perdu la tête; il n'y a pas plus de dix minutes, un

homme tout pareil au signalement de votre déserteur a ouvert la porte; il était très-pâle.

L'EXEMPT.

Dame, quand on joue sa vie.

ANTOINE.

Oui... Eh bien, il a ouvert cette porte, et, d'une voix très-altérée, il m'a dit : « Mon ami, le chemin de Chatou ? — Le chemin de Chatou? que je lui ai répondu. Il n'y a pas à se tromper : prenez la baie du Saut-du-Cerf, et toujours tout droit. » Alors, il a pris la haie du Saut-du-Cerf, et, comme il y a dix minutes de cela, s'il court toujours, il doit être loin maintenant.

L'EXEMPT.

Mon cher ami, je suis fâché de te démentir.

ANTOINE.

Comment?

L'EXEMPT.

Mais il n'y a pas un mot de vrai dans tout ce que tu as dit là.

ANTOINE.

Moi, j'ai menti?

L'EXEMPT.

Tu as vu l'homme, oui; il était enveloppé d'un manteau, oui; il avait un uniforme sous ce manteau, oui encore... Mais cet homme n'a pas pris la route de Chatou, vu que j'étais sur cette route.

ANTOINE.

Dame, la route de Chatou ou une autre; je sais qu'il m'a demandé celle-là, que je la lui ai indiquée, voilà tout; mais je ne peux pas répondre qu'il avait précisément affaire à Chatou.

L'EXEMPT.

Non; mais, moi, je répondrai que cet homme est ici.

ANTOINE.

Eh bien, vous vous trompez joliment, par exemple!

L'EXEMPT.

C'est ce que nous allons voir. (A un Soldat.) Visitez de ce côté.

ANTOINE.

Ah! pardieu! vous pouvez visiter tant que vous voudrez. C'est une sortie, c'est un hangar; si vous êtes des amateurs

de varlopes et de rabots, il y en a un assez joli petit assor-
timent.

L'EXEMPT·

C'est bien, c'est bien ; nous verrons si cette assurance sera
de longue durée.

LE SOLDAT, reparaissant.

Personne.

L'EXEMPT.

A cette chambre.

ANTOINE, à part.

Le malheureux! il est perdu! Mais il n'y aura pas de ma
faute, au moins. J'aurai fait ce que je pouvais pour le sauver.

LE SOLDAT.

Cette porte est fermée.

ANTOINE.

Fermée!

L'EXEMPT·

Où est la clef de cette porte?

ANTOINE.

La clef de...?

L'EXEMPT·

Eh! oui, la clef de cette porte; dépêchons.

ANTOINE.

Attendez donc!... la clef... la clef... moi, je n'en sais rien,
où elle est.

L'EXEMPT·

Il faut pourtant qu'elle se trouve.

ANTOINE.

Ah! je me rappelle maintenant; cette chambre est celle de
ma sœur; c'est la chambre de Louise.

L'EXEMPT·

Eh bien, où est ta sœur?

ANTOINE.

Elle est à la messe, et, en sortant, elle aura emporté sa clef,
voilà tout; oui, elle l'a emportée, c'est sûr. Puisque ma sœur
a emporté sa clef, vous voyez bien, messieurs, que personne
ne peut être dans sa chambre.

L'EXEMPT,

Enfoncez cette porte.

ANTOINE.

Enfoncer la porte de ma sœur?...

L'EXEMPT·

Deux coups de crosse, et ce sera fait.

ANTOINE.

Ah ça ! mais un instant ; vous êtes chez moi, à la fin, et je ne souffrirai pas...

L'EXEMPT·

De la rébellion !... Enfoncez cette porte, vous dis-je !

SCÈNE VI

LES MÊMES, HENRI, en ouvrier.

HENRI.

Et pour quoi donc faire enfoncer cette porte ?

ANTOINE, à part.

Que signifie ?... Ah ! je comprends... (Haut.) Tiens, tiens, tu étais donc là, mon bonhomme ?

HENRI.

Eh ! oui, maître, j'étais là... je raccommodais. Vous savez bien que vous m'avez dit tout à l'heure qu'il manquait deux planches à l'armoire de votre sœur. Eh bien, j'ai voulu qu'à son retour de la messe, elle trouvât la besogne faite, et je me suis enfermé pour être plus à mon aise. Maintenant, elle peut revenir, c'est fini.

L'EXEMPT·

Qu'est-ce que ce garçon ?

HENRI.

Ce que je suis ? Pardieu ! ça n'est pas difficile à voir... Je suis garçon menuisier, je m'appelle Henri.

L'EXEMPT.

Ce n'est pas à vous que je parle.

HENRI.

Et à qui donc parlez-vous ?

L'EXEMPT·

A votre maître.

ANTOINE.

A moi ? c'est à moi que vous demandez ce qu'il est ? Eh bien, c'est... c'est mon apprenti, mon apprenti Henri, l'amoureux de ma sœur...

HENRI.

Absent depuis trois mois, et arrivé de ce matin seulement.

L'EXEMPT, à Henri.

Je vous dis que c'est à lui de parler... Vous répondrez quand on vous interrogera.

ANTOINE.

L'amoureux de ma sœur, qui revient póur l'épouser. Ce cher Henri !

L'EXEMPT.

Demeure là. Et a-t-il revu ta sœur depuis son arrivée?

ANTOINE.

Non, pas encore. Ah bien, vous m'y faites penser, j'allais faire une jolie boulette... J'allais la laisser rentrer comme cela sans être prévenue ; ça lui aurait fait une drôle d'impression ; pauvre sœur, qui ne s'attend pas à le revoir !... Son cher Henri !

L'EXEMPT.

Reste ! Tu dis donc que ta sœur aime ce garçon?..

ANTOINE.

C'est-à-dire, voyez-vous, qu'elle en est folle.

L'EXEMPT.

Bien. Et tu dis encore qu'elle ne l'a pas vu depuis son retour ?

ANTOINE.

Non-seulement elle ne l'a pas vu, mais elle ne se doute pas même qu'il est arrivé ; il est tombé ici comme une bombe.

L'EXEMPT.

A merveille ! Où est ta sœur?

ANTOINE.

Mon Dieu, comme je vous l'ai dit, à l'église, où elle est allée prier pour son retour probablement. Eh bien, vous le voyez, les bonnes prières sont entendues ; elle priait pour son retour, il est arrivé.

L'EXEMPT.

Ta sœur se nomme ?

ANTOINE.

Louise Bernard.

L'EXEMPT, aux Soldats.

Louise Bernard ! vous entendez, vous autres ! Qu'un de vous aille chercher cette jeune fille, et l'améue.

ANTOINE.

L'aller chercher? Elle viendra bien toute seule. Et pour quoi faire l'aller chercher ?

L'EXEMPT.

Pour voir l'effet que produira sur elle le retour de celui qu'elle aime tant.

ANTOINE.

L'effet? Dame, ce n'est pas difficile à deviner.

L'EXEMPT, à un Soldat.

Allez chercher Louise Bernard... (A Antoine.) Regarde! Dis-moi... est-ce ta sœur?

ANTOINE.

C'est elle-même... Louise, une bonne nouvelle.

L'EXEMPT.

Reste, et tais-toi. (Aux Soldats.) Entrez sous ce hangar; et, toi, pas un mot, pas un geste; je suis là et j'observe.

(Il sort.)

SCÈNE VII

HENRI, ANTOINE, LOUISE, puis L'EXEMPT.

LOUISE, entrant.

Frère, me voilà.

HENRI, à part.

Herminie! que signifie ce déguisement?

LOUISE.

J'ai été bien longtemps absente, n'est-ce pas? mais, quand vous saurez... Ah! mon Dieu! que vois-je! Henri, M. Henri!

ANTOINE, à part.

Eh bien, quoi? qu'est-ce? Je n'y suis plus du tout.

HENRI.

Chut! de la prudence! Pour ces soldats, je ne suis qu'un ouvrier. (A l'Exempt, qui reparaît suivi des Soldats.) Eh bien, messieurs, êtes-vous satisfaits, et doutez-vous encore que je sois ce que je vous ai dit?

ANTOINE.

Oui... doutez-vous encore qu'il soit ce qu'il a dit?

L'EXEMPT.

Non, mon brave homme. Pardon de vous avoir traité un peu durement, d'avoir agi chez vous un peu sans façon; vous conviendrez que les apparences...

ANTOINE.

Oui; mais voilà ce qui vous prouve qu'il ne faut pas toujours croire les apparences.

L'EXEMPT.

Allons, voyons ailleurs. Mademoiselle, excusez, je vous
prie...

LOUISE.

Monsieur...

L'EXEMPT·

Et tu disais donc, mon ami, que le fugitif s'était dirigé du
côté de Chatou?

ANTOINE.

Ah! vous me croyez maintenant!

L'EXEMPT·

Dame, puisque cet homme est véritablement l'amoureux de
ta sœur.

ANTOINE.

Eh bien, comme vous êtes bon garçon, je vais vous indiquer
le chemin qu'a pris l'autre; tenez, par ici.

L'EXEMPT, aux Soldats.

Venez, vous autres.

(Ils sortent.)

SCÈNE VIII

LOUISE, HENRI, ANTOINE.

ANTOINE.

Je vous suis, messieurs; le temps de prendre mon chapeau...
Moi qui m'en allais sans mon chapeau... (Revenant en scène.)
Qu'est-ce que cela veut dire? Je mentais, je mentais, et v'là
que vous me faites dire la vérité.

LOUISE.

Mais non, le hasard seul a tout fait; c'est lui, mon cousin
Henri de Verneuil.

ANTOINE.

Le cousin! le préféré! maintenant, je puis sans crainte...
Laissez-moi faire; je vais les égarer, et je reviens partager
votre bonheur.

(Il sort vivement.)

SCÈNE IX

HENRI, LOUISE.

LOUISE.

Que s'est-il passé?... ces soldats, que venaient-ils faire?

HENRI.

Plus tard, plus tard, vous le saurez. Mais, vous-même, Herminie, comment se fait-il que je vous retrouve sous le nom de Louise Bernard, avec ce costume, dans la chaumière de ce paysan?

LOUISE.

Henri, il est arrivé bien des événements depuis que je ne vous ai vu; cette chaumière, c'est la nôtre; cet habit, c'est celui qui me convient; ce nom de Louise Bernard est mon vrai nom.

HENRI.

Comment? Je ne vous comprends pas.

LOUISE.

Je ne suis pas la fille de madame d'Hacqueville.

HENRI.

Vous n'êtes pas la fille de la baronne?

LOUISE.

Non... Au moment où j'allais épouser le marquis, où l'on me traînait de force vers la table où était le contrat, ce brave garçon que vous avez vu, ce bon Antoine, avec lequel j'ai été elevée, est venu me réclamer pour sa sœur, a montré une lettre à la baronne, et tout a été dit.

HENRI.

Ah! mon Dieu! mon Dieu! mais c'est à me rendre fou de bonheur, ce que vous me dites! Et moi qui ignorais tout cela! moi qui vous attendais à la chapelle! moi qui étais décidé à tout! moi qui voulais vous enlever à cet homme, fût-ce de force! On est venu, j'ai entendu dire que le mariage était remis, on a éteint les cierges, on a fermé les portes de l'église; j'ai couru au château : tout était sombre, morne, silencieux, j'ai bien vu qu'on m'avait dit vrai. Ainsi, ainsi vous êtes libre, Louise, maîtresse de votre cœur, maîtresse de votre main? rien n'empêche plus que vous ne soyez à moi, à moi pour toujours, devant Dieu et devant les hommes, dans ce monde et dans l'autre? Ah! comprenez-vous mon bonheur? Dites, dites!...

LOUISE.

Monsieur Henri...

HENRI.

Monsieur Henri! Que signifie, Herminie? qu'ai-je donc fait? et pourquoi me repoussez-vous?

LOUISE.

Parce qu'il n'y a plus d'Herminie, monsieur le chevalier.

HENRI.

Mon Dieu?

LOUISE.

Parce qu'il n'y a plus que la pauvre Louise, la fille du garde-chasse Bernard, la sœur du menuisier Antoine.

HENRI.

Et que me fait le nom que vous portez? Croyez-vous que ce fût votre fortune, votre nom, votre naissance, que j'aimais en vous? Non, non, ce que j'aimais, c'était vous-même. Dieu vous a dépouillée de tout en un jour, en une heure; béni soit Dieu qui vous reprend à un autre et qui vous rend à moi, à moi, tout entière, libre de votre amour, comme de votre personne! Louise, nous allons donc être heureux!

LOUISE.

Je vous remercie, Henri, et je vous reconnais là. Oui... vous êtes le bon, le noble chevalier Henri de Verneuil; vous êtes tel que je vous ai rêvé, tel que je comptais vous revoir; mais, maintenant que vous avez fait ce que vous deviez, maintenant, Henri, permettez que je sois aussi généreuse que vous; maintenant, c'est à moi de faire ce que je dois.

HENRI.

Louise, je ne vous comprends pas.

LOUISE.

Oh! si, vous me comprenez, car tout ce qui est vrai, tout ce qui est juste, tout ce qui est grand doit être compris par vous. Henri, vous savez très-bien que Louise Bernard ne peut être la femme du chevalier de Verneuil.

HENRI.

Louise Bernard ne peut plus être ma femme! mais comment? mais pourquoi cela?

LOUISE.

Parce que toutes choses sont changées, parce que l'égalité rompue entre nous a tout rompu, parce que vous êtes toujours un grand seigneur, et que je ne suis plus qu'une pauvre fille.

Vous êtes noble, Henri, et vous devez compte de vos actions
à toute la noblesse de France (Antoine reparaît et se tient au fond);
vous devez compte de vos actions à vos aïeux et à vos descen-
dants. Non, Henri, je ne serai pas à vous: mais au moins je
ne serai à personne; car, vous le comprenez bien, celle qui
est aujourd'hui Louise Bernard ne doit pas épouser un grand
seigneur; mais celle qui fut autrefois Herminie d'Hacqueville
ne peut pas non plus devenir la femme d'un ouvrier.

ANTOINE, s'avançant.

Eh bien, mais alors Louise Bernard doit donc mourir fille
ou se faire religieuse? mais alors Antoine Bernard est donc
un mauvais frère? Antoine Bernard a donc commis une mauvaise action? Ah! je me doutais bien de tout cela; oui, oui,
vous avez voulu inutilement me le cacher, j'avais vu la trace
de vos larmes, et je me disais à part moi : « Antoine, Antoine,
tu as eu tort de faire ce que tu as fait. » Ah! pardonne-moi,
pardonne-moi, mon père, car je l'avais fait pour le bien.

HENRI.

Antoine, Antoine, mon ami, mon frère, joins tes prières
aux miennes; obtiens d'elle qu'elle consente à devenir ma
femme.

ANTOINE.

Et tout cela parce qu'elle est ma sœur, tout cela parce
qu'elle est Louise Bernard au lieu d'être mademoiselle Herminie d'Hacqueville. Eh bien, nous verrons, nous verrons, monsieur Henri; ne perdez pas courage; Dieu inspire les bons
cœurs, Dieu m'inspirera. Monsieur Henri, ne sortez pas d'ici;
attendez-moi. Et vous, mademoiselle, ne vous pressez pas de
me prendre en haine. Si j'échoue, eh bien, alors, il sera
temps. (A part.) Chez la baronne. (Haut.) Restez, monsieur
Henri, restez!

SCÈNE X

LOUISE, HENRI, puis L'EXEMPT.

HENRI.

Eh bien, vous le voyez, lui aussi vous donne tort, lui aussi ne
comprend pas que vous puissiez résister à mes prières, à mes
supplications. Louise, je suis un homme, et cependant, voyez,

Monsieur Heuri...

HENRI.

je pleure comme un enfant. O Louise! au nom du ciel, je vous
en supplie, pitié, pitié de moi!

LOUISE.

Mais, mon ami, c'est pour vous épargner de plus grands
chagrins, c'est pour vous sauver de plus grandes douleurs.

HENRI.

Eh bien, puisque vous êtes inflexible, sachez donc ce que je
voulais vous cacher; apprenez ce que vous ne deviez pas connaître: ce n'est plus le chevalier Henri de Verneuil qui vous
prie, ce n'est plus un grand seigneur qui vous implore, c'est
un proscrit, c'est un fugitif qui est devant vous.

LOUISE.

Vous, proscrit! vous, fugitif! que voulez-vous dire?

HENRI.

Je vous dis que cet amour dont vous doutez m'a fait commettre une de ces fautes terribles, que nos lois militaires ne
pardonnent pas. Vous me demandiez tout à l'heure pourquoi
ce déguisement et que venaient faire ici ces soldats: Louise,
ces soldats me cherchaient.

LOUISE.

Vous me faites frémir!

HENRI.

Louise, ma frégate est partie, et me voilà.

LOUISE.

Grand Dieu! vous, vous, déserteur!

HENRI.

Eh bien, vous le voyez, il ne s'agit plus de suivre ma car-
riére, elle est perdue; il ne s'agit plus d'aller à la cour, mon
nom y est flétri; il s'agit de fuir, de quitter la France, d'aller
vivre à l'étranger dans l'obscurité de l'exil.

LOUISE.

Que dites-vous? Oh! et moi, moi qui vous abandonnais,
Henri, mon ami, mon frère, mon époux.

HENRI.

Louise, ma Louise, je t'ai donc retrouvée?

LOUISE.

Oui, je suis prête à vous suivre.

HENRI.

Eh bien, profitons de ces habits, de ce livret, fuyons; j'é-
erirai à ton frère de venir nous rejoindre; fuyons, fuyons, il
n'y a pas un instant à perdre.

LOUISE.

Non, non, pas un instant; viens, viens...

L'EXEMPT, qui depuis quelques instants écoutait au fond.

Monsieur Henri de Verneuil, au nom du roi, vous êtes mon prisonnier.

HENRI.

Il est trop tard.

LOUISE.

O mon Dieu! mon Dieu! ayez pitié de nous!

ACTE CINQUIÈME

Chez la Baronne.

—

SCÈNE PREMIÈRE

LA BARONNE, BERTHE.

LA BARONNE.

Eh bien, Berthe, a-t-on de ses nouvelles?

BERTHE.

Oui, madame, on a enfin découvert où elle est.

LA BARONNE.

Et où est-elle?

BERTHE.

Avec son frère Antoine dans la maison du garde, que madame la baronne à donnée à ce garçon.

LA BARONNE.

C'est bien; je veux la voir encore une fois avant de retourner chez moi; une fois là, tout sera fini. Dites qu'on mette les chevaux à la voiture.

BERTHE.

Madame la baronne ferait peut-être mieux...

LA BARONNE.

Vous m'avez entendue. Allez! (Berthe rencontre à la porte un Domestique, échange avec lui quelques mots et revient.) Madame la baronne...

LA BARONNE.

Eh bien ?

BERTHE.

Son frère est là qui sollicite l'honneur d'être introduit près de vous.

LA BARONNE,

Qui? Antoine?

BERTHE.

Lui-même.

LA BARONNE.

Oh ! qu'il entre, qu'il entre !

BERTHE, à Antoine.

Venez, monsieur.

LA BARONNE.

Laissez-nous.

(Berthe sort.)

SCÈNE II

ANTOINE, LA BARONNE.

ANTOINE, de la porte.

Oui, c'est moi ; votre serviteur, madame la baronne.

LA BARONNE.

Approche, mon ami, approche.

ANTOINE.

Ah ! madame, avec quelle bonté vous me recevez !

LA BARONNE.

Et pourquoi te recevrais-je mal ?

ANTOINE.

Dame, il m'avait semblé que vous deviez m'en vouloir.

LA BARONNE.

Pourquoi cela? Tu as usé d'un droit naturel en réclamant Herminie. Dieu m'a frappée par ta main, voilà tout. J'étais trop heureuse femme, j'étais trop orgueilleuse mère, j'ai cru que rien ne pourrait détruire un bonheur de dix-huit années, je me trompais. Seulement, dis-moi, si je n'avais pas voulu forcer la volonté d'Herminie, si je n'avais pas voulu exiger d'elle qu'elle épousât le marquis, si j'avais consenti à son mariage avec Henri de Verneuil, me l'aurais-tu laissée?

ANTOINE.

Ah! toujours, toujours, madame la baronne, Dieu m'en est témoin.

LA BARONNE.

Et jamais elle n'aurait su qu'elle n'était pas ma fille, jamais elle n'aurait su que tu es son frère?

ANTOINE.

Jamais, madame la baronne, jamais; je me serais contenté de la voir de temps en temps, de toucher sa robe quand elle aurait passé près de moi, d'écouter sa voix quand elle eût bien voulu me parler; et mon bonheur eût été de la voir heureuse. Oh! mon Dieu! c'était tout ce qu'il me fallait.

LA BARONNE.

Alors, tu vaux mieux que moi, Antoine, et Dieu a eu raison de me punir.

ANTOINE.

Ainsi vous la regrettez beaucoup, cette chère enfant, madame la baronne?

LA BARONNE.

Il demande à une mère si elle regrette sa fille! car c'était ma fille, vois-tu, l'enfant de mon cœur. Oh! c'est depuis que tu me l'as reprise que je sais combien elle était nécessaire à ma vie; mais, Antoine, une erreur de dix-huit années, c'est presque une réalité. Oh! je ne me consolerai jamais.

ANTOINE.

Eh bien, écoutez, madame la baronne.

LA BARONNE.

Quoi? Parle.

ANTOINE.

Si je vous la rendais?

LA BARONNE.

Toi me rendre mon Herminie, me rendre mon enfant? C'est impossible!

ANTOINE.

Écoutez: je suis homme, je suis habitué au mal, je sais ce que c'est que la douleur, et puis j'en avais pris mon parti déjà. Voyons, l'aimeriez-vous toujours?

LA BARONNE.

Oh! tu me le demandes! Plus qu'auparavant peut-être.

ANTOINE.

Oublieriez-vous tout ce qui s'est passé?

LA BARONNE.

Oui, excepté pour te bénir éternellement.

ANTOINE.

La marieriez-vous à M. Henri de Verneuil, qu'elle aime, et qui est un brave et loyal garçon?

LA BARONNE.

Elle serait entièrement libre de son choix, je te le jure.

ANTOINE.

Eh bien, il est encore possible d'arranger tout cela.

LA BARONNE.

Comment, mon Dieu?

ANTOINE.

On va vous le dire; mais silence, on vient.

UN VALET, annonçant.

M. le marquis de Laney.

SCÈNE III

Les Mêmes, LE MARQUIS.

LE MARQUIS, entrant.

Pardon, madame la baronne, si j'entre ainsi sans attendre votre permission; mais c'est pour affaire de la plus haute importance.

LA BARONNE.

Ah! mon Dieu, marquis, vous m'effrayez! Qu'est-il donc arrivé?

LE MARQUIS.

Vous aviez cru, n'est-ce pas, que votre neveu le chevalier de Verneuil avait rejoint son bord?

LA BARONNE.

Sans doute; depuis quelques jours, je ne l'ai pas vu.

LE MARQUIS.

Eh bien, baronne, il n'en est rien; il est resté je ne sais où, autour d'ici probablement; et cependant il avait reçu l'ordre de rejoindre.

LA BARONNE.

Oh! le malheureux! il faut le trouver, il faut lui dire à quoi il s'expose.

LE MARQUIS.

Il est trop tard; la frégate a levé l'ancre, le ministre de la

marine vient de me communiquer des dépêches de Brest, dépêches relatives au chevalier, et qui sont déjà arrivées depuis
hier au soir.

LA BARONNE.

Eh bien?

LE MARQUIS.

Eh bien, les dépêches contiennent des nouvelles affreuses.

LA BARONNE.

Oh! mon Dieu! et quelles sont donc ces nouvelles?

LE MARQUIS.

Je puis parler devant cet homme?

LA BARONNE.

Oui; vous le savez, c'est le frère de Louise.

LE MARQUIS.

Vous connaissez, madame, la rigueur de nos lois militaires,
surtout pour les marins?

LA BARONNE.

Je n'ignore pas que ces lois sont terribles.

LE MARQUIS.

Eh bien, on l'a inutilement appelé à son bord; son capitaine a pris sur lui de retarder le départ d'un jour; enfin, il
lui a fallu faire son rapport au commissaire maritime; le commissaire maritime a assemblé le conseil, et le conseil...

LA BARONNE.

Et le conseil?

LE MARQUIS.

Le conseil l'a condamné à la peine de mort.

LA BARONNE.

Grand Dieu!

ANTOINE.

A la peine de mort! pauvre sœur!

LE MARQUIS.

Vous comprenez, à la nouvelle de cet événement, je suis accouru vers vous; un instant, j'ai hésité si je vous dirais tout;
mais j'ai pensé que, comme il n'y avait plus maintenant
d'autre recours à espérer que la grâce du roi, il fallait, pour
que vous fissiez les démarches nécessaires, que vous fussiez
prévenue; car il faut le sauver, comprenez-vous bien, madame? Je suis le neveu du ministre: M. Henri de Verneuil,
après avoir été mon ami, a été mon rival, et, grand Dieu, j'ai

honte d'y penser, mais on pourrait croire que j'ai voulu me venger de lui.

LA BARONNE.

Mais que faire?

LE MARQUIS.

Arriver au roi, et cela le plus tôt possible... Les jugements militaires sont sans appel, et s'exécutent avec une rapidité effrayante.

LA BARONNE.

Arriver au roi, dites-vous? Mais rien ne vous est plus facile, à vous, monsieur.

LE MARQUIS.

Eh bien, voilà ce qui vous trompe ; au contraire, je suis en pleine disgrâce ; une lettre que j'ai écrite... Ce serait trop long à vous dire. J'ai tout raconté à mon oncle. J'ai tant supplié, qu'il est venu ; il a voulu pénétrer chez le roi ; mais le roi était enfermé dans son appartement, et personne n'a pu lui parler.

LA BARONNE.

Oh! mon Dieu! par quel moyen...?

LE MARQUIS.

Écoutez ; vous étiez très-liée avec la mère de mademoiselle de la Tournelle.

LA BARONNE.

Oui, c'était mon amie intime.

LE MARQUIS.

Le roi n'a rien à refuser à sa fille; il va la faire duchesse. Elle demeure à Versailles. Montez en voiture à l'instant même; moi, je cours chez le duc de Richelieu, qui a ses entrées chez le roi à toute heure et à tout instant; il faudrait un cas qu'on ne peut prévoir pour que la porte lui fût fermée.

LA BARONNE.

J'y cours. Mais si, pendant ce temps, on arrête le malheureux Henri?

ANTOINE.

On ne l'arrêtera pas, madame la baronne, car il est en lieu de sûreté.

LA BARONNE.

Et où cela?

ANTOINE.

Chez moi.

LA BARONNE.

Tu lui as donné l'hospitalité ?

ANTOINE.

Je crois bien, et de tout mon cœur.

LA BARONNE.

Brave garçon ! Eh bien, mon ami, cours, veille sur lui ;. qu'il redouble de précautions, et toi, redouble de surveillance.

ANTOINE.

Oh ! soyez tranquille, je ne le quitterai pas plus que mon ombre. Mais vous, de votre côté, vous tiendrez tout ce que vous avez promis, n'est-ce pas ?

LA BARONNE.

Tout, tout, sois tranquille.

ANTOINE.

J'y cours. (Il sort vivement. Revenant.) Ah ! dites donc, madame la baronne : pour que je puisse rentrer, si j'avais besoin de vous revoir, donnez des ordres, hein ?

LA BARONNE.

Oui, oui ; mais va.

ANTOINE.

Dans cinq minutes, j'y suis.

(Il sort vivement.)

SCÈNE IV

LE MARQUIS, LA BARONNE.

LE MARQUIS.

Allons, madame la baronne, ne perdons pas de temps : vous, chez madame de la Tournelle; moi, chez M. de Richelieu.

LA BARONNE.

Oui, oui. (Sonnant.) Berthe, jetez dans ma voiture une coiffe, un manteau, quelque chose pour mettre sur mes épaules. (Lebel entrant par la porte de côté.) Ah ! monsieur Lebel ! Si par lui nous pouvions arriver au roi !

LE MARQUIS.

Par M. Lebel? Tentez, mais j'en doute.

SCÈNE V

Les Mêmes, LEBEL.

LEBEL.

Madame la baronne m'a fait dire qu'elle quittait aujour-
d'hui ce pavillon, et qu'elle retournait au château d'Hacqueville.

LA BARONNE.

Oui, monsieur Lebel; mais, auparavant, j'aurais voulu
présenter à Sa Majesté mes très-humbles hommages.

LEBEL.

Et quand cela ?

LA BARONNE.

Oh! le plus tôt possible; aujourd'hui, si ce n'était pas une
indiscrétion, monsieur Lebel ; vous me rendriez même un
immense service, je ne vous le cache pas, si vous pouviez me
faire voir le roi à l'instant même.

LEBEL.

Impossible, madame, de toute impossibilité! le roi s'est
enfermé dans son cabinet de travail, et, d'après son ordre exprès, la porte en a été fermée à tout le monde.

LE MARQUIS.

Vous le voyez.

LA BARONNE.

Si j'insistais?

LE MARQUIS.

Inutile.

LA BARONNE.

Ainsi donc, il ne nous reste d'autre espoir...

LE MARQUIS.

Que M. de Richelieu et madame de la Tournelle.

LA BARONNE.

Alors, pas une minute de retard; partons, partons.

SCÈNE VI

Les Mêmes, LOUISE.

LOUISE.

Ah! j'arrive à temps! Madame la baronne...

LA BARONNE.

Oh! mon Dieu! mon Dieu! qu'a-t-elle, la pauvre enfant?
Louise, ma fille! Elle va se trouver mal.

LOUISE.

Non, non, soyez tranquille; c'est la terreur, c'est la fatigue.
Je suis venue toujours courant. Ils l'ont arrêté, madame, ils
l'ont arrêté.

LA BARONNE.

Qui? mon neveu?

LE MARQUIS.

Le chevalier?

LOUISE.

Sous mes yeux, ils l'ont emmené, madame la baronne; il
n'y a que vous qui puissiez le sauver; il faut voir le roi, il
faut demander sa grâce au roi.

LA BARONNE.

Oui; mais l'on ne peut pénétrer jusqu'au roi en ce moment,
et nous courons, M. le marquis et moi... Reste ici, toi, mon
enfant; dans un quart d'heure, dans dix minutes, nous
sommes de retour.

LOUISE.

Mais, en attendant, on l'emmène.

LE MARQUIS.

Écoutez; mon oncle est encore en bas: j'obtiendrai une
heure de sursis, soyez tranquille.

LOUISE.

Oh! mon Dieu! allez, madame, ne perdez pas une seconde;
et vous, monsieur le marquis, c'est à votre loyauté que je le
remets; songez que Henri de Verneuil...

LE MARQUIS.

J'ai songé à tout, et ce qu'un homme peut faire, je le ferai.
Venez, baronne, venez.

SCÈNE VII

LOUISE, LEBEL, dans un coin.

LOUISE.

Une heure, une heure, et puis ils l'emmèneront! Et dire
que moi, moi qui donnerais ma vie pour lui, dire que je suis
là, inutile, impuissante, ne pouvant rien, rien!

16.

LEBEL, s'avançant.

Vous vous trompez, mademoiselle, car personne ne peut plus que vous.

LOUISE.

Plus que moi! et que puis-je donc, monsieur Lebel? Si cela est ainsi, si je puis quelque chose, parlez, je vous écoute.

LEBEL.

Vous pouvez obtenir la grâce du chevalier.

LOUISE.

Et comment cela, mon Dieu?

LEBEL.

Mais en la demandant vous-même à Sa Majesté. Le roi le plus galant de l'Europe ne refusera point ce que lui demandera la plus jolie bouche de son royaume.

LOUISE.

Je ne vous comprends pas, monsieur Lebel.

LEBEL.

Je dis que le sort du chevalier est entre vos mains. Seule, oui, vous seule, vous pouvez faire commuer sa peine!... seule, vous pouvez l'arracher à la mort!...

LOUISE.

La mort!

LEBEL.

Comment! vous ignoriez...?

LOUISE.

La mort!... Oh! guidez-moi alors, dites-moi ce qu'il faut faire.

LEBEL.

Il faut, dans un instant, quand j'aurai prévenu, quand j'aurai pris les ordres, il faut, mademoiselle, me suivre chez Sa Majesté.

LOUISE.

Oh! avec bien de la joie, mon Dieu!

LEBEL.

Vous y consentez?

LOUISE.

Si j'y consens! vous le demandez! Pour sauver Henri, je n'ai besoin, dites-vous, que de me jeter aux genoux du roi, et vous demandez si j'y consens! Oh! à l'instant même.

L'EXEMPT, paraissant au fond.

Madame la baronne d'Hacqueville.

LEBEL.

Elle est absente, monsieur ; mais pourquoi ?...

L'EXEMPT.

M. de Verneuil a obtenu de lui faire ses derniers adieux.

LOUISE.

Henri, Henri, il est là ?... Oh ! je veux le voir, je veux lui parler !...

LEBEL, à l'Exempt.

Vous le pouvez, monsieur.

(L'Exempt sort.)

LEBEL, à Louise.

Vous, mademoiselle, attendez-moi ici... Bientôt je serai de retour.

(Il sort, et rencontre au fond le Chevalier, suivi de l'Exempt.)

SCÈNE VIII

LOUISE, HENRI, L'Exempt.

L'EXEMPT.

Chevalier, j'ai votre parole que vous ne chercherez pas à fuir ?

HENRI.

Foi de gentilhomme, monsieur.

L'EXEMPT.

Vous êtes libre.

HENRI.

Louise, Louise, vous ici !

LOUISE.

Oui, Henri, oui, moi ; aussitôt votre arrestation, je suis accourue près de la baronne d'Hacqueville.

HENRI.

Oh ! merci, merci, mon Dieu, qui me gardez ce bonheur !

LOUISE.

Henri !

HENRI.

Viens, Louise, viens... Eh bien, ma bonne Louise, vous savez qu'on m'a signifié mon jugement ?

LOUISE.

Votre jugement ?

HENRI.

Oui.

LOUISE.

Eh bien?

HENRI.

Eh bien, comme je m'y attendais, je suis condamné à l'exil,

LOUISE.

A l'exil! Est-ce la vérité, Henri?

HENRI.

Oui, sans doute, c'est la vérité; pourquoi vous trom-
perais-je?

LOUISE.

Mais alors cet homme mentait donc?

HENRI.

Quel homme?

LOUISE.

Celui qui sort d'ici

HENRI.

Le valet de chambre du roi?

LOUISE.

Oui.

HENRI.

Que vous avait-il dit?

LOUISE.

Oh! mon Dieu! pardonnez-lui! Il m'avait dit que vous étiez
condamné à mort.

HENRI.

Il aura été trompé par un faux bruit. Non, non, Louise, je
vous le répète, l'exil seulement.

LOUISE.

Un exil bien long?

HENRI.

Éternel; voilà pourquoi j'étais si heureux de vous retrouver
ici; j'avais cru que je ne pourrais pas vous dire adieu.

LOUISE.

Me dire adieu! et pourquoi me dire adieu?

HENRI.

Dans un instant, je pars.

LOUISE.

Eh bien, avez-vous donc oublié ce qui est convenu?

HENRI.

Convenu?

LOUISE.

Oui, je pars avec vous, je vous accompagne.

HENRI.

Je l'avais espéré comme toi, un instant, Louise; mais je me suis informé, c'est impossible.

LOUISE.

Comment, impossible?

HENRI.

Oui, il est défendu à qui que ce soit de me suivre.

LOUISE.

Il est défendu à une femme de suivre son mari! Et où est la loi qui défend cela?

HÉNRI.

Mais je te dis, Louise...

LOUISE.

Et moi, je te dis que tu me trompes, Henri,

HENRI.

O mon Dieu! mon Dieu!

LOUISE.

Je te dis, moi, que ce que cet homme m'avait annoncé est vrai, je te dis que tu es condamné non pas à l'exil, mais à la mort.

HENRI.

Grand Dieu!

LOUISE.

Oh! n'essaye pas de nier, Henri; ce n'est pas toi qui refuserais de m'avoir pour compagne de ton exil, quand toi-même me demandais de te suivre, il n'y a pas deux heures.

HENRI.

O mon Dieu! mon Dieu!

LOUISE.

Tu es condamné, n'est-ce pas, tu es condamné? Dis! Mais réponds donc! Tu comprends bien qu'il faut que je sache si tu es condamné.

HENRI.

O Louise, Louise, je n'aurais pas cru qu'il fût si difficile de mourir.

LOUISE.

Aussi tu ne mourras pas.

HENRI.

Que veux-tu dire?

LOUISE.

Je veux dire que la baronne a des amis, que le marquis est
le neveu du ministre, que madame de la Tournelle est l'amie
de madame d'Hacqueville; je veux dire enfin que je prierai
tant Dieu, qu'il te fera grâce.

HENRI.

Louise, ma Louise! quel cœur j'ai perdu, mon Dieu! Louise,
pardonne-moi, j'étais venu avec l'intention de te tout cacher,
de te laisser croire à l'exil seulement. Oh! c'est bien lâche,
c'est bien misérable à moi, n'est-ce pas? de n'avoir pas su me
taire; mais, quand je t'ai vue là, quand j'ai compris qu'il fallait te quitter pour toujours, que le moment fatal était venu,
pardonne-moi, pardonne-moi, Louise, le courage m'a manqué
et... et... tu le vois... je t'ai tout dit...

(Il tombe sur une chaise.)

LOUISE, se mettant à genoux devant lui.

Henri! Henri!

L'EXEMPT.

Monsieur le chevalier, le quart d'heure qui vous était accordé est écoulé.

HENRI, se levant.

Me voilà, monsieur... Adieu! Louise, adieu!

LOUISE, toujours à genoux.

Adieu! Seigneur, donnez-moi la force.

HENRI.

Oh! une dernière fois contre mon cœur. Adieu! adieu!

(Il sort précipitamment.)

SCÈNE IX

LOUISE, puis ANTOINE.

LOUISE.

Henri!... mon Henri!... le perdre à tout jamais! Oh! non...
ce que M. Lebel m'a dit tout à l'heure... Oui, il me conduira
jusqu'aux pieds du roi, que mes pleurs, mes larmes attendri-
ront, je l'espère. Mais il ne paraît pas, et le temps s'écoule...
Ah! Antoine! (Courant à lui.) Antoine, tu ne sais pas...

ANTOINE.

Je sais tout, je reviens de la chaumière.

LOUISE.

Mais tu ne sais pas qu'ils l'ont condamné.

ANTOINE.

Je le sais; je viens de voir le chevalier; il est **perdu!**

LOUISE.

Non, Antoine; je puis le sauver, peut-être.

ANTOINE.

Le sauver, toi?

LOUISE.

Oui, mon Henri, je vais le sauver. N'est-ce pas bien juste, puisqu'il s'est perdu pour moi, que ce soit moi qui le sauve?

ANTOINE, avec joie.

Et comment? Voyons.

LOUISE.

Écoute. M. Lebel sort d'ici; il m'a dit que, si je demandais au roi la grâce d'Henri, le roi me l'accorderait; et, dans un instant, il va venir me prendre pour me conduire près de Sa Majesté.

ANTOINE.

Louise, tu n'iras pas.

LOUISE.

Comment! lorsque, d'un mot, à ce qu'on assure, je puis sauver Henri?

ANTOINE.

Oui, d'un mot, tu peux le sauver, je crois; mais tu n'iras pas.

LOUISE.

Antoine, mon frère, tu deviens insensé.

ANTOINE.

Mais, malheureuse! malheureuse! tu ne sais donc pas...?

LOUISE.

Quoi? que veux-tu que je sache, mon Dieu? Je sais que Henri est prisonnier, que sa liberté, que sa vie peut-être, courent des dangers, que je puis le sauver, à ce qu'on assure. Voilà tout ce que je sais. Qu'ai-je besoin d'en savoir davantage? Laisse-moi, frère, laisse-moi.

ANTOINE.

Et moi, je te dis que je ne te quitterai pas d'un instant,

d'une minute; je te dis que, si l'on te conduit chez le roi, je t'accompagnerai.

ANTOINE.

LOUISE.

Oh! mais impossible!

ANTOINE.

Impossible, je le sais bien; aussi tu n'iras pas.

LOUISE.

Antoine, Antoine, que signifie cela? Jamais vous ne m'avez parlé ainsi.

ANTOINE.

C'est que jamais, jusqu'ici, tu n'avais couru un pareil danger.

LOUISE.

Un danger, moi! quel danger puis-je courir? Je te le répète, Antoine, tu es fou.

ANTOINE.

Louise, prenez mon bras et suivez-moi.

LOUISE.

Moi, m'éloigner quand ma présence ici est nécessaire à Henri? Jamais, jamais.

ANTOINE.

Louise, suis-moi, il le faut, je le veux.

LOUISE.

Oh! c'est trop! Vous oubliez, Antoine...

ANTOINE.

Je n'oublie rien, au contraire.

LOUISE.

Antoine, vous oubliez que je suis libre.

ANTOINE.

Libre de te déshonorer? Eh bien, va donc alors!

LOUISE.

De me déshonorer? Mon Dieu, mon Dieu! mais que veux-tu dire? qu'oses-tu supposer?

ANTOINE.

Je ne suppose pas, j'en suis sûr. Tu vas savoir...(Allant regarder au fond.) C'est lui déjà, c'est cet homme maudit; s'il me voit, il me fera arrêter, conduire à la Bastille, comme il m'en a menacé.

LOUISE.

Toi, à la Bastille?

ANTOINE.

Oui, je sais un secret terrible, un de ces secrets qui tuent. Écoute, Louise ; cet homme, il ne faut pas qu'il me voie. Mais je serai là, là, derrière le paravent ; refuse de le suivre, refuse, de par le ciel ; ou, si tu y consens, eh bien, malheur à moi, mais aussi malheur à lui !

(Il se jette derrière le paravent.)

LOUISE.

Oh ! mon Dieu ! mon Dieu ! que veut-il dire ?

SCÈNE X

LOUISE, LEBEL, ANTOINE, caché.

LEBEL.

Eh bien, mademoiselle, tout va comme nous l'espérions ; l'ordre donné pour tout le monde est levé pour vous ; je n'attends plus maintenant que votre désir.

LOUISE.

Monsieur, monsieur, en votre absence, j'ai réfléchi, et j'ai reconnu que la démarche que vous me proposiez est impossible.

LEBEL.

Impossible, mademoiselle ! et que voyez-vous donc d'impossible à cela ?

LOUISE.

Je n'ai pas l'honneur d'être connue de Sa Majesté, et je craindrais une démarche inutile, peut-être importune.

LEBEL.

Ah ! pouvez-vous croire un instant que ce que vous daignerez demander ne vous sera pas accordé à l'heure même ?

LOUISE.

Je n'ai aucun motif d'influence...

LEBEL.

Au contraire, mademoiselle, au contraire : à tous peut-être le roi refuserait cette grâce ; mais à vous il l'accordera.

LOUISE, à part.

C'était vrai !

LEBEL.

Songez-y... le temps s'écoule, le sursis accordé au chevalier est près d'expirer... Dans ce moment peut-être...

VIII.   17

LOUISE.

En ce moment! que voulez-vous dire?

LEBEL.

Qu'en ce moment des soldats l'emmènent, et que, dans dix minutes peut-être, il ne sera plus temps... Voyez...

LOUISE, courant à la fenêtre, et jetant un cri.

Ah!... monsieur, je suis prête à vous suivre.

LEBEL.

Venez, alors, mademoiselle, venez.

(Il se dirige vers le paravent.)

LOUISE, effrayée.

Où me conduisez-vous?

LEBEL.

Derrière ce paravent est la porte d'un corridor secret...

LOUISE.

Non, monsieur, non, pas par là.

LEBEL.

Mais, mademoiselle, toute autre issue nous est fermée, et cette porte secrète seule...

LOUISE.

Monsieur, à genoux, je vous en supplie, ne le perdez pas.

LEBEL.

Qui?

LOUISE.

Mon frère, mon pauvre frère!

LEBEL.

Votre frère, là?... Mais il a donc tout entendu alors?

LOUISE.

Hélas!

LEBEL.

Misérable espion! (Il ouvre le paravent.) Personne!

LOUISE, à part.

Qu'est-il devenu?

LEBEL.

Cette porte... Ah! fermée en dedans. Je comprends tout maintenant.

LOUISE.

Monsieur Lebel...

LEBEL.

Mademoiselle, votre frère a pris le chemin le plus court
pour aller mourir à la Bastille.

(Il sort.)

SCÈNE XI

LOUISE, puis LA BARONNE, LE MARQUIS, ANTOINE.

LOUISE.

Oh! mon Dieu, mon Dieu! perdus tous deux, perdus par
moi, et pour moi! Que faire? que devenir? Ma tête se perd,
je deviens folle! A mon aide! à mon secours!

LA BARONNE, entrant.

Louise.

LOUISE.

Avez-vous vu le roi?

LA BARONNE.

Madame de la Tournelle n'était point chez elle; mais le
marquis, peut-être a-t-il été plus heureux que moi. Ah! le
voilà. Venez, venez, marquis. Eh bien?

LE MARQUIS.

Le duc de Richelieu est consigné comme les autres. La
porte du roi est fermée pour tout le monde.

ANTOINE, reparaissant par la porte secrète et la refermant aussitôt
sur lui.

Excepté pour Antoine Bernard.

LOUISE.

Mon frère!

LA BARONNE.

Antoine!

LE MARQUIS.

Vous avez vu Sa Majesté?

ANTOINE.

Oui, j'ai mes grandes entrées, moi.

LE MARQUIS.

Comment se fait-il?

ANTOINE.

Oh! là-dessus, motus! jamais un mot; car nous avons la
Bastille... vous savez, à l'entrée du faubourg Saint-Antoine!...
Oui, j'ai vu le roi! et c'est pas pour me vanter, mais j'ai eu

du mal; car, au moment où je débouchais dans sa chambre
à coucher, je me trouve nez à nez avec un particulier... On
veut m'entraîner; mais je résiste, je fais un tapage épouvan-
table... Une porte s'ouvre, le maître paraît... Oh! je m'y
attendais... Oui, le roi, en personne, suivi d'une belle dame.

LE MARQUIS, à part.

Madame de la Tournelle !

ANTOINE.

Le roi s'informe, questionne; moi, je prends la parole...
Tant pis !... En deux mots, je dis tout, je parle de la faute
de M. Henri, de sa condamnation à cause de son amour pour
ma sœur... du désespoir de ma pauvre Louise... Le roi fronce
le sourcil et fait un signe pour qu'on m'éloigne... Mais je
devine, en regardant la belle dame, qu'il y a encore de l'espoir de ce côté-là... Je cours à elle, je tombe à genoux... Oh!
je n'avais pas peur... Je ne sais ce que je lui dis; mais elle
prend le roi à part, lui parle à voix basse, puis, s'approchant d'une table, écrit à la hâte et présente un papier à Sa
Majesté. Le roi hésite d'abord; mais elle insiste, il prend la
plume, signe et remet l'écrit à un officier, en lui disant :
« Que le chevalier soit libre. — Bien obligé, sire, que je
m'écrie; au plaisir de vous revoir! vous aussi, madame la
duchesse! » Et je suis sorti en me disant : « Antoine, mon
garçon, je crois que tu as bien gagné ta journée. »

LOUISE.

Libre !... libre !... Oh! je ne sais si je pourrai supporter
mon bonheur !... Mais venez, venez tous...

SCÈNE XII

LES MÊMES, HENRI.

HENRI, serrant Louise dans ses bras.

Herminie !... (Tendant la main à Antoine.) Antoine, mon ami,
mon sauveur! que de reconnaissance !

ANTOINE.

Ne parlons plus de tout cela; ne parlons que de votre bonheur, de votre mariage! car il n'y a plus ici de pauvre fille,
il n'y a plus ici de Louise Bernard... Mademoiselle Herminie
d'Hacqueville, reprenez votre rang, reprenez votre nom.

HERMINIE, HENRI et LE MARQUIS.

Que veux-tu dire? qu'y a-t-il?

ANTOINE.

Il y a que tout ce que j'ai fait... tout ce que j'ai dit depuis quelques jours, était convenu, concerté avec madame la baronne et moi... parce que...

TOUS.

Achève...

ANTOINE.

Chut!... Faut parler tout bas... Les murs ont des oreilles... et ici surtout... Parce que le roi vous avait remarquée... et que c'était le seul moyen de vous emmener de Marly !

LE MARQUIS, vivement.

Oui... oui... j'en suis garant, ce garçon a dit la vérité... Mais, toi, comment as-tu pu savoir...?

ANTOINE.

Ah! je me suis encore promis que je ne le dirais jamais... A l'entrée du faubourg Saint-Antoine... vous savez... (Bas, à la Baronne.) Voici la lettre du père, madame... La seule preuve que j'aie, jetez-la au feu... et tout est dit!...

HERMINIE, avec joie.

Ainsi, madame la baronne, vous êtes toujours...?

LA BARONNE.

Ta mère, Herminie... ta mère... qui ne s'oppose plus à ton bonheur.

HERMINIE, tendant la main à Henri.

Ah! Henri, Henri !

HENRI se précipite sur la main d'Herminie et la baise.

Herminie!

ANTOINE.

Et maintenant, mademoiselle... des millions de pardons de ce qui s'est passé... Vous ne m'en voulez point, n'est-ce pas? de vous avoir emmenée dans ma pauvre cabane, de vous avoir fait manger dans de l'étain, de vous avoir fait essuyer la bouche avec de la grosse toile, de vous avoir appelée ma sœur, de vous avoir tutoyée... Pardon!... mille excuses!...

HERMINIE.

Antoine!... mon bon Antoine! si je te pardonne! quand je te dois tout... mon bonheur, ma vie, la vie de Henri... Oh! mais que puis-je faire pour toi?... Voyons...

ANTOINE.

Pour moi... ce quc vous pouvez faire?... Vous pouvez faire quelque chose qui me fera bien plaisir, mamselle Herminie.

HERMINIE.

Eh bien, parle... demande... et, si c'est en mon pouvoir...

ANTOINE.

Oui, c'est en votre pouvoir... certainement... mais il faut aussi la permission de M. Henri !

HENRI.

Ah! demande, demande, mon ami...

ANTOINE.

Eh bien, c'est... de vous embrasser... quatre fois l'an... aux quatre grandes fêtes de l'annéc

HERMINIE.

Mon ami !...

ANTOINE.

Vous y consentez?

HERMINIE.

De grand cœur!

ANTOINE.

Alors, mamselle Herminie... voulez-vous m'avancer un terme ?

(Herminie tend sa joue. Antoine l'embrasse.)

FIN DU TOME HUITIÈME

TABLE

F. Aureau. — Imprimerie de Lagny.

Lightning Source UK Ltd.
Milton Keynes UK
UKHW022011140119
335570UK00011B/342/P

9 781334 990557